四川省"十四五"普通高等教育本科规划教材
空中交通管理系列教材

航空情报服务（第2版）

主　编　陈　肯　赖　欣

副主编　吴　题　鲁　力

　　　　黄邦菊　何光勤

西南交通大学出版社
·成都·

图书在版编目（CIP）数据

航空情报服务/陈肯，赖欣主编. --2 版. --成都：西南交通大学出版社，2024.2（2025.7 重印）
ISBN 978-7-5643-9761-6

Ⅰ.①航… Ⅱ.①陈…②赖… Ⅲ.①民用航空-情报服务-高等学校-教材 Ⅳ.①F56②G252.8

中国国家版本馆 CIP 数据核字（2024）第 039159 号

Hangkong Qingbao Fuwu (Di 2 Ban)
航空情报服务（第 2 版）

主编 陈肯 赖欣

责 任 编 辑	何明飞
封 面 设 计	何东琳设计工作室
出 版 发 行	西南交通大学出版社 （四川省成都市金牛区二环路北一段 111 号 西南交通大学创新大厦 21 楼）
营 销 部 电 话	028-87600564　028-87600533
邮 政 编 码	610031
网　　　　址	http://www.xnjdcbs.com
印　　　　刷	四川森林印务有限责任公司
成 品 尺 寸	185 mm×260 mm
印　　　　张	14.25
字　　　　数	354 千
版　　　　次	2017 年 2 月第 1 版　2024 年 2 月第 2 版
印　　　　次	2025 年 7 月第 8 次
书　　　　号	ISBN 978-7-5643-9761-6
定　　　　价	42.00 元

课件咨询电话：028-87600533
图书如有印装质量问题　本社负责退换
版权所有　盗版必究　举报电话：028-87600562

第 2 版前言

航空情报服务（AIS）是指在划定区域内为航行安全、正常和效率提供必需的航行资料/数据的服务，其在现代民航生产中占据着十分重要的地位。无论是飞行任务的安全实施、空中交通管理指挥工作的正常进行，还是飞行签派工作的顺利完成，都离不开及时、准确和完整的航空情报服务。本书主要用于空中交通管制专业、飞行签派专业的专业基础知识教学。同时，也可作为航空相关专业了解航空情报专业的教学参考书。

本书由航空情报服务概述、机场运行环境、航图、航行通告、航空情报服务产品等几部分组成，共 5 章。由于机场运行环境、航图、航行通告、航空情报服务产品等部分内容涉及面广、专业性强，为了便于阅读，同时也为了满足读者自学的需要，本书在编写过程中，力争做到突出重点、文字浅显、通俗连贯。通过本门课程的学习，学生应熟悉航空情报工作的职能、任务和工作方法；掌握机场运行环境、航图、航行通告、航空情报服务产品等的基础知识；并学会在工作中熟练地查阅有关的航空情报资料。

本书于 1999 年 3 月由中国民航飞行学院的陈肯、何光勤二位同志编写（书名为《航行情报服务》），朱代武同志进行了校核。2003 年 4 月，陈肯同志根据有关规定和在教学中发现的问题，对教材进行了补充和修订。随着国内外民航新技术的发展及空中交通管理专业教学新的要求的提出，2016 年陈肯和黄邦菊对教材再次进行了修订（书名更改为《航空情报服务》）。

近年来信息化技术已成为提升航空情报工作质量与效率的主要途径。同时，为适应国际民航组织提出的未来航空情报服务（AIS）向航空情报管理（AIM）进行过渡的要求，航空情报服务需要从理念、制度上进行提升。为适应新技术、新理念的要求，我国从管理规章、技术标准等各方面对航空情报服务各项工作进行了规范。本教材于 2023 年初启动修编工作，编写组教师赖欣、吴题、鲁力等根据近年来航空情报规章、规范性文件，以及相关技术标准文件的更新，对各章节内容进行了梳理修订。其中，赖欣完成第一章修编，并进行全部内容统筹校对；吴题完成第四章、第五章，以及附录三、附录四修编；鲁力完成第二章、第三章修编。本次参考和引用了自 2016 年以来国际民航组织的有关附件及文件以及中国民航有关的法规、行业标准、咨询通告等最新版本，同时还参考和引用了国内外有关航空情报服务的最新文献资料，在此向有关专家、文献单位及文献作者表示感谢。在本书的修订过程中，得到了空中交通管理学院及航空运行教研室全体同仁的热情支持和大力帮助，在此一并致以谢意。

由于本书涉及面较广，编者查阅的资料较少，同时也限于编者的水平，书中的不足甚至疏漏之处在所难免，欢迎各位专家和广大读者批评指正。

编 者

2023 年 12 月

第 1 版前言

航空情报服务在现代民航生产中占据着十分重要的地位。无论是飞行任务的安全实施、空中交通管理指挥工作的正常进行，还是飞行签派工作的顺利完成，都离不开及时、准确和完整的航空情报服务。《航空情报服务》教材主要用于空中交通管制专业、飞行签派专业的专业基础知识教学。同时，也可作为航空情报专业和飞机驾驶专业的教学参考书。

该教材由航空情报服务概述、机场运行环境、航图、航行通告、航空情报服务产品等几部分组成，共 5 章。由于机场运行环境、航图、航行通告、航空情报服务产品等部分内容涉及面广、专业性强，为了便于阅读，同时也为了满足读者自学的需要，本教材在编写过程中，力争做到突出重点、文字浅显、通俗连贯。

通过本门课程的学习，学生应熟悉航空情报工作的职能、任务和工作方法；掌握机场运行环境、航图、航行通告、航空情报服务产品等的基础知识；并学会在工作中熟练地查阅有关的航空情报资料。

本教材于 1999 年 3 月由中国民航飞行学院的陈肯、何光勤二位同志编写（书名为《航行情报服务》），朱代武同志进行了校核。2003 年 4 月，陈肯同志根据有关规定和在教学中发现的问题，对教材进行了补充和修订。随着国内外民航新技术的发展及空中交通管理专业教学新的要求的提出，2016 年陈肯和黄邦菊对教材再次进行了修订（书名更改为《航空情报服务》）。本次修订在听取了行业有关专家和任课教师建议的基础上，参考和引用了国际民航组织的有关附件及文件以及中国民航有关的法规、行业标准、咨询通告等相关内容，同时还参考和引用了国内有关航空情报服务的文献资料，在此向有关专家、任课教师、文献单位及文献作者表示感谢。需要特别说明的是，在修订过程中，得到了空中交通管理学院及航空运行教研室全体同仁的热情支持和大力帮助，在此一并致以谢意。

由于教材涉及面较广，编者查阅的资料较少，同时也限于编者的水平，书中的不足甚至错漏之处在所难免，欢迎各位专家和广大读者批评指正。

编　者
2016 年 12 月

目 录

第一章 航空情报服务概述 ··· 1
　　第一节　我国航空情报工作的一般规定 ·· 2
　　第二节　民用航空情报服务机构与职责 ·· 3
　　第三节　航空情报服务产品 ··· 5
　　第四节　航空情报原始资料的提供和收集 ·· 5
　　第五节　我国航空情报发展规划 ··· 6

第二章 机场运行环境 ·· 10
　　第一节　机场概述 ·· 10
　　第二节　道面系统 ·· 15
　　第三节　道面强度 ·· 26
　　第四节　机场净空 ·· 32
　　第五节　道面标志 ·· 42
　　第六节　机场灯光系统 ··· 55

第三章 航　图 ·· 70
　　第一节　概　述 ··· 70
　　第二节　机场障碍物图——ICAO A 型（运行限制） ·· 74
　　第三节　精密进近地形图 ··· 79
　　第四节　航路图、区域图 ··· 83
　　第五节　标准仪表离场/进场图 ·· 90
　　第六节　仪表进近图 ·· 98
　　第七节　机场图 ·· 110

第四章 航行通告 ·· 116
　　第一节　签发航行通告的规定 ·· 116
　　第二节　航行通告的系列、电报等级和识别标志 ··· 117
　　第三节　雪情通告 ·· 138
　　第四节　火山通告 ·· 148
　　第五节　飞行前资料公告 ··· 154

- 第五章　航空情报服务产品 ... 160
  - 第一节　航空资料定期颁发制介绍 ... 160
  - 第二节　航空资料汇编（AIP） ... 162
  - 第三节　中华人民共和国航空资料汇编 ... 164
  - 第四节　中国民航国内航空资料汇编 ... 168
  - 第五节　航空资料通报 ... 177
  - 第六节　飞行前和飞行后航空情报服务 ... 180
- 附　录 ... 182
  - 附录一　2023—2029年航空资料定期颁发制的共同生效日期表 ... 182
  - 附录二　空中交通服务设施服务状况及鸟情状况报告单 ... 183
  - 附录三　简缩字 ... 184
  - 附录四　地名代码 ... 213
  - 附录五　航　图 ... 218
- 参考文献 ... 219

第一章　航空情报服务概述

"信息"一词在英文、法文、德文、西班牙文中均是"information",中文与日文中表达为"情报",作为科学术语最早出现在哈特莱(R.V.Hartley)于1928年撰写的《信息传输》一文中。20世纪40年代,信息的奠基人香农(C.E.Shannon)给出了信息的明确定义"信息是用来消除随机不确定性的东西"。经济管理学家认为"信息是提供决策的有效数据"。为更高效利用信息,产生了情报学。情报学是研究情报的产生、传递、利用规律并用现代化信息技术与手段,使情报流通过程、情报系统保持最佳效能状态的一门学科。情报学帮助人们充分利用信息,提高情报产生、加工、储存、流通、利用的效率。不同专业领域的情报有其特定的信息含义与作用,需要对其进行分析研究,编写成完整系统的资料,作为人们进行该领域生产、工作以及相关活动的依据。

航空情报服务是搜集整理、设计制作、发布提供给各类航空人员以及其他技术服务保障单位在组织与实施飞行过程中使用的情报资料。它包括航行、通信、导航、气象、空中交通管制、限制区、危险区、空中走廊等方面的资料和规定。航空情报服务是保障航空运输正常运行的一项重要工作。根据国际民用航空公约(1944年于芝加哥签订)第37条,1953年5月15日理事会就首次通过了关于航空情报服务的标准和建议措施,并定为公约的附件15"航空情报服务"。我国也于1988年6月发布了中国民用航空规章第93号《民用航空情报工作规则》,2010年《民用航空情报工作规则》(CCAR-175TM-R1)修订后重新发布,自2011年1月1日起正式实施。《民用航空情报工作规则》(CCAR-175TM-R1)是组织实施我国民用航空情报工作的依据。随着航空情报业务的发展与新技术的实施,国际民航组织以及我国也对航空情报相关文件,进行了内容与要求的持续修订与扩充。

国际民航组织在附件15中定义,航空情报服务(Aeronautical Information Service,AIS)是在划定空域内负责提供航行安全、正常和效率所必需的航空数据和航空情报的服务。近年来,为了适应航空情报信息化、数字化的发展趋势,国际民航组织提出了航空情报管理(Aeronautical Information Management,AIM)通过与各个部门协作提供并交换有质量保证的数字航空数据对航空情报进行动态、综合管理。航空情报管理强调了航空信息的数字化管理,是民航广域信息管理(System Wide Information Managemen,SWIM)的组成部分。

我国在《民用航空情报工作规则》中定义:民用航空情报服务的任务是收集、整理、编辑民用航空资料,设计、制作、发布有关中华人民共和国领域内以及根据我国缔结或者参加的国际条约规定区域内的航空情报服务产品,提供及时、准确、完整的民用航空活动所需的航空情报。

航空情报工作是航行业务管理工作的重要组成部分,航空情报与飞行和空中交通管制有着十分密切的关系。在每次执行飞行任务前,飞行人员和航管人员制订飞行计划和指挥预案时,都必须了解和研究各种航空情报资料。飞行实施阶段,飞行人员和航管人员要按照航空情报部门提供的离场图、航线图等实施、指挥飞行；飞机到达降落机场，飞行人员和航管人员需要按照航空情报部门发布的航空情报资料实施、指挥进场、进近、复飞等重要飞行阶段。飞行的安全与效益，都与准确及时的航空情报资料传递密切相关。航空情报的缺失或差错，还有可能导致飞机迷航、迫降，甚至造成飞行事故。

第一节　我国航空情报工作的一般规定

我国组织实施航空情报工作的规章是《民用航空情报工作规则》（CCAR-175TM），该规章依据《中华人民共和国民用航空法》和《中华人民共和国飞行基本规则》制定。《民用航空情报工作规则》中明确规定，中国民用航空局负责统一管理全国民用航空情报工作，民航地区管理局负责监督管理本地区民用航空情报工作。中华人民共和国领域内以及根据我国缔结或者参加的国际条约规定，由中华人民共和国提供空中交通服务的飞行情报区的民用航空情报服务由中国民用航空局空中交通管理局（以下简称民航局空管局）负责组织实施。

一、民用航空情报服务的基本内容

（1）收集、整理、核实航空情报原始资料。
（2）设计、制作、发布、分发民用航空情报产品。
（3）提供飞行前、飞行后的航空情报服务。
（4）提供空中交通管理工作所必需的民用航空情报产品和配套服务。
（5）与其他国家或地区交换航空数据和航空信息。
（6）开展航空情报质量管理工作。

二、航空情报质量管理制度

为保障航空情报产品与服务的质量，国际民航组织建议各国情报机构建立有效的航空情报质量管理体制。质量管理应适用于从数据来源至传送给下一个预定用户的整个航空情报数据链，并考虑数据的预期用途。每个质量管理系统都必须包含必要的政策、流程和程序，保证并核实可以在整个航空情报数据链中追溯航空数据，以便确定使用过程中发现的任何数据异常或误差的根本原因，能够对其加以改正并通知给受影响的用户。为指导各国和区域有效建立航空情报质量管理体系，国际民航组织还制定了《航空情报服务质量管理系统手册》（Doc.9839号文件），给出了从政策、流程和程序上的建议。

针对性航空情报的质量管理，我国在《民用航空情报工作规则》中明确规定，全国民用航空情报中心和地区民用航空情报中心应当按照相关规定要求建立以质量管理目标、程序、过程以及质量管理资源为主要内容的航空情报质量管理体系，并对体系运转情况进行持续监控和不断完善。机场民用航空情报单位应当按照相关规定要求建立航空情报质量管理制度，并对制度执行情况进行持续监控和不断完善。航空情报质量管理体系和航空情报质量管理制度，应当保证航空数据满足规定的准确性、分辨率、完好性、可追溯性、时效性、完整性和格式等方面要求。

三、公用计量单位和参考系统

针对航空情报发布的统一性，国际民航组织在附件15中建议：

（1）水平参考系统，采用世界测地系统——1984（WGS-84）为国际空中航行的水平（测地）参考系统。发布（标示经纬度）的航空地理坐标，必须使用WGS-84测地参考数据表示。

（2）垂直参考系统，引力相关高度（标高）与通称为大地水准面的平面之间具有关系的平均海平面（MSL）基准面，必须用作国际空中航行的垂直参考系统。

（3）时间参考系统，对于国际民用航空，格里历和协调世界时（UTC）必须用作时间参考系统。

我国在《民用航空情报工作规则》（简称《规则》）中规定：

（1）民用航空情报工作中应当采用国家法定计量单位，根据需要可在公布的航空情报服务产品中添加英制注释。

（2）民用航空情报所涉及的地理位置坐标和高程数据应当基于国家规定或者批准的大地坐标系统及高程系统。对外提供的地理坐标和所采用的坐标系统应当经国家测绘主管部门核准。

（3）对外提供的民用航空情报所涉及的时间参考系统应当采用协调世界时。

同时《规则》也明确指出，航空情报工作涉及国家秘密的，应当按照国家法律、行政法规和有关规定执行。依法发布的民用航空资料，未经民航局批准，任何单位和个人不得翻印、交换、转售和转让。

第二节 民用航空情报服务机构与职责

民用航空情报服务机构由民航局设立或者批准设立。民用航空情报服务工作由民用航空情报服务机构实施，民用航空情报服务机构应当在指定的职责范围内提供民用航空情报服务。民用航空情报服务机构包括全国民用航空情报中心、地区民用航空情报中心及机场民用航空情报单位。

一、全国民用航空情报中心应当履行的职责

（1）协调全国民用航空情报的运行工作。

（2）负责与联检单位、民航局有关部门、民航局空管局有关部门等原始资料提供单位建立联系，收集航空情报原始资料。

（3）审核、整理、发布《中国民航国内航空资料汇编》《中华人民共和国航空资料汇编》、航空资料汇编补充资料、航空资料通报、《军用备降机场手册》，负责航图的编辑出版和修订工作。

（4）提供有关航空资料和信息的咨询服务。
（5）负责我国航空情报服务产品的发行。
（6）负责国内、国际航行通告、航空资料和航空数据的交换工作，审核指导全国民航航行通告的发布。
（7）负责航行通告预定分发制度的建立与实施。
（8）承担全国航空情报自动化系统的运行监控。
（9）向各地区民用航空情报中心提供航空情报业务运行、人员培训等技术支持。

二、地区民用航空情报中心应当履行的职责

（1）协调本地区民用航空情报的运行工作。
（2）收集、初步审核、上报本地区各有关业务部门提供的航空情报原始资料。
（3）接收、处理、发布航行通告，指导检查本地区航行通告的发布工作。
（4）组织实施本地区航空资料和数据的管理。
（5）负责本地区航空情报自动化系统的运行监控。
（6）向本地区机场航空情报单位提供航空情报业务运行、人员培训等技术支持。
需要说明的是，地区民用航空情报中心可同时承担所在机场民用航空情报单位的职责。

三、机场民用航空情报单位应当履行的职责

（1）收集、初步审核、上报本机场及与本机场有关业务单位提供的航空情报原始资料。
（2）接收、处理、发布航行通告。
（3）组织实施本机场飞行前和飞行后的航空情报服务。
（4）负责本单位及本机场空中交通管理部门所需的航空资料、航空地图的管理和供应工作。
全国民用航空情报中心、地区民用航空情报中心、国际机场民用航空情报单位提供 24 小时航空情报服务；其他航空情报服务机构在其负责区域内航空器飞行的整个期间及前后各 90 分钟的时间内提供航空情报服务。民用航空情报服务机构安排航空情报员在规定的服务时间内值勤。航空情报服务机构需要建立工作差错追究制度，制订相应的应急预案，每年组织应急演练。
此外，航空情报服务机构的办公场所设在便于机组接受航空情报服务的位置，并具备下列基本条件：
（1）航空情报服务机构应使用配置统一的航空情报自动化处理系统和连接航空固定电信网的计算机终端。
（2）配备符合提供航空情报服务工作需要的，持有有效航空情报员执照的专业技术人员。
（3）设有值班、飞行准备和资料存储等功能的基本工作场所。
（4）配备满足工作所需的办公、通信和资料存储等基本设施设备和工具。
（5）配备本单位所需的民用航空情报服务产品，与航空情报工作紧密相关的法规标准和规定，供咨询和飞行前讲解使用的参考图表和文件等。
（6）国际机场及其他对外开放机场的航空情报服务机构应当配备与之通航国家的航空资料以及相关的国际民航组织出版物。

全国民用航空情报中心、地区民用航空情报中心、国际机场民用航空情报单位应当提供24小时民用航空情报服务；其他民用航空情报服务机构应当在其负责区域内航空器飞行活动的整个期间及前后各90分钟的时间内提供民用航空情报服务。民用航空情报服务机构应当安排航空情报员在规定的服务时间内值勤。

第三节　航空情报服务产品

航空情报服务产品由全国民用航空情报中心编印发行。航空情报服务产品应当综合配套，并保证准确和完整。民用航空情报服务产品分为基本服务产品和非基本服务产品。

基本服务产品包括《中华人民共和国航空资料汇编》《中国民航国内航空资料汇编》《军用备降机场手册》，以及航空资料汇编补充资料和航空资料通报等。随着航空情报管理（AIM）模式的采用，后续基本航空情报产品还将包含数字化航空情报产品。比如，目前在国际民航组织附件15中定义了机场地图数据库（AMDB），以及各种数据集如航空资料汇编（AIP）数据集、地形和障碍物数据集、机场地图数据集和仪表飞行程序数据集等多种数字航空情报产品。

非基本服务产品是指根据民航发展和用户需要制作或者发布的专用航空资料，如目前我国提供的非基本服务产品，包括《班机航线汇编》、中国民航导航数据产品等。

第四节　航空情报原始资料的提供和收集

航空情报原始资料是由原始资料提供单位按照相关规定要求向民用航空情报服务机构提供的航空数据和航空信息，用于民用航空情报服务机构设计、制作、发布、分发民用航空情报产品。

航空情报原始资料分为基本资料和临时资料。基本资料是有效期在半年（含）以上较为稳定的资料，主要用于编辑《中华人民共和国航空资料汇编》《中国民航国内航空资料汇编》，以及各种航图和航空资料通报。临时资料是有效期在半年以内和临时有变更的资料，主要用于发布航行通告和航空资料汇编补充资料。

原始资料提供单位主要包括国家及地方行业主管部门、民用航空管理机构、民用机场管理机构、空中交通管理部门、空域管理部门等相关单位或部门。原始资料提供单位应当向所在地的航空情报服务机构提供及时、准确、完整的航空情报原始资料。

航空情报服务机构应当与航空情报原始资料提供部门或者单位签订原始资料提供协议，明确双方职责和要求，确保及时和完整地提供原始资料。航空情报原始资料提供部门或者单位应当指定机构或者专人，负责向航空情报服务机构提供航空情报原始资料，并与航空情报服务机构保持直接的、固定的联系。原始资料提供部门或者单位应当采取措施，确保向航空情报服务机构提供的原始资料符合规定的准确性、分辨率、完整性、及时性、完好性、可追溯性和格式的要求。涉及多个提供部门或者单位的，由主办部门协调一致后，统一提供给航空情报服务机构。

总之，原始数据收集是航空情报服务机构汇总、制作和更新航空情报产品的基础，原始数据收集渠道的顺畅程度直接影响航空数据的发布质量。目前，地区民用航空情报中心、机场民用航空情报服务机构负责收集源自机场的原始资料，经处理后，报送到全国民用航空情报中心；其他航空情报原始资料均由全国民用航空情报中心收集。多年来，航空情报服务机构通过签订协议、召开协调会、举办培训班等多种方式与原始数据提供人建立了联络机制，努力保持原始资料收集渠道的畅通。图1-1所示为我国目前航空情报资料的收集与分发情况。

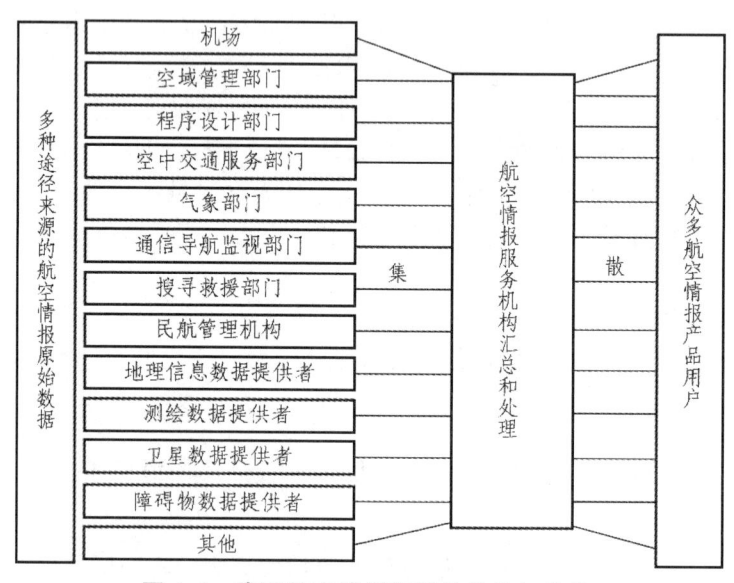

图 1-1　我国航空情报资料的收集与分发

第五节　我国航空情报发展规划

根据国际民航组织对航空情报业务发展要求，航空情报专业将完成航空情报服务（AIS）向航空情报管理（AIM）的过渡，建立基于航空情报交换模型（AIXM）的中国民航航空情报数据库和全球航空情报数据库，为中国民航现代空中交通管理系统（CAAMS）提供数字化航空数据和信息，成为推动中国民航全系统信息管理（SWIM）建设的重要助力。

航空情报包括航空法规、飞行规则、机场、空域、航路、飞行程序、通信导航设施、各种航空服务程序等资料和数据以及航空图，是民用航空器飞行所依据的基本资料，也是航空公司航务部门组织飞行、民航空管单位实施空中交通管制、提供空中交通服务必需的情报资料。全国民用航空情报中心、地区民用航空情报中心、机场民用航空情报服务机构负责履行航空情报工作运行职责。目前，我国已基本建立了针对公共航空运输的航空情报服务保障体系架构，对保证民航飞行安全做出了积极贡献。

国际民航组织《全球空中航行计划》（Doc.9750）是《全球 ATM 运行概念》（Doc.9854）的实施指导文件，其核心内容是航空系统组块升级（ASBU），而 ASBU 的第二个绩效改进领域，即全系统信息管理（SWIM），是信息共享的解决方案。SWIM 第一阶段工作内容是通过数字化航空情报管理（AIM）提高运行效率和服务质量。"航空情报服务（AIS）向航空情报管理（AIM）的过渡方案"，强调航空情报机构应提供数字化航空数据和信息，实现航空数据国际间交换，以便支持全球信息共享环境建设。国际民航组织为 AIS 向 AIM 过渡设定了 21 项措施，并分为三个阶段逐步实施，如图 1-2 所示。

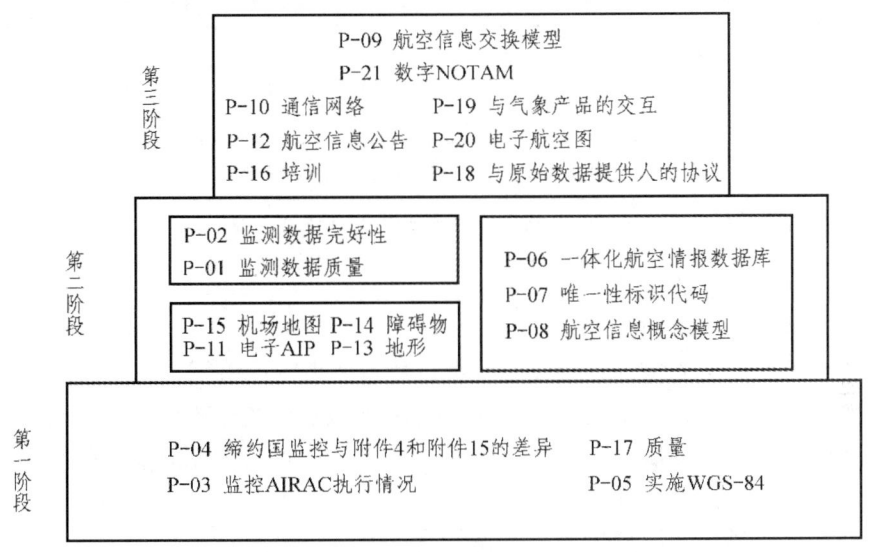

图 1-2 AIS 向 AIM 过渡的 21 项措施

AIS 时期的航空情报产品主要是针对人工阅读的纸质资料，如图 1-3 所示。近年来，用户正在减少纸质产品需求量，转向电子飞行包（Electronic Fight Bag，EFB），尤其需要数字化产品支持其地面运行系统和机载系统，如图 1-4 所示。

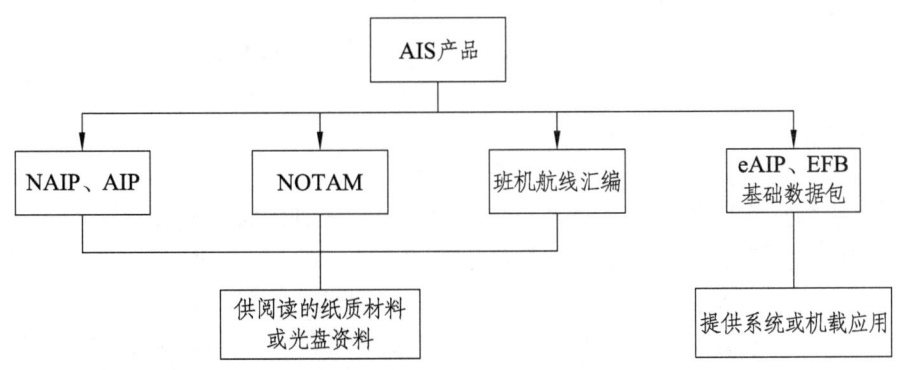

图 1-3 AIS 时期的主要航空情报产品

AIS 时期航空情报的运行管理主要围绕纸质原始数据收集、纸质产品制作与分发这条主线。AIS 时期航空情报运行管理表现出以下特点：

（1）航空情报数据主要以纸质或 PDF 格式传递，数据传递时间长。

（2）数据链各节点的自动化系统不统一，导致重复性劳动。

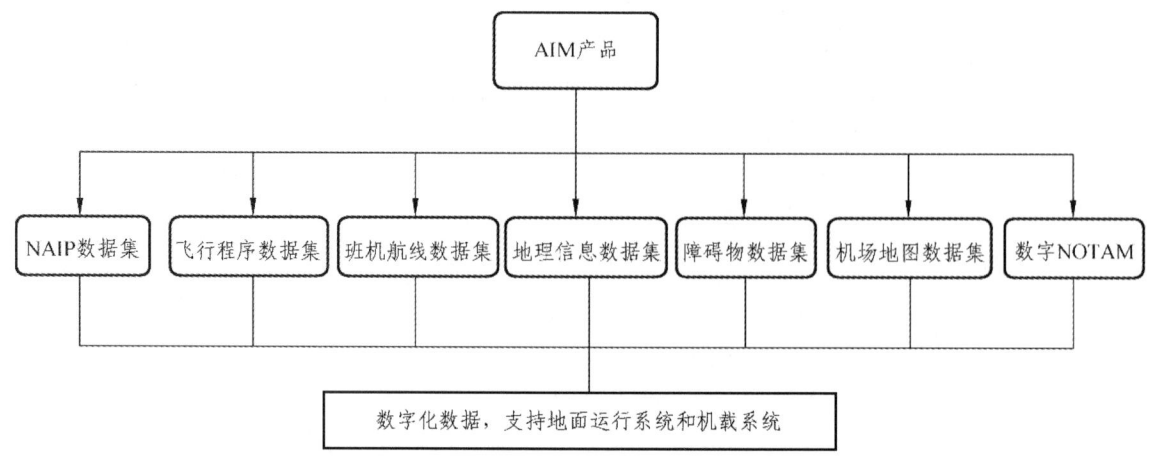

图 1-4　AIM 时期的主要航空情报产品

（3）人工校对是实现质量控制的主要手段。
（4）没有对数据生命周期的完整记录。
（5）航空情报产品主要供用户阅读，对数据质量要求不严格。

AIM 时期航空情报的运行管理将围绕数字化原始数据收集、数字化产品制作和分发这条主线，网络环境成为航空情报运行的重要基础设施。AIM 时期航空情报运行管理将表现出以下特点：

（1）航空数据通过网络进行传递，数据传递迅速、便捷。
（2）数据链各节点的自动化系统高度统一，工作效率高。
（3）自动化系统是实现数据质量控制的主要手段。
（4）能够快速追溯数据生命周期的详细记录。
（5）航空情报产品不仅支持地面运行系统，还支持机载系统。
（6）能够证明航空数据质量。

为实现我国从 AIS 向 AIM 的改变，我国制订了明确的发展计划，将从以下几个方面进行发展改革：

（1）完善的航空情报法规体系。
（2）建立以质量安全为核心的运行管理体系。
（3）加快航空情报专业人才的培养和航空情报科研管理机制的建立。
（4）整合航空情报自动化系统，提高运行效率。

AIM 是一个由法规标准体系、自动化系统、人员队伍、航空情报数据管理、航空情报数据服务五个方面构成的完善的航空情报运行管理体系。人员队伍是开展 AIM 各项工作的关键；法规标准体系是 AIM 的基础，是开展各项工作的依据；自动化系统是 AIM 生产工具和质量控制的工具，日常工作离不开自动化系统；航空情报数据管理和航空情报数据服务是 AIM 的核心业务。AIM 建设将使航空情报数据和信息收集与服务网络覆盖民用航空空中交通管理系统各运行环节，使航空情报服务机构真正成为"航空基础数据集散地"，使航空情报服务产品能够满足用户高效运行需要。

思考题

1. 航空情报工作的职能是什么？
2. 航空情报中采用的公用计量单位和参考系统有哪些？
3. 比较各级航空情报部门的工作职责的差异。
4. AIS 与 AIM 时期航空情报产品有哪些差异？

第二章　机场运行环境

　　机场是航空事业中的一个重要组成部分。民航建设在物质上主要包括机群、专业人才和机场，三者缺一不可。民用机场是指专供民用航空器起飞、降落、滑行、停放以及进行其他活动使用的划定区域，包括附属的建筑物、装置和设施。

　　对于起飞离场的航空器来讲，机场是其飞行活动的第一个环节；对于进场着陆的航空器来讲，机场是其飞行活动的最后一个环节。无论是起飞离场的航空器，还是进场着陆的航空器，都希望机场运行环境能为航空器提供可靠的目视参考、良好的净空及电磁环境等条件，确保航空器起飞离场、进近着陆以及机场内运行的安全。机场运行环境包含机场道面数据、道面标志、机场灯光系统以及机场净空等部分，其中任何一部分发生变化，航空情报部门都需要及时、准确、完整地为相关部门提供航空情报资料。

第一节　机场概述

　　新中国成立初期，我国仅有简陋的民用机场 36 个，规模小，设备简陋。改革开放以来，中国民航机场建设进入了前所未有的新时期，新建、改扩建了一大批民用机场。截止到 2022 年，全国现有民用运输机场 278 个，目前，全国所有的直辖市、省会、自治区首府以及沿海开放城市和主要旅游城市都拥有较现代化的民用机场，一些边疆地区、少数民族聚居区、地面交通不便地区也拥有相应规模的民用机场。

　　一个机场是由场道和飞行保障设备组成的。机场的场道和飞行保障设备条件如何，对加速飞行流量、提高飞行正常率和保证飞行安全都有着极为重要的作用。一个现代化的、飞行保障设备完善的机场，可保障各种机型在昼夜极端复杂的气象条件下起飞和着陆；而一个飞行保障设备较差的中小型机场，则对起飞和着陆的机型、气象条件、飞行架次、时间间隔都有不同程度的限制和要求。因此，要发展民用航空事业，必须重视和加速机场的建设。我国民用航空机场的建设，在 20 世纪 50、60 年代，主要参考苏联的机场技术标准；在 70 年代以后，逐步参考国际民航组织统一规定的机场技术标准。

一、机场分类

　　机场分类标准较多，常见的是按机场的使用对象和航线布局来分。机场按其使用对象分为军用机场和民用机场。在本书，我们只讨论民用机场。民用机场是为运输航空和通用航空服务的。因而，民用机场可分为民航运输机场和民航通用机场。民航运输机场按其为兼供国际航线使用和专供国内航线使用划分为国际机场和国内机场。国际机场指供国际航线定期航班飞行使用，有出入境和过境设施，并设有固定的联检机构（海关、边防检查、卫生检疫、动植物检疫、商品检验等）的机场。国际机场一般也同时供国内航线定期航班飞行使用。国内机场指供国内航线定期航班飞行使用的机场，不提供国际航线定期航班飞行使用。国际机场又分为国际定期航班机场、国际定期航班备降机场、国际不定期飞行机场和国际不定期飞行备降机场。国内机场又分为国内干线（包括飞香港地区性航线的机场）和国内支线机场。民航通用机场，按其服务性质有专为培训飞行人员的学校机场；有为灭蝗、播种、施肥等使用的农业航空机场；有为造林、森林防火等使用的林业机场；有供航测、勘探等使用的工业航空机场等。各类机场均有其不同的标准和技术要求。至于供飞机制造厂飞机试飞用的机场和供航空俱乐部使用的滑翔机场，目前尚不属国家民航管辖。

机场按航线的布局可分为枢纽机场、干线机场和支线机场。枢纽机场指全国航空运输网络和国际航线的枢纽，是运输业务特别繁忙的机场；干线机场指以国内航线为主，可开辟少量国际航线，可以全方位建立跨省跨地区的国内航线，是运输业务量较为集中的机场；支线机场是指分布在各省、自治区内及至邻近省区的短途航线，是运输业务量较少的机场。

此外，在新的机场技术标准颁发以前，我国民用机场是按照机场的用途和规模来划分等级的，即供国际和国内远程航线使用的为一级机场，供国际和国内中程航线使用的为二级机场，供近程航线使用的为三级机场，供短途和地方航线使用的为四级机场。

二、影响机场大小的因素

新机场或一个将要扩建的现有机场的大小主要取决于以下因素：
（1）预期使用该机场的飞机的性能特性和大小。
（2）预计交通量。
（3）气象条件。
（4）机场场址的标高。

在上述因素中，飞机性能特性直接影响跑道的长度，交通量及其性质对所需跑道条数、滑行道的构形和停机坪的大小均有影响。影响机场大小的重要气象条件是风和温度：温度影响跑道长度，温度越高，所需跑道长度越长；风向影响跑道条数及其构形。机场场址的标高对飞机所需跑道长度的影响极大，标高越高，要求的跑道长度越长。

三、飞行区指标

为了给机场设计者提供指导和使机场着陆设施具有一定程度的一致性，任何涉及跑道、滑行道和飞机起降区其他部分的宽度、坡度和间距的准则必须与飞机的性能、飞行员的技术和天气条件相结合。为此，国际民航组织制定了飞行区指标的准则。

飞行区指标的意图是提供一个简单的方法，将有关机场特性的许多规范相互联系起来，为打算在该机场上运行的飞机提供一系列与之相匹配的机场设施。飞行区指标并没有用来确定跑道长度或所需道面强度的意图。

飞行区指标由有关飞机的性能特性和尺寸两个要素组成。飞行区指标Ⅰ是根据飞机基准飞行场地长度而确定的代码，飞行区指标Ⅱ是根据飞机翼展而确定的代码，见表2-1。

表 2-1 飞行区指标

飞行区指标Ⅰ		飞行区指标Ⅱ	
代码	飞机基准飞行场地长度/m	代码	翼展/m
1	<800	A	<15
2	800～1 200（不含）	B	15～24（不含）
3	1 200～1 800（不含）	C	24～36（不含）
4	≥1 800	D	36～52（不含）
		E	52～65（不含）
		F	65～80（不含）

注：飞机基准飞行场地长度是在相应飞机的飞行手册中所载、由发证当局规定的或由飞机制造厂提供的当量数据。飞机以核定的最大起飞质量，在海平面、标准大气条件、无风和跑道纵坡为零的条件下起飞所需的最小飞行场地长度。在适用情况下，飞行场地长度意指飞机的平衡飞行场地长度，或在其他情况下为起飞距离。

飞行区指标Ⅰ的代码必须从表 2-1 第一列确定，即选用相应于拟用该跑道的飞机中最长的飞行基准飞行场地长度值的代码。如飞机的基准飞行场地长度中 1 650 m 为最高值，则所选的代码为"3"。飞行区指标Ⅱ的代码必须从表 2-1 第三列确定，即选用相应于拟用该跑道中的飞机最大翼展匹配飞行区指标Ⅱ的代码。

此外，在我国常见机型的主要参数及由其所确定的飞行区指标见表 2-2。

表 2-2 常见机型的主要参数及由其所确定的飞行区指标

机型	飞行区指标	飞机基准飞行场地长度/m	翼展/m	主起落架外轮间距/m
A319	3C	1 750	33.9	8.93
A300B2	3D	1 676	44.8	10.9
A300B4	4D	2 605	44.8	10.9
A300-600	4D	2 332	44.8	10.9
A310	4D	1 845	43.9	10.9
A320-200	4C	2 058	33.9	8.7
A321-100	4C	2 204	34.1	9.0
A321-200	4C	2 677	34.1	9.0
A330-200	4E	2 713	60.3	12.0
A330-300	4E	2 560	60.3	12.0
A340-300	4E	2 200	60.3	12.0
A380-800	4F	3 350	79.8	14.3
Bae146-200	3C	1 615	26.3	5.5
Bae146-300	3C	1 615	26.3	5.5
B737-100	4C	2 499	28.4	6.4
B737-200	4C	2 295	28.4	6.4

续表

机型	飞行区指标	飞机基准飞行场地长度/m	翼展/m	主起落架外轮间距/m
B737-300	4C	2 749	28.9	6.4
B737-400	4C	2 256	35.8	6.4
B737-500	4C	2 470	34.3	7.0
B737-600	3C	1 690	34.3	7.0
B737-700	3C	1 598	28.9	6.4
B737-800	4C	2 256	35.8	6.4
B737-900	4C	2 240	34.3	7.0
B747-100	4E	3 060	59.6	12.4
B747-200	4E	3 150	59.6	12.4
B747-300	4E	3 292	59.6	12.4
B747-400	4E	3 383	64.9	12.4
B747-400COM	4E	3 300	64.9	12.6
B747-SR	4E	1 860	59.6	12.4
B747-SP	4E	2 710	59.6	12.4
B757-200	4D	2 057	38.0	8.7
B767-200	4D	1 981	47.6	10.8
B767-200ER	4D	2 499	47.6	10.8
B767-300	4D	2 900	47.6	10.8
B767-300ER	4D	2 743	47.6	10.8
B777-200	4E	2 500	60.9	12.8
B777F	4E	3 000	64.8	12.9
B787-8	4E	2 820	59.89	11.6
Cessna 650	3B	1 581	16.3	3.6
DC10-30	4D	3 179	45.2	7.6
TU154	4D	2 160	37.6	12.4
新舟 MA60	3C	1 700	29.2	8.9

四、常用的概念

本小节将一些常用的有关机场方面的名词术语罗列如下,并给出相应的定义。

1. 机场基准点（Aerodrome Reference Point，ARP）

机场必须设置一个机场基准点。机场基准点是一个标示机场地理位置的点。机场基准点应位于接近机场原始的或规划的几何中心,一般为主跑道中线的中点,用经纬度表示,精确到秒。机场基准点在一次设定后一般保持不变。

2. 机场标高（Aerodrome Elevation，ELEV）

机场标高是指机场可用跑道中最高点的标高，精确到米。一个机场除了必须提供机场标高外，还须同时提供跑道两端中点（如有入口内移，则为入口内移端部中点）的标高，精确到米。有关标高数据由场建部门提供。

3. 跑道视程（Runway Visual Range，RVR）

跑道视程是指在跑道中线上的飞行员能够看到跑道表面标志、跑道轮廓的灯光或辨认跑道中线的距离。

4. 机场基准温度（Aerodrome Reference Temperature）

机场基准温度应为一年内最热月（月平均温度最高月）的日最高温度的月平均值，宜取5年以上平均值。

5. 跑道坡度（Runway Slope）

跑道坡度是指沿跑道中线上最高标高与最低标高之差除以跑道长度。

6. 机动区（Manoeuvring Area）

机动区也称运转区，是指机场内用于飞机起飞、着陆和滑行的部分，由跑道和滑行道组成，不包括机坪。

7. 活动区（Movement Area）

活动区是指机场内用于飞机起飞、着陆和滑行的部分，由机动区和机坪组成。

8. 着陆方向标（Landing Direction Marking）

着陆方向标是为指示当时指定的着陆和起飞方向用的目视装置（见本章第五节道面标志）。

9. 着陆入口（Threshold，THR）

着陆入口是指可用于着陆的那一部分跑道的起始端。

10. 飞行区（Airfield Area）

飞行区是指机场内供飞机起飞、着陆、滑行和停放使用的场地，包括跑道、升降带、跑道端安全区、滑行道、机坪。

11. 障碍物（Obstacle）

位于供航空器地面活动的区域上，或突出于为保护飞行中的航空器而规定的限制面之上，或位于上述规定限制面之外但评定为对空中航行有危险的、固定的（无论是临时的还是永久的）和移动的物体，或是上述物体的一部分，都称为障碍物。

12. 机场交通密度（Aerodrome Traffic Density）

交通密度低：每条跑道平均繁忙小时起降架次不大于 15 架次，或者平均繁忙小时机场总起降架次一般不大于 20 架次。

交通密度中：每条跑道平均繁忙小时起降架次为 16~25 架次，或者平均繁忙小时机场总起降架次一般为 20~35 架次。

交通密度高：每条跑道平均繁忙小时起降架次为 26 架次或更多，或者平均繁忙小时机场总起降架次一般大于 35 架次。

注：① 平均繁忙小时起降架次是全年每天最繁忙小时起降架次的算术平均数。
② 一次起飞或一次着陆即构成一个起降架次。

思考题？

1. 机场的定义是什么？
2. 机场基准代号由几部分组成？每部分是由什么因素确定的？
3. 机场基准点的定义是什么？
4. 机场标高的定义是什么？
5. 活动区和机场区的区别在哪里？

第二节 道面系统

跑道、滑行道和机坪等构成了机场的道面系统，机场道面系统为飞机起飞着陆、地面滑行和上下客货提供安全的地面保障服务，直接关系着航行的安全和经济效益，因而在机场的建设和使用中有着重大作用。

机场道面系统如图 2-1 所示。

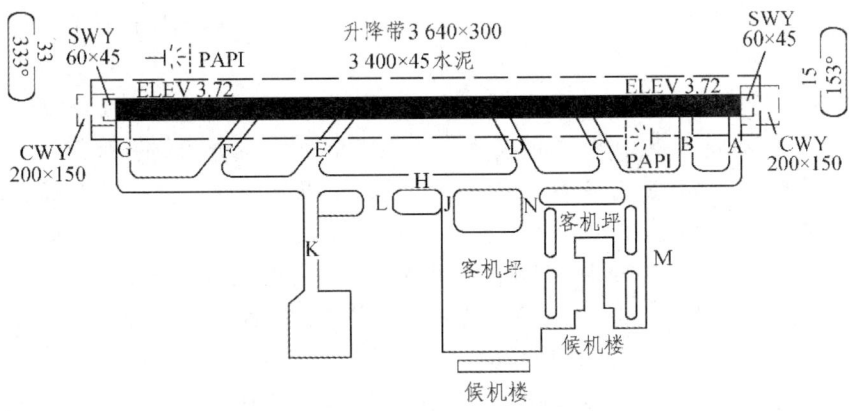

图 2-1 机场道面系统示意图

一、跑道（Runway，RWY）

跑道是指陆地机场上整备供飞机着陆和起飞用的一块划定的长方形场地。跑道的数目取决于交通量的大小，多跑道的构形则取决于风向，有时也与机场发展可用面积的大小有关。跑道及其相关的跑道入口、停止道、净空道、道肩、跑道端安全地区等对航空器的运行有重要意义。

（一）跑道的定位和定向

在确定跑道的定位和定向时，应综合考虑多方面因素。这些因素主要有以下 4 个方面：

（1）运行的类别。运行的类别是指该机场是供全天候条件使用，还是仅供目视气象条件使用，以及它是供昼夜都使用，还是仅供日间使用。

（2）气象条件。气象条件主要是对风的分布进行研究，以确定利用率。此外，还应研究出现低能见度和（或）低云高的情况，同时还应考虑它们的频率和所伴随的风向及风速。

（3）机场场址、进近地区及其周围的地形。这方面因素包含以下 5 项：① 与障碍物限制面的适应性；② 目前和将来对土地的利用；③ 目前和将来要提供的跑道长度；④ 建设费用；⑤ 安装用于进近-着陆的非目视和目视助航设备的可能性。

（4）机场附近的空中交通情况。这方面主要考虑：① 接近于其他机场或空中交通服务路线；② 交通密度；③ 空中交通管制和复飞程序。

（二）跑道分类

跑道分类的方式有许多种，用得最多、最广泛的是按进近程序分类。按照进近程序跑道可分为：

（1）非仪表跑道（Non-instrument Runway）：供飞机用目视进近程序飞行的跑道。

（2）仪表跑道（Instrument Runway）：供飞机用仪表进近程序飞行的跑道。仪表跑道又分为：

① 非精密进近跑道：装有目视助航设备和为直线进入至少提供方向引导的非目视助航设备的仪表跑道。

② Ⅰ 类精密进近跑道：装有仪表着陆系统和（或）微波着陆系统以及目视助航设备，供决断高低于 75 m 但不低于 60 m 和能见度不小于 800 m 或跑道视程不小于 550 m 时飞行的仪表跑道。

③ Ⅱ 类精密进近跑道：装有仪表着陆系统和（或）微波着陆系统以及目视助航设备，供决断高低于 60 m 但不低于 30 m 和跑道视程不小于 300 m 时飞行的仪表跑道。

④ Ⅲ 类精密进近跑道：装有仪表着陆系统和（或）微波着陆系统引导飞机至跑道并沿其表面着陆滑行的仪表跑道。其中：

Ⅲ A：用于决断高小于 30 m 或不规定决断高以及跑道视程不小于 175 m 时运行。

Ⅲ B：用于决断高小于 15 m 或不规定决断高以及跑道视程小于 175 m 但不小于 50 m 时运行。

Ⅲ C：用于不规定决断高和跑道视程时运行。

注：目视助航设施不一定与所设置非目视助航设施的规模相匹配，选择目视助航设施的

准则取决于所拟运行的各种状况。

（三）跑道系统构形

一般来讲，跑道系统的数目取决于交通量的大小，跑道的方向由风向决定，交通量和风向的不同，所确定的跑道系统存在着多种构形。多种跑道系统构形可以看作是以下4种跑道系统基本构形的组合。

（1）单条跑道：跑道构形中最简单、最基本的一种。相对于其他跑道构形来说，单条跑道具有使用方便、占地面积小和易于维护等优点。但它又有当机场交通量达到或超过跑道最大容量时，会发生交通堵塞现象，造成航班延误，降低航班正常率等缺点，如图2-2（a）所示。

（2）平行跑道：跑道与跑道的中心线平行或近似平行。平行跑道的出现是为了缓解单条跑道容量饱和的问题。平行跑道的容量取决于跑道的数目和跑道之间的间距。

平行跑道之间的最小间距应根据跑道类型（仪表或非仪表跑道）、运行方式以及当地地形等各种因素综合确定。国际民航组织在附件14《机场》里有如下建议：

① 同时按仪表飞行规则飞行，平行跑道中线最小间距应为：
- 独立平行进近：1 035 m。
- 相关平行进近：915 m。
- 独立平行离场：760 m。
- 隔离平行运行：760 m。

② 对隔离平行运行所规定的最小间距应为：
- 当跑道入口错开，而进近是向着较近的跑道入口时，则两条跑道入口每错开150 m，其间距可减少30 m，但减少后的间距应不小于300 m。
- 当跑道入口错开，而进近是向着较远的跑道入口时，则两条跑道入口每错开150 m，其间距应增加30 m。

③ 因场地等条件限制时，可设置近距平行跑道，其中线间隔宜为300～500 m，如图2-2（b）、（c）所示。近距平行跑道较好的运行方式是将离开航站楼最远的跑道（外侧）指定作着陆飞机使用，而将离航站楼最近的跑道（内侧）作起飞跑道使用。

④ 同时按非仪表飞行规则飞行，平行跑道中线最小间距应为：
- 飞行区指标Ⅰ为3或4时：210 m。
- 飞行区指标Ⅰ为2时：150 m。
- 飞行区指标Ⅰ为1时：120 m。

（3）交叉跑道：当相对强烈的风从一个以上的方向吹来时，如果只有一条跑道，就会造成过大的侧风，这就需要交叉跑道。交叉跑道是指机场内两条或更多条的跑道以不同方向互相交叉，如图2-2（d）所示。对于两条交叉跑道，当风强的时候，只能用其中的一条；当风相对较弱，则两条跑道可同时使用。两条交叉跑道的容量在很大程度上取决于相交的位置和使用跑道的方式。3条以上的交叉跑道情形与此类似。

（4）开口V形跑道：两条跑道方向散开而不相交的跑道，如图2-2（e）所示。像交叉跑道那样，当风从一个方向强烈吹来时，开口V形跑道就恢复成单条跑道。当风轻微时，两条跑道可以同时使用。

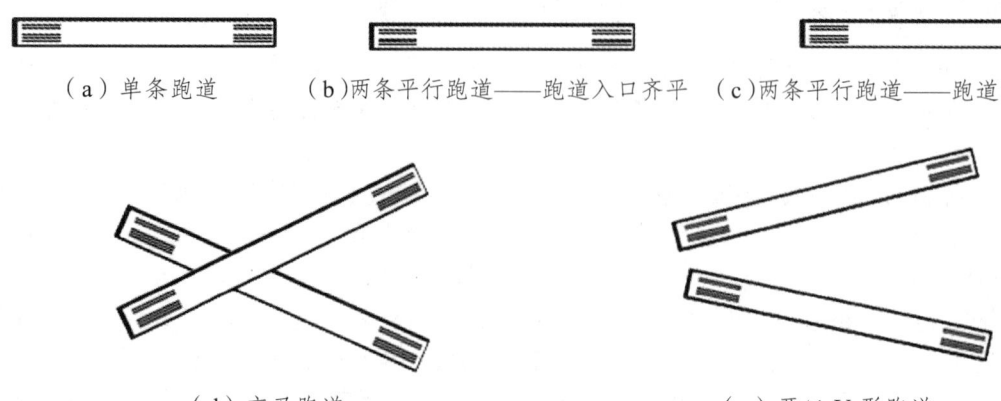

(a) 单条跑道　　(b) 两条平行跑道——跑道入口齐平　　(c) 两条平行跑道——跑道入口错开

(d) 交叉跑道　　(e) 开口 V 形跑道

图 2-2　跑道基本构型

（四）跑道长度

跑道长度需要根据飞机性能、机场净空、机场标高、所飞的航线、机场的地形等因素进行综合分析来确定。一般说来，飞机越大，航程越远，飞机的起飞质量越大，要求的跑道就越长；机场海拔越高，机场气温越高，要求的跑道越长。跑道长度的确定是个综合过程，考虑的因素很多，在这里将跑道长度确定的过程省略。

（五）跑道宽度

跑道宽度不应小于表 2-3 所规定的尺寸。

表 2-3　跑道宽度　　　　　　　　　　　　　　　　　　　　单位：m

飞行区指标 I	主起落架外轮外边距			
	<4.5	4.5~6.0（不含）	6.0~9.0（不含）	9.0~15.0（不含）
1	18	18	23	—
2	23	23	30	—
3	30	30	30	45
4	—	—	45	45

注：1. 飞行区指标 I 为 1 或 2 的精密进近跑道的宽度应不小于 30 m。

　　2. 针对特殊机型、特殊情况可以根据拟使用机型的特性确定跑道宽度。

（六）跑道掉头坪

跑道端头未设有联络滑行道或掉头滑行道时，应设置飞机掉头坪，以便飞机进行 180°转弯，如图 2-3 所示。掉头坪位置一般设置在跑道的两端，对于较长的跑道，可在中间适当位置增设掉头坪，以减少飞机滑行距离。掉头坪宜设置在跑道的左侧，以便于转弯操作。

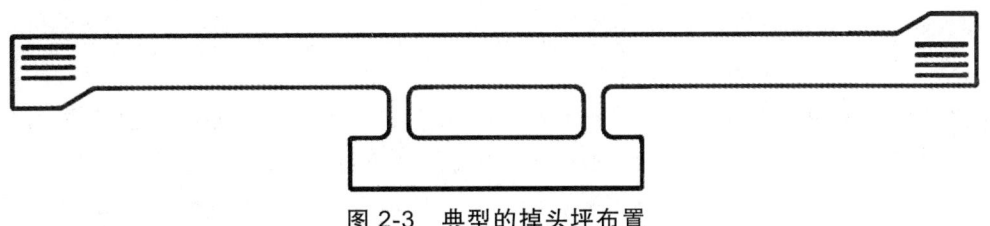

图 2-3 典型的掉头坪布置

（七）跑道道肩

跑道道肩（Runway Shoulder）指紧接跑道边缘经过整备作为跑道道面和邻接表面之间过渡用的地区（见图 2-4）。跑道道肩应从跑道的两边对称地向外扩展，以使跑道及其道肩的总宽度不小于 60 m。跑道道面两侧道肩的最小宽度应为 1.5 m；飞行区指标 Ⅱ 为 D 或 E 的跑道，其道面及道肩的总宽度应不小于 60 m；飞行区指标 Ⅱ 为 F 的跑道，其道面及道肩的总宽度应不小于 60 m，拟用机型发动机数量等于或多于 4 个时，总宽度不小于 75 m。

此外，跑道道肩的强度和结构应确保飞机偶然滑出跑道时不致造成飞机的结构损坏，并能承受偶然通行的车辆荷载。跑道道肩表面应能防止被飞机气流吹蚀。

（八）停止道和净空道

1. 停止道

停止道（Stopway，SWY）是指在可用起飞滑跑距离末端以外地面上一块划定的经过整备的长方形地区，使其适合于飞机在放弃起飞时能在它上面停住。停止道的宽度应与同它相连接的跑道的宽度相同。停止道应能承受准备使用该停止道的飞机，不致引起飞机的结构损坏（见图 2-4）。

2. 净空道

净空道（Clearway，CWY）是指在有关当局管理下经选定或整备的使飞机可在其上空进行一部分起始爬升到一个规定高度的地面或水面上划定的一块长方形区域（见图 2-4）。

净空道的起始点应在可用起飞滑跑距离的末端。净空道的长度应不超过可用起飞滑跑距离的一半。净空道应自跑道中线延长线向两侧横向延伸至少 75 m。位于净空道上可能对空中的飞机造成危险的物体应被认为是障碍物，应将其移去。

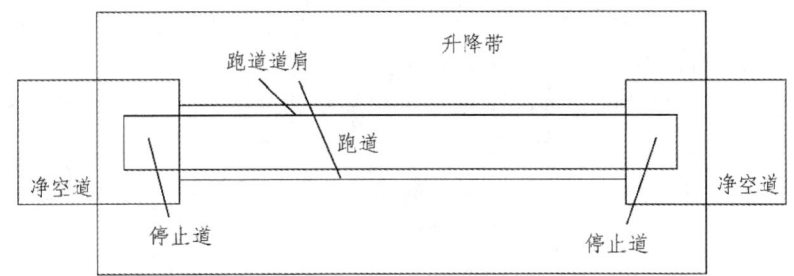

图 2-4 跑道、停止道、跑道道肩、净空道和升降带

（九）升降带和跑道端安全地区

1. 升降带

升降带（Strip）是指一块划定的包括跑道和停止道（如果设有的话）的场地，用来：

① 减少飞机冲出跑道时遭受损坏的危险；② 保障飞机在起飞或着陆过程中在其上空安全飞过。

升降带应在跑道入口前，自跑道或停止道端向外延伸至少下述距离：飞行区指标Ⅰ为2、3、4的跑道为60 m，飞行区指标Ⅰ为1的仪表跑道为60 m，飞行区指标Ⅰ为1的非仪表跑道为30 m。只要实际可行，必须在升降带的全长，从跑道中线及其延长线每侧横向延伸至少为表2-4中的距离。跑道及其连接的停止道必须包含在升降带内（见图2-4）。

表 2-4　升降带宽度（自跑道中线及其延长线向每侧延伸）　　单位：m

跑道运行类型	飞行区指标Ⅰ			
	1	2	3	4
仪表跑道	70	70	140	140
非仪表跑道	30	40	75	75

位于升降带上可能对飞机构成危险的物体，应被认为是障碍物，并应尽可能地将其移去。除了为保证飞行安全所必需的并符合易折性要求的目视助航设备或出于飞机安全目的应安放在升降带内的设备设施外，升降带下列范围内不应有固定的物体：

① 飞行区指标Ⅰ为4和飞行区指标Ⅱ为F的Ⅰ、Ⅱ、Ⅲ类精密进近跑道，距跑道中线两侧各77.5 m以内。

② 飞行区指标Ⅰ为3或4的Ⅰ、Ⅱ、Ⅲ类精密进近跑道，距跑道中线两侧各60 m以内。

③ 飞行区指标Ⅰ为1或2的Ⅰ类精密进近跑道，距跑道中线两侧各45 m以内。

当跑道用于起飞或着陆时，升降带上述区域内不应有可移动的物体。

2. 跑道端安全地区

跑道端安全地区（Runway End Safety Area，RESA）是指一块对称于跑道中线延长线与升降带端相接的地区，其作用主要是减小飞机在过早接地或冲出跑道时遭受损坏的危险，同时使冲出跑道的飞机能够减速、提前接地的飞机能够继续进近或着陆。

飞行区指标Ⅰ为3或4的跑道，或飞行区指标Ⅰ为1或2的仪表跑道，跑道端安全区应自升降带端向外延伸至少90 m，飞行区指标Ⅰ为3或4的跑道，跑道端安全区宜自升降带端向外延伸至少240 m，飞行区指标Ⅰ为1或2的仪表跑道，跑道端安全区宜自升降带端向外延伸至少120 m，飞行区指标Ⅰ为1或2的非仪表跑道，跑道端安全区宜自升降带端向外延伸至少30 m。跑道端安全区的宽度应至少等于与其相邻的跑道宽度的2倍，条件许可时应不小于与其相邻的升降带平整部分的宽度。

位于跑道端安全地区上可能对飞机构成危险的物体，应被认为是障碍物，并应尽可能地移去。

（十）公布距离

供民用飞机使用的跑道，尤其是采用停止道和净空道以及使用内移的跑道入口后，必须公布适用于飞机着陆和起飞有关的各种可用距离的准确资料。

（1）可用起飞滑跑距离（Take-off Run Available，TORA）：公布的可用于并适用于飞机起飞时进行地面滑跑的跑道长度。

（2）可用起飞距离（Take-off Distance Available，TODA）：可用起飞滑跑距离的长度加上如设有净空道时的净空道的长度。

（3）可用加速停止距离（Accelerate-stop Distance Available，ASDA）：可用起飞滑跑距离的长度加上如设有停止道时的停止道的长度。

（4）可用着陆距离（Landing Distance Available，LDA）：公布的可用于并适用于飞机着陆时进行地面滑跑的跑道长度。

注：跑道入口内移，不是设在跑道端部的跑道入口。上述4个距离的关系如图2-5所示。

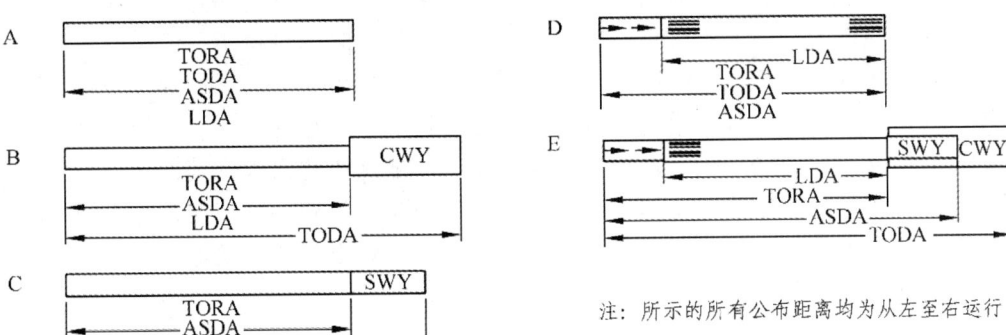

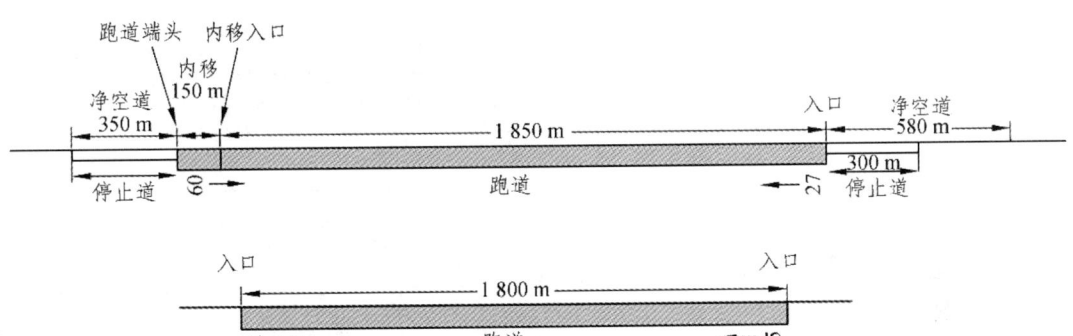

跑道	TORA	ASDA	TODA	LDA
09	2 000 m	2 300 m	2 580 m	1 850 m
27	2 000 m	2 350 m	2 350 m	2 000 m
17	NU	NU	NU	1 800 m
35	1 800 m	1 800 m	1 800 m	NU

注：如果运行上是禁止的，因而跑道的一个方向或两个方向不能用于起飞或着陆，则这种情况应予公布并写明"不供使用"，或简写为"NU"。

图 2-5 公布距离

例 2-1 某机场09号跑道长3 200 m，入口内移150 m，停止道长60 m，求4个距离。

解： 由上面4个距离的定义可知：

（1）可用起飞滑跑距离为3 200 m。

（2）可用起飞距离为3 200 m。

（3）可用加速停止距离为 3 260 m。
（4）可用着陆距离为 3 050 m。

二、滑行道和机坪

（一）滑行道（Taxiway，TWY）

为使飞机运行安全、高效，应根据需要设置各种滑行道；滑行道的主要功能是提供从跑道到航站区和维修机库去的通道。滑行道应当安排得使刚着陆的飞机不与滑行起飞的飞机相干扰。在繁忙的机场上，预计在两个方向同时有滑行交通的地方，应提供平行的单向滑行道。滑行路线应选择使从航站区到跑道起飞端具有实际可行的、最短的距离。另外，应沿跑道的若干处设置滑行道，使着陆飞机尽可能快地脱离跑道，把跑道腾出来供其他飞机使用；这些滑行道一般称为"出口滑行道"或"转出滑行道"。滑行道系统包括入口与出口滑行道；平行与双平行滑行道；旁通、相交或联络滑行道；以及机坪滑行道与滑行通道。此外，在任何情况下，滑行道的路线应避免同使用中的跑道相交叉。

1. 滑行道宽度

滑行道直线部分的道面宽度应不小于表 2-5 中的要求。

表 2-5　滑行道直线部分的道面宽度　　　　　　　　单位：m

主起落架外轮外边距	滑行道道面最小宽度（直线部分）
<4.5	7.5
4.5~6.0（不含）	10.5
6.0~9.0（不含）	15
9.0~15.0（不含）	23

滑行道的方向应尽可能地少，转弯半径应与准备使用该滑行道的飞机的操作能力和正常的滑行速度相适应。

2. 快速出口滑行道

快速出口滑行道（Rapid Exit Taxiway）由转出曲线、直线段及跑道与滑行道相接处的加宽部分组成，如图 2-6 所示。快速出口滑行道的转出点，是根据飞机的接地速度、开始转出速度以及跑道入口至接地点的距离、接地点至转出点的距离等确定的。飞行区指标Ⅰ为 3 或 4 时，为使飞机能以 93 km/h 的开始转出速度在潮湿滑行道上转出，其转出曲线的半径不小于 550 m；飞行区指标Ⅰ为 1 或 2 时，为使飞机能以 65 km/h 的开始转出速度在潮湿滑行道上转出，转出曲线半径不小于 275 m。快速出口滑行道应在转出曲线后有一直线段，其长度应使飞机到达与其相交的滑行道之前能完全停住。

第二章 机场运行环境

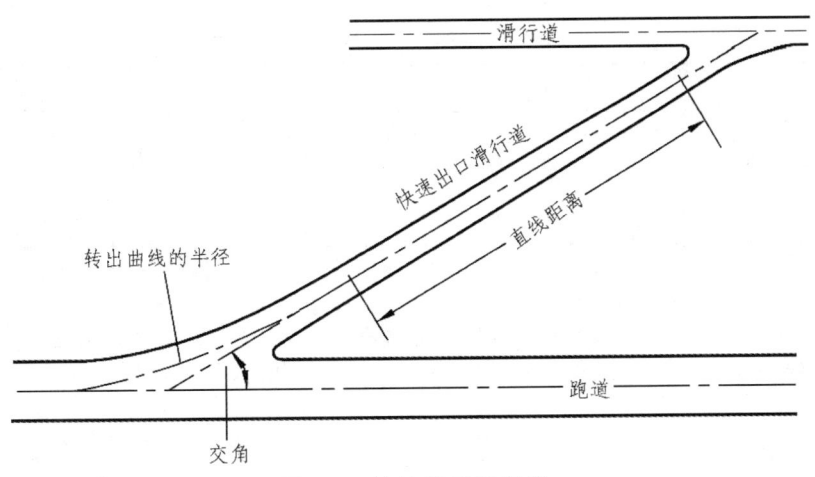

图 2-6 快速出口滑行道

快速出口滑行道与跑道的交角为 25°～45°，但以 30° 为好。一条跑道上有多条快速出口滑行道时，交角宜相同。

3. 滑行道最小间距

滑行道与跑道、其他滑行道以及物体之间的净距应不小于表 2-6 中的规定值。

表 2-6 滑行道最小间隔距离　　　　　　　　　　　单位：m

飞行区指标Ⅱ	滑行道中线与跑道中线之间的距离								滑行道中线距滑行道中线的距离	滑行道中线（不包括机位滑行通道）距物体的距离a	机位滑行通道中线距机位滑行通道中线的距离a	机位滑行通道中线距物体的距离
	仪表跑道				非仪表跑道							
	飞行区指标Ⅰ				飞行区指标Ⅰ							
	1	2	3	4	1	2	3	4				
(1)	(2)	(3)	(4)	(5)	(6)	(7)	(8)	(9)	(10)	(11)	(12)	(13)
A	77.5	77.5	—	—	37.5	47.5	—	—	23.00	15.5	19.5	12.0
B	82.0	82.0	152.0	—	42.0	52.0	87.0	—	32.0	20.0	28.5	16.5
C	88.0	88.0	158.0	158.0	48.0	58.0	93.0	93.0	44	26	40.5	22.5
D	—	—	166	166	—	—	101	101	63	37	59.5	33.5
E	—	—	172.5	172.5	—	—	107.5	107.5	76	43.5	72.5	40
F	—	—	180	180	—	—	115	115	91	51	87.5	47.5

注：a 为保证飞行或飞机安全需要安放在此，且不会对飞机构成危险的物体除外。

（二）机　坪

机坪是指在陆地机场上划定的一块供飞机上下旅客、装卸货物或邮件、加油、停放或维修用的场地。机坪的每一部分应能承受准备使用的飞机的通行。机坪上的飞机机位应对使用它的飞机与任何邻近的建筑物、另一机位上的飞机和其他物体之间提供最小净距，如表 2-7 所示。

表 2-7 机坪停放飞机的最小间距   单位：m

飞行区指标Ⅱ	A	B	C	D	E	F
进入或离开机位的飞机与相邻机位上停放的飞机以及邻近的建筑物和其他物体之间的净距	3.0[b]	3.0[b]	4.5[ab]	7.5[a]	7.5[a]	7.5[a]
机坪服务车道边线距停放飞机的净距	3	3	3	3	3	3

注：a 当机头向内停放时，对于具有依靠目视停靠引导系统进行方位引导的机位，机位上停放的飞机与任何邻近的建筑物、另一机位上的飞机和其他物体之间的净距可适当减小；航站楼、旅客廊桥固定端、回位点上的旅客廊桥活动端等与机头之间的净距可减小至 3.75 m。
b 保障车辆作业需要时，最小距离宜增加。

三、其他设施

1. 飞行前高度表校正位置

在一个机场，应设有一个或几个飞行前高度表校正位置。飞行前高度表校正位置应设置在机坪上。飞行前高度表校正位置的标高应为该位置场地的平均标高，精确到米。飞行前高度表校正位置的任何部分的标高应在该位置处的平均标高的 3 m 以内。

2. 无线电高度表操作场地

应在精密进近跑道入口前设立一个无线电高度表操作场地。无线电高度表操作场地的长度应自跑道入口向外延伸不小于 300 m，宽度应自跑道中线延长线向每侧横向延伸 60 m。在特殊环境下，经航行研究表明不会影响航空器运行安全时，该宽度可减小到不小于 30 m。在无线电高度表操作场地上，应避免坡度变化或保持最小的变化。当变坡不能避免时，变坡应平缓，避免急剧的变化或反坡，两个相邻坡度间的坡度变化率每 30 m 应不大于 2%。

3. 等待坪、跑道等待位置、中间等待位置和道路等待位置

（1）等待坪、跑道等待位置、中间等待位置和道路等待位置的设置。

在机场交通密度为中或高时，宜设置等待坪。在滑行道（不含单向运行的出口滑行道）与跑道相交处，以及跑道与另一条跑道相交处，当前者是一条标准滑行路线的一部分时宜设置一个或几个跑道等待位置。

当滑行道上滑行的航空器或行驶的车辆突出障碍物限制面或干扰无线电助航设备时，在该滑行道上应设立跑道等待位置，确保等待的航空器或车辆不侵犯无障碍物区、进近面、起飞爬升面或仪表着陆系统、微波着陆系统的临界/敏感区等各限制区，并且不干扰无线电助航设备的运行。当需要限定航空器在滑行道上的等待位置时（不包括跑道等待位置），应在滑行道上设中间等待位置。确定中间等待位置时，应确保使用该滑行道的设计机型与其相交滑行道上的飞机的净距符合本标准相关要求。

在道路与跑道、滑行道相交处应设立道路等待位置。

（2）等待坪、跑道等待位置、道路等待位置与跑道中线之间的距离。

等待坪、跑道等待位置或道路等待位置与跑道中线之间的距离应符合表 2-8 中的规定值。

对于精密进近跑道，应确保等待的航空器或车辆不干扰导航设备的运行或侵犯内过渡面。

表 2-8　等待坪、跑道等待位置或道路等待位置距跑道中线的最小距离　　单位：m

跑道的类型	飞行区指标Ⅰ			
	1	2	3	4
非仪表	30	40	75	75
非精密进近	40	40	75	75
Ⅰ类精密进近	60 a	60 a	90 a	90 ab
Ⅱ类及Ⅲ类精密进近	—	—	90 a	90 ab
起飞跑道	30	40	75	75

注：a 为了避免干扰导航设备，特别是下滑信标和航向信标信号，该距离可能需要增加，以确保其与仪表着陆系统、微波着陆系统临界区和敏感区的范围相匹配。
　　b 飞行区指标Ⅱ为 F 时，该距离采用 100 m，但能接纳装有数字化航空电子设备以便在复飞操作时提供操纵指令使飞机保持已建立航迹的飞行区指标Ⅱ为 F 的机场除外。

飞行区指标Ⅰ为 4 的精密进近跑道，当机场海拔高度大于 700 m 时，应在表 2-8 中规定的距离基础上，再按下列原则增加等待坪、跑道等待位置或道路等待位置距跑道中线的距离：

① 海拔高度 700～2 000 m，大于 700 m 后按每 100 m 增加 1 m。
② 海拔高度大于 2 000 m 但低于 4 000 m，13 m 加上大于 2 000 m 后按每 100 m 增加 1.5 m。
③ 海拔高度大于 4 000 m 但低于 5 000 m，43 m 加上大于 4 000 m 后按每 100 m 增加 2 m。

如飞行区指标Ⅰ为 4 的精密进近跑道的等待坪、跑道等待位置或道路等待位置的标高高于跑道入口的标高，应在表 2-8 中规定的距离基础上，按等待坪、跑道等待位置或道路等待位置标高，每高于跑道入口标高 1 m，距离再增加 5 m。

如飞行区指标Ⅰ为 3 或 4 的精密进近跑道的等待坪、跑道等待位置或道路等待位置的标高低于跑道入口的标高，应在表 2-8 中规定的距离基础上，按等待坪、跑道等待位置或道路等待位置标高，每低于跑道入口标高 1 m，距离再减去 5 m，但不应突出内过渡面。

4. 除冰防冰设施

在可能出现结冰情况的机场，应设置飞机除冰防冰设施。除冰防冰设施应设置在飞机机位上或设置在沿滑行道通向供起飞用的跑道的特定位置处。除冰防冰设施位置应保证除冰处理的保持时间，应能保证除冰、防冰后的飞机在起飞前不致重新结冰。

远距除冰防冰设施应不突出障碍物限制面，不干扰无线电助航设备，并且塔台管制员能看到处理过的飞机。远距除冰防冰设施应设置在可快捷进出的位置，或者是旁通道构形，不需要特意拐入或拐出除冰防冰坪。应考虑滑行飞机的喷气气流对正在进行除冰、防冰处理的其他飞机或其后滑行飞机的影响，以防止降低处理效果。

5. 防吹坪

跑道两端应设置防吹坪，当其他铺筑面可以起到防吹坪作用时可不单独设置。防吹坪自跑道端向外延伸的距离应不小于表 2-9 中的规定值，其宽度应不小于跑道道面和道肩的总宽度。

表 2-9 防吹坪的最小长度　　　　　　　　　　　单位：m

飞行区指标Ⅱ	防吹坪的最小长度
A	30
B	45
C、D	60
E、F	60，宜为 120

思考题？

1. 跑道的定义是什么？按照仪表进近程序跑道可分成哪几类？
2. 跑道系统有哪几种基本构形？
3. 画出长 3 000 m、宽 45 m 机场飞行区指标Ⅰ为 3 的跑道所需的道肩、净空道、升降带和跑道端安全地区。
4. 某 08-26 号跑道长 3200 m，宽 45 m，跑道两端的停止道各长 60 m，两端净空道的长度都为 300 m，08 号跑道入口向跑道中部内移 120 m。问：当 08 号跑道用于飞机起飞降落时，需公布哪 4 个距离？它们的数据各为多少？

第三节　道面强度

一条跑道能否供某一架飞机起降，要看该跑道能否满足该飞机起降的需要，即该跑道长度能否满足飞机起降的需要和该跑道能否承受飞机的起降。本节讨论的问题是跑道能否承受飞机起降的问题，即道面强度问题。在讨论中，如没有特别说明，都假定跑道长度能满足飞机起降的需要。跑道、滑行道和机坪的道面是为了给飞机提供一个平坦的并在所有气象条件下都能安全行驶的表面。

道面的厚度必须足以保证施加的荷载不致在该层和其下各层内造成损坏。道面结构是指由一层或多层加工过的材料组成的结构。一般来说，由沥青材料和骨料的混合物铺设在优质颗粒材料上所组成的道面称为"柔性道面"。当道面是由普通水泥混凝土板所组成时称为"刚性道面"。作为跑道、滑行道和机坪的道面，除了对修筑的材料和道面的表面有一定的要求外，还对道面的强度有一定的要求，即道面要能承受飞机在它上面的起降、滑行和停放。

道面强度一般采用 ACN-PCN 法报告格式来说明的，格式为：PCN 值/道面类型/土基强度类型/最大允许胎压/评定方法。

一、道面强度报告

道面强度报告是按 ACN-PCN 的方法制订和报告下列数据。

1. 道面等级序号 PCN（Pavement Classification Number）

道面等级序号是指不受运行次数限制的道面承载强度的数字。这个数字由场建部门提供。如果季节性气候对道面强度有明显影响时，场建部门可提供几个典型的 PCN 值。

2. 道面类型

道面类型分为两种：一种是刚性道面，用英文字母 R（Rigid pavement）表示；另一种是柔性道面，用英文字母 F（Flexible pavement）表示。

3. 土基强度类型

土基是紧接道面结构下的一层土壤，它在施工中经过加工以支承由道面传布下来的荷载。一般土基强度是根据原道面设计或以后的修复或加固来评价，只要可能，土基强度评价应以试验为根据。一般情况，在道面强度报告中一个机场用一个土基分类。

土基强度分为 4 种等级，具体如表 2-10 所示。

表 2-10 土基强度等级

土基强度类型	代号
高强度，其特征为： 刚性道面顶面 $K=150$ MN/m³，代表所有大于 120 MN/m³ 的 K 值； 柔性道面顶面 CBR=15，代表所有大于 13 的 CBR 值	A
中强度，其特征为： 刚性道面顶面 $K=80$ MN/m³，代表所有大于 60～120 MN/m³ 范围的 K 值； 柔性道面顶面 CBR=10，代表 8～13 范围的 CBR 值	B
低强度，其特征为： 刚性道面顶面 $K=40$ MN/m³，代表所有大于 25～60 MN/m³ 范围的 K 值； 柔性道面顶面 CBR=6，代表 4～8 范围的 CBR 值	C
特低强度，其特征为： 刚性道面顶面 $K=20$ MN/m³，代表所有小于 25 MN/m³ 范围的 K 值； 柔性道面顶面 CBR=3，代表所有小于 4 的 CBR 值	D

注：1. K（Regree Kelvin）为开尔文度数，用直径为 75 cm 的承压板确定的值。
  2. CBR（California Bearing Ratio）为加州承载比，是用贯入某种土壤所需荷载和贯入标准材料的比较得出的承载比。

4. 最大允许胎压类型

最大允许胎压类型如表 2-11 所示。

表 2-11 胎压等级及代号

胎压等级	代号
胎压无限制	W
高：胎压上限至 1.75 MPa	X
中：胎压上限至 1.25 MPa	Y
低：胎压上限至 0.5 MPa	Z

5. 评定方法

表示对道面特性评定方法有两种：一种是技术评定，另一种是经验评定。如果评定是用对道面特性和状态进行检测评定或理论评定的，则称为技术评定，用英文字母 T 表示。如果评定是根据特定的飞机类别和质量，用于该跑道类型的经验来确定的称为经验评定，用英文字母 U 表示。

下列例子说明如何用 ACN-PCN 的方法来报告道面强度。

例 1 设置在中强度土基上的刚性道面，用技术评定法评定的道面等级序号为 80，无胎压限制，则其道面强度报告为：

PCN80/R/B/W/T

例 2 设在低强度土基上的特性以柔性为主的组合道面，最大允许胎压为 1.25 MPa，用经验评定法确定的道面等级序号为 50，则其道面强度报告为：

PCN50/F/C/Y/U

例 3 设在中强度土基上的柔性道面的承载强度，用技术评定法评定的道面等级序号为 40，最大允许胎压为 0.80 MPa，则其道面强度报告为：

PCN40/F/B/0.80 MPa/T

例 4 如道面承受一架 B747-400 起飞质量限制为 390 000 kg，则其报告资料应当包括下列注释：

注：报告的道面等级序号为承受一架 B747-400 起飞质量限制为 390 000 kg。

一个机场应提供跑道、滑行道和机坪的道面强度报告。对用于质量等于或小于 5 700 kg 的轻型飞机使用的道面，道面承载强度用最大允许飞机质量和最大允许胎压来报告，如 4 000 kg/0.5 MPa。

二、ACN-PCN 法

1. 飞机等级序号 ACN（Aircraft Classification Number）

飞机等级序号 ACN 表示飞机对具有规定土基强度道面的相对影响的数字。

ACN 值由飞机制造厂提供。一种给定的飞机将有不同的 ACN，取决于它在什么道面运行，是柔性道面（F）还是刚性道面（R），以及土基的相对强度。ACN 表只列出飞机的最大停机坪重量和最小重量所对应的 ACN 值。当飞机重量介于二者之间时，可用内插法求出相应的 ACN 值，即

$$\mathrm{ACN}_{实}=\mathrm{ACN}_{最大}-\frac{W_{最大}-W_{实际}}{W_{最大}-W_{最小}}\times(\mathrm{ACN}_{最大}-\mathrm{ACN}_{最小}) \quad (2\text{-}1)$$

式中 $\mathrm{ACN}_{实}$——实际重量下的飞机 ACN 值;

$\mathrm{ACN}_{最大}$——飞机最大 ACN 值;

$\mathrm{ACN}_{最小}$——飞机最小 ACN 值;

$W_{最大}$——飞机最大重量;

$W_{最小}$——飞机最小重量;

$W_{实际}$——飞机实际重量。

例 2-2:求中等强度地基柔性道面上一架重量为 688 kN 的 B737-800 飞机的 ACN,主轮的胎压为 1.47 MPa。

解:将从表 2-12 查得 B737-800 相应数据带入式(2-1),求得

$$\mathrm{ACN}_{实}=\mathrm{ACN}_{最大}-\frac{W_{最大}-W_{实际}}{W_{最大}-W_{最小}}\times(\mathrm{ACN}_{最大}-\mathrm{ACN}_{最小})$$

$$=46-\frac{777-688}{777-406}\times(46-21)=40$$

注:计算 ACN 时用的飞机重量是静止状态下的重量,并未考虑动态效应的荷载增加。

2. ACN-PCN 法

ACN-PCN 法是指用某一航空器的 ACN 与某一跑道的 PCN 相比较,以确定该跑道能否承受该飞机起降的一种方法。

当 ACN≤PCN 且飞机的胎压或规定的飞机类别的最大起飞质量符合规定时,该道面就能承受飞机运行。

例 2-3 B757-200 型飞机在中强度土基刚性道面上的 ACN 值为 29,胎压为 1.11 MPa,请问 PCN90/R/B/W/T 的跑道能否承受该飞机的起降?

答:由 ACN-PCN 法知道在此题中 ACN 为 29,而 PCN 为 90,满足 ACN < PCN 这一条件。同时飞机胎压 1.11 MPa 符合道面强度报告中的胎压限制。故该跑道能承受 B757-200 型飞机的起降。

例 2-4 B747-400 型飞机在中强度土基上刚性道面上的 ACN 为 61,胎压为 1.41 MPa。请问道面强度报告为 PCN58/R/B/X/T 的跑道能否承受该机型的起降?

答:由 ACN-PCN 法知道此题中的 ACN > PCN,故不能承受 B747-40 型飞机的起降。

以上两道例题介绍了 ACN-PCN 法的实际运用。

在例 2-4 中,飞机的 ACN 值为 61,道面的 PCN 值为 58,按 ACN-PCN 法判断道面不能承受该飞机的起降。但是,在一条特定的跑道上,ACN 值随飞机质量的变化而变化。因而,可以将飞机的质量限制在某一范围内,让实际的飞机 ACN 值小于或等于 PCN 值,从而达到该道面能承受该飞机起降的目的。另外,也可以不限制飞机质量,只需满足一定条件也可允许飞机有限制地使用该跑道。即,当 ACN > PCN 时,满足下述条件可允许有限制地超载运行:

(1)道面没有呈现破坏迹象,土基强度未显著减弱期间。

（2）飞机等级序号（ACN）超出道面等级序号（PCN）不大于 10%（柔性道面）或 5%（刚性道面）。

（3）年超载运行次数在年总运行次数的 5% 以内。

常见航空器最大/最小重量、胎压及在刚性道面和柔性道面的 ACN 值如表 2-12 所示。

表 2-12 常见航空器最大/最小重量、胎压及在刚性道面和柔性道面的 ACN 值一览表

飞机型号	重量/kN 最大/最小	胎压 /MPa	刚性道面土基/（MN/m³）				柔性道面土基/（MN/m³）			
			高 A	中 B	低 C	特低 D	高 A	中 B	低 C	特低 D
A300B，B2	1 353 / 840	1.16	35 / 19	43 / 22	51 / 26	58 / 31	39 / 21	44 / 23	54 / 27	69 / 36
A300B4-200	1 627 / 1 236	1.28	46 / 32	56 / 38	66 / 45	75 / 51	50 / 35	57 / 38	69 / 46	86 / 60
A320-100	667 / 390	1.21	38 / 30	41 / 22	43 / 23	45 / 25	35 / 19	36 / 19	40 / 21	46 / 24
A320-200	725 / 402	1.03	40 / 20	43 / 21	45 / 23	48 / 24	37 / 19	394 / 19	44 / 21	50 / 25
A340-300	2 559 / 1 706	1.32	47 / 32	54 / 33	65 / 38	76 / 44	56 / 34	61 / 36	70 / 40	96 / 52
A380-800	5 514 / 2 758	1.47	53 / 29	61 / 31	76 / 35	94 / 48	71 / 34	79 / 36	99 / 40	136 / 52
B737-100	445 / 260	1.02	25 / 13	26 / 14	28 / 15	29 / 16	23 / 12	23 / 12	26 / 14	30 / 16
B737-200	572 / 300	1.26	35 / 17	37 / 18	39 / 19	41 / 20	31 / 15	32 / 15	37 / 16	41 / 19
B737-300	623 / 325	1.4	40 / 19	42 / 20	44 / 21	46 / 22	35 / 16	37 / 17	41 / 18	45 / 21
B737-400	670 / 350	1.28	43 / 20	45 / 21	47 / 22	49 / 23	38 / 18	40 / 187	45 / 20	49 / 23
B737-600	645 / 357	1.30	39 / 20	41 / 21	44 / 22	45 / 23	35 / 18	36 / 18	40 / 19	45 / 22
B737-800	777 / 406	1.47	51 / 24	53 / 25	56 / 26	57 / 27	44 / 21	46 / 21	51 / 23	56 / 26
B747SP	3 127 / 1 500	1.26	40 / 16	48 / 18	58 / 21	67 / 25	45 / 18	50 / 19	61 / 21	81 / 28
B747-200B，200C，200F	3 720 / 1 750	1.38	51 / 20	61 / 22	72 / 26	82 / 30	55 / 22	62 / 23	76 / 26	98 / 34

续表

飞机型号	重量/kN 最大/最小	胎压/MPa	刚性道面土基/(MN/m³)				柔性道面土基/(MN/m³)			
			高 A	中 B	低 C	特低 D	高 A	中 B	低 C	特低 D
B747-300,300M,300SR	3 720 / 1 760	1.31	50 / 19	60 / 22	71 / 25	82 / 30	55 / 22	62 / 23	76 / 26	98 / 34
B747-400,400F,400M	3 905 / 1 800	1.38	54 / 20	65 / 23	77 / 27	88 / 31	59 / 23	66 / 24	82 / 27	105 / 35
B757-200	1 134 / 570	1.24	32 / 13	39 / 15	45 / 18	52 / 20	34 / 14	38 / 15	47 / 17	60 / 23
B767-200	1 410 / 800	1.31	34 / 18	41 / 19	48 / 22	56 / 26	39 / 19	42 / 20	50 / 23	68 / 29
B767-200ER	1 726 / 830	1.31	45 / 18	54 / 20	64 / 24	74 / 27	50 / 20	56 / 21	68 / 24	90 / 31
B767-300	1 566 / 860	1.38	40 / 19	48 / 22	57 / 25	65 / 29	44 / 21	49 / 22	59 / 25	79 / 33
B767-300ER	1 784 / 890	1.38	48 / 20	57 / 23	68 / 26	78 / 31	53 / 22	59 / 23	72 / 26	94 / 35
B777-200	1 566 / 860	1.38	40 / 19	48 / 22	57 / 25	65 / 29	44 / 21	49 / 22	59 / 25	79 / 33
B777-200ER	1 566 / 860	1.38	40 / 19	48 / 22	57 / 25	65 / 29	44 / 21	49 / 22	59 / 25	79 / 33
B777-200X	1 566 / 860	1.38	40 / 19	48 / 22	57 / 25	65 / 29	44 / 21	49 / 22	59 / 25	79 / 33
B777-300	1 566 / 860	1.38	40 / 19	48 / 22	57 / 25	65 / 29	44 / 21	49 / 22	59 / 25	79 / 33
B777-300X	3 190 / 1 600	1.48	61 / 27	79 / 28	101 / 35	122 / 43	76 / 30	86 / 32	110 / 38	143 / 53
MD-82	670 / 350	1.14	43 / 20	46 / 21	48 / 22	50 / 24	39 / 18	41 / 18	46 / 20	49 / 24
TU-154	961 / 525	0.93	18 / 7	24 / 9	30 / 12	36 / 15	19 / 9	22 / 9	28 / 11	37 / 16

思考题？

1. 道面强度报告由哪几部分组成，并写明书写格式。
2. 飞机等级序号（ACN）的定义是什么？
3. 当查询 ACN 值大于运行道面的 PCN 值时，那么该航空器能否在此道面运行，为什么？

第四节　机场净空

一个机场的有效利用，可能由于场址内外的天然地形和人为建筑物而受到相当大的影响。这些影响因素将使起飞和着陆的可用距离受到限制，并影响机场运行标准。为了保证飞机的起降安全和机场的正常使用，根据使用飞机的特性和助航设备的性能，对机场及其附近一定范围，规定了几种称为净空障碍物限制面的假想面，用以限制机场周围及其附近的山、高地、铁塔、架空线、建筑物等障碍物的高度。因而，机场净空的定义是指为保障飞机起降安全而规定的障碍物限制面以上的空间，用以限制机场及其周围地区障碍物的高度。

一、障碍物限制面

障碍物限制面由于是在国际民航组织《附件 14·机场》规定的，又叫附件 14 面。障碍物限制面的大小取决于跑道的类别和进近类型。

障碍物限制面包括进近面、过渡面、内水平面、锥形面、内进近面、内过渡面、复飞面以及起飞爬升面，如图 2-7 所示。

1. 内水平面

内水平面的用途是保护飞机着陆前目视盘旋所需的空域。内水平面是一个高于基准面 45 m 的平面。选择基准面标高时应考虑：①用得最多的高度表基准调置处的标高；②所用的或要求的最低盘旋标高；③该机场的运行性质。对比较平的跑道，基准标高的选择并不是很关键，但如跑道入口标高之差大于 6 m，所选基准标高应充分考虑上述因素。对复合的内水平面，不一定用一个共同的基准面，但当一个面与另一个面重叠时，应由较低的面控制。

一般情况下，内水平面是以跑道两端入口中点的平均标高为基准标高，其范围是以跑道两端入口中点为圆心，按表 2-13 所规定的半径画出圆弧，然后用和跑道中线相平行的两条直线与这些圆弧相切形成的一个近似椭圆形，形成一个高出起算标高 45 m 的水平面，如图 2-7 所示。

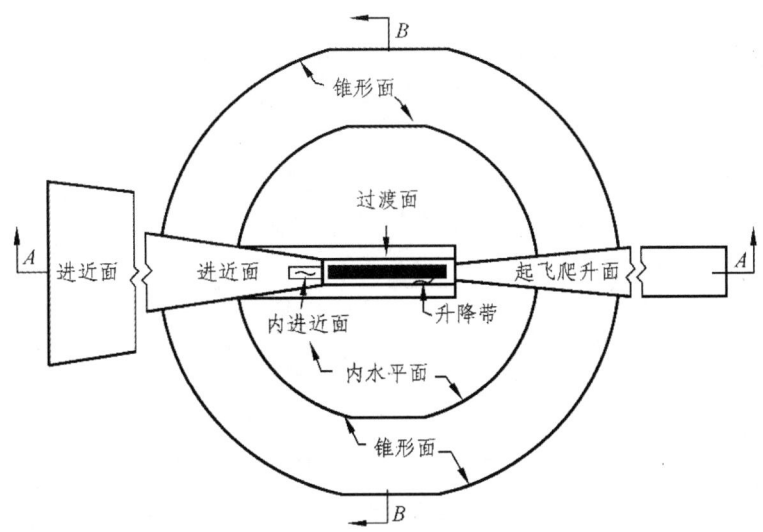

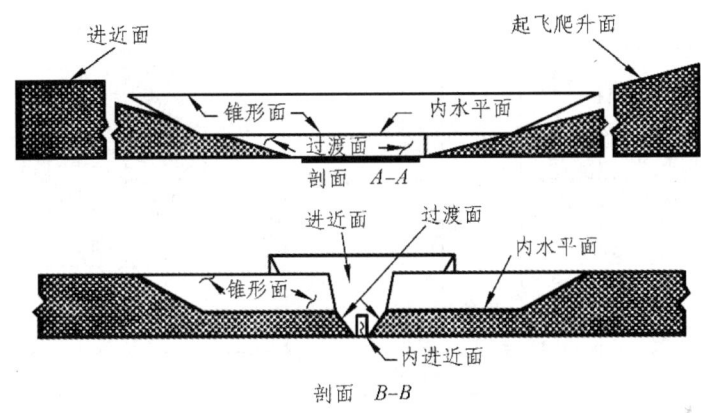

图 2-7 障碍物限制面

表 2-13 进近跑道的障碍物限制面的尺寸和坡度

障碍物限制面尺寸[a]		跑道类别									
		非仪表跑道				非精密进近跑道			精密进近跑道		
									I类		II类或III类
		飞行区指标I				飞行区指标I			飞行区指标I		飞行区指标I
		1	2	3	4	1, 2	3	4	1, 2	3, 4	3, 4
锥形面	坡度/%	5	5	5	5	5	5	5	5	5	5
	高度/m	35	55	75	100	60	75	100	60	100	100
内水平面	高度/m	45	45	45	45	45	45	45	45	45	45
	半径/m	2 000	2 500	4 000	4 000	3 500	4 000	4 000	3 500	4 000	4 000

续表

障碍物限制面尺寸[a]		跑道类别									
		非仪表跑道				非精密进近跑道			精密进近跑道		
		飞行区指标Ⅰ				飞行区指标Ⅰ			Ⅰ类		Ⅱ类或Ⅲ类
									飞行区指标Ⅰ		飞行区指标Ⅰ
		1	2	3	4	1, 2	3	4	1, 2	3, 4	3, 4
内进近面	宽度/m	—	—	—	—	—	—	—	90	120[b]	120[b]
	距跑道入口距离/m	—	—	—	—	—	—	—	60	60	60
	长度/m	—	—	—	—	—	—	—	900	900	900
	坡度/%	—	—	—	—	—	—	—	2.5	2	2
进近面	内边长度/m	60	80	150	150	140	280	280	140	280	280
	距跑道入口距离/m	30	60	60	60	60	60	60	60	60	60
	散开率（每侧）/%	10	10	10	10	15	15	15	15	15	15
	第一段 长度/m	1 600	2 500	3 000	3 000	2 500	3 000	3 000	3 000	3 000	3 000
	第一段 坡度/%	5	4	3.33	2.5	3.33	2	2	2.5	2	2
	第二段 长度/m	—	—	—	—	—	3 600[c]	3 600[c]	12 000	3 600[c]	3 600[c]
	第二段 坡度/%	—	—	—	—	—	2.5	2.5	3	2.5	2.5
	水平段 长度/m	—	—	—	—	—	8 400[c]	8 400[c]	—	8 400[c]	8 400[c]
	总长度/m	—	—	—	—	—	15 000	15 000	15 000	15 000	15 000
过渡面	坡度/%	20	20	14.3	14.3	20	14.3	14.3	14.3	14.3	14.3
	内过渡面坡度/%	—	—	—	—	—	—	—	40	33.3	33.3
复飞面	内边长度/m	—	—	—	—	—	—	—	90	120[b]	120[b]
	跑道入口距离/m	—	—	—	—	—	—	—	距升降带端的距离	1 800[d]	1 800[d]
	散形率（每侧）/%	—	—	—	—	—	—	—	10	10	10
	坡度/%	—	—	—	—	—	—	—	4	3.33	3.33

注：a. 除另有注明外，所有尺寸均为水平度量。
b. 飞行区指标Ⅱ为F时，该宽度增加到140 m，但能接纳装有数字化航空电子设备以便在复飞操作时提供操纵指令使飞机保持已建立航迹的飞行区指标Ⅱ为F类飞机的机场除外。
c. 可变的长度。
d. 或距跑道端距离，两者取小值。

2. 锥形面

锥形面的作用是保证飞机在机场附近目视飞行时的安全和正常。锥形面是从内水平面的周边开始以1/20的梯度向上和向外倾斜的面，由一条与内水平面周边相重合的底边和一条位于高出内水平面一个规定高度的近似椭圆水平面的顶边组成。它的高度从内水平面的高度起算，直到符合表2-13规定的锥形面外缘高度为止，参见图2-7。锥形面的坡度应在与内水平面周边成直角的铅垂面中度量。

3. 进近面

进近面的作用是保护飞机在进近着陆阶段的安全和正常。进近面是位于跑道入口前的一个倾斜的平面或几个平面的组合，包括① 一条内边，位于跑道入口前的一个规定距离处，一条规定长度且垂直于跑道中线延长线的水平线，内边的标高应等于跑道入口中点的标高；② 两条侧边，以内边的两端为起点，自跑道的中线延长线均匀地以规定的比率向外散开；③ 一条外边，平行于内边。

当采用横向偏置、偏置或曲线进近时，自进近面内边两端按规定的散开率均匀散开的两侧边应对称于横向偏置、偏置或曲线进近的地面航迹的中线延长线。

进近面的坡度应在包含有跑道中线的铅垂面内度量，同时应连续包含任何横向偏置、偏置或曲线进近的地面航迹的中线。

进近面的起端从升降带的末端开始，其起端标高为跑道入口中点的标高，按表 2-13 规定的宽度和斜率向两侧散开，并以规定的各段梯度和长度向上、向外延伸，直到进近面的外端。进近面起端与外端平行，参见图 2-7。

4. 过渡面

过渡面的作用是保证飞机在进近中,低空飞行偏离跑道中线或复飞阶段时的安全和正常。过渡面是从升降带两侧边缘和部分进近面边缘开始，按表 2-13 规定的梯度向上和向外倾斜，直到与内水平面相交的一个复合面。沿升降带两侧边缘过渡面底边上任一点的标高等于跑道中线或延长线上距该点最近点的标高；沿进近面两侧的过渡面底边上任一点的标高为进近面上该点的标高。如果跑道纵剖面是弯曲的，则沿升降带的过渡面将是曲面；如果跑道纵剖面是一条直线，则沿升降带的过渡面将是平面。过渡面与内水平面相交的线，视跑道纵剖面的不同而是一条直线或是一条曲线，如图 2-7 所示。

5. 内进近面

内进近面是进近面中紧靠跑道入口前的一块长方形部分，用于精密进近跑道。内进近面由下列各边组成：① 一条内边，与进近面内边的位置重合，一条规定长度且垂直于跑道中线延长线的水平线；② 两条侧边，以内边的两端为起点，平行于包含跑道中线的垂直平面向外延伸；③ 一条外边，平行于内边。内进近面的起端与进近面的起端重合，按表 2-13 规定的宽度、长度和梯度向上向外延伸至内进近面的终端，如图 2-8 所示。

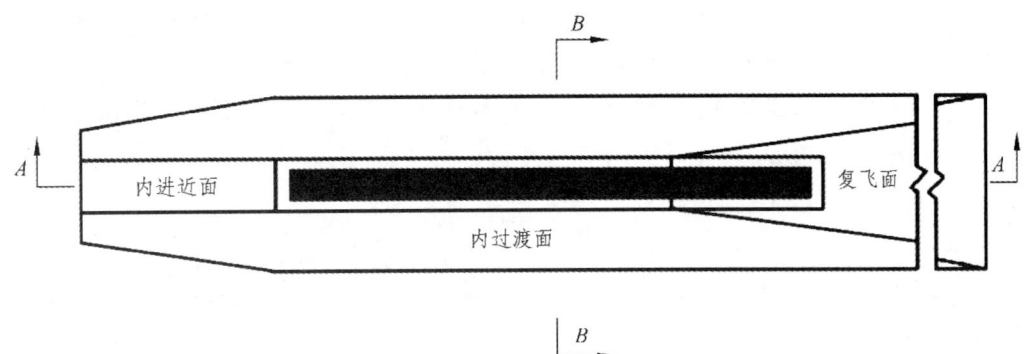

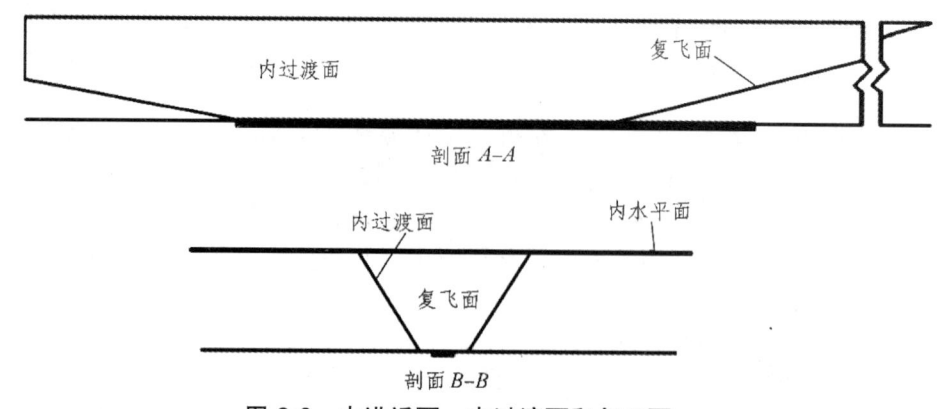

图 2-8 内进近面、内过渡面和复飞面

6. 内过渡面

内过渡面用于精密进近跑道，它比过渡面更接近于跑道。内过渡面意在作为对助航设备、航空器和其他必须接近跑道的车辆的控制障碍物限制面。除非是易折物体，其他物体不得进入内过渡面。

内过渡面从内进近面侧边、复飞面侧边和在这两个面之间距离跑道中线及其延长线面规定尺寸的两边开始，按表 2-13 规定的梯度向上和向外倾斜，直至与内水平面相交。沿升降带两侧的内过渡面底边上任一点的标高等于跑道中线或其延长线距该点最近一点的标高。沿内进近面和复飞面的内过渡面底边上任一点的标高等于内进近面和该复飞面上该点的标高。如果跑道纵剖面是曲线，则沿升降带的过渡面将是一个曲面；如果跑道纵剖面是直线，则沿升降带的内过渡面将是一个平面。内过渡面与内水平面相交的线将视跑道纵剖面的不同而是一条直线或一条曲线，如图 2-8 所示。内过渡面的坡度应在与跑道中线成直角的铅垂面内度量。

7. 复飞面

复飞面用于精密进近跑道，位于跑道入口后面一个规定的距离，是在两侧过渡面之间延伸的一个倾斜面。复飞面的起端位于入口后按表 2-13 规定的距离并垂直于跑道中线，其起点标高为该处跑道中线的标高；按规定的起端宽度和斜率向两侧散开，并以规定的梯度向前向上延伸，直至与内水平面相交，如图 2-8 所示。

内进近面、内过渡面和复飞面，以及这些面在紧靠精密进近跑道处形成一个环绕升降带之上的规定区域，这个区域称为无障碍物区（OFZ）。这个区域里除了必需的轻型易折助航设备外，必须没有固定物体。在Ⅱ类运行时，无障碍物区（OFZ）必须延伸至Ⅱ类运行的超障高，并不得有任何障碍物穿透。当跑道用于Ⅱ类或Ⅲ类精密进近时，没有路过的物体如飞机和车辆等。已建立无障碍物区的一类精密进近跑道，当用于一类精密进近时，必须没有这类物体。

8. 起飞爬升面

起飞爬升面是跑道端或净空道端外的一个倾斜平面或其他规定的面，起飞爬升面是对起飞的飞机提供保护，指出哪些障碍物应在可能时迁移，和不可能迁移时给予标志或照明。

如图 2-9 所示，起飞爬升面包括：

（1）一条内边：位于跑道端外规定距离处，或当设有净空道而其长度超过上述规定距离时位于净空道端处，垂直于跑道中线的一条水平线；内边标高应等于从跑道端至内边之间的跑道中线延长线上最高点的标高，当设有净空道时，内边标高应等于净空道中线上地面最高点的标高。

（2）两条侧边：以内边的两端为起点，从起飞航道以规定的比率均匀地扩展至一个规定的最终宽度，然后在起飞爬升面的剩余长度内继续维持这一宽度。

（3）一条外边：垂直于规定的起飞航道的一条水平线。

在起飞航道为直线的情况下，起飞爬升面的坡度应在含有跑道中线的铅垂面内度量。在起飞航道带有转弯的情况下，起飞爬升面应是一条含有对其中线的水平法线的复合面，该中线的坡度应与直线起飞航道的坡度相同。起飞爬升面起端宽度、位置、坡度及总长度等规定见表2-14。

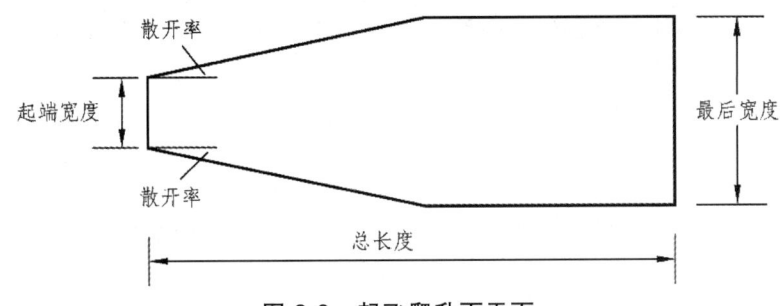

图 2-9　起飞爬升面平面

表 2-14　供起飞的跑道的障碍物限制面尺寸和坡度

障碍物限制面和尺寸 [a]	飞行区指标 I		
	1	2	3 或 4
起端宽度/m	60	80	180
距跑道端距离 [b]/m	30	60	60
散开率（每边）	10%	10%	12.5%
最终宽度/m	380	580	1 200，1 800 [c]
长度/m	1 600	2 500	15 000
坡度	5%	4%	2% [d]

注：a. 除另有注明者外，所有尺寸均为水平度量。
　　b. 如净空道长度超出规定的距离，起飞爬升面从净空道端开始。
　　c. 在仪表气象条件和夜间目视气象条件下飞行，当拟用航道含有大于 15° 的航向变动时，采用 1 800 m。
　　d. 如已存在的物体没有达到 2% 的坡度，或航空器性能要求较小的坡度时，宜将起飞爬升面的坡度适当地减小至 1.6% 或维持原有的无障碍物限制面，并将总长度作相应的调整，使其末端达到 300 m 的高度。

二、障碍物限制面的要求

障碍物限制面的要求，是按照飞机使用跑道的方式（着陆或起飞）和进近类型进行规定的。飞机处在上述情况时，不同类型的跑道必须有相应的障碍物限制面，以保证飞行的安全和正常。

1. 非仪表跑道

非仪表跑道是供飞机用目视进近程序飞行的跑道。对非仪表跑道必须设立下列障碍物限制面：

（1）锥形面。

（2）内水平面。

（3）进近面。

（4）过渡面。

各个限制面的高度和梯度必须不大于表 2-13 的规定，其余尺寸必须不小于表 2-13 的规定。新物体或扩展的物体除非被一个已存在的不能移动的物体所遮蔽外，否则不允许高出上述 4 个面。对于高出上述限制面的现有物体，应尽可能地将其移去，除非该物体已被一个已经存在的不能移动的物体所遮蔽，或在经过航行研究后确定该物体不致影响飞行安全或严重地影响飞机运行的正常性。

2. 非精密进近跑道

非精密进近跑道为装有目视助航设备和一种至少能为直接进近（或称直线进入，或称长五边）提供方向性引导的非目视助航设备的仪表跑道。非精密进近跑道必须设置下列的障碍物限制面：

（1）锥形面。

（2）内水平面。

（3）进近面。

（4）过渡面。

各限制面的高度和梯度不大于表 2-13 中的规定，其余尺寸除进近面的水平段外必须不小于表 2-13 中的规定。在与 2.5%梯度与下述两个水平面（取较高的面）相交处以远的那部分进近面必须是水平的。这两个水平面是：① 高于跑道入口标高 150 m 的水平面；② 通过控制超障高度/超障高（OCA/H）的任何物体顶端的水平面。

新物体或现有物体的扩展，不允许高出距内边 3 000 m 以内的进近面、锥形面或内水平面。如果高出，应尽可能移去。除非该新物体、现有物体或现有物体的扩展被一个已经存在的不能移动的物体所遮蔽，或者经过航行研究后确定该物体不会影响飞行安全和飞行运行的正常。

3. 精密进近跑道

精密进近跑道指装有仪表着陆系统和目视助航设备的仪表跑道。仪表着陆系统根据其引导性能分为 3 类，相应的精密进近跑道也分为 3 类。不同类型的精密进近跑道对障碍物限制面的要求是不一样的。

Ⅰ类精密进近跑道必须设置下列障碍物限制面：

（1）锥形面。

（2）内水平面。

（3）进近面。

（4）过渡面。

此外，Ⅰ类精密进近跑道建议设置下列障碍物限制面：

(1)内进近面。
(2)内过渡面。
(3)复飞面。

Ⅱ、Ⅲ类精密进近跑道必须设置下列障碍物限制面：
(1)锥形面。
(2)内水平面。
(3)进近面。
(4)内进近面。
(5)过渡面。
(6)内过渡面。
(7)复飞面。

精密进近跑道的障碍物限制面除进近面的水平段外，各限制面的高度和梯度必须不大于表2-13中的规定，其余尺寸必须不小于表2-13中的规定。在2.5%梯度与下述两个面中较高者的相交处以远的那部分进近面必须是水平面。这两个面是：① 高于跑道入口标高150 m的水平面；② 通过任何控制障碍物净空界限的物体顶端的水平面。

除了由于飞行的需要必须设置在升降带上的易折物体外，所有固定物体不允许超出内进近面、内过渡面或复飞面。在跑道用于飞机着陆使用期间，不允许有可动的物体高出这些限制面。高出进近面、过渡面、锥形面和内水平面的现有物体应尽可能拆除；新物体或现有物体的扩展不允许高出锥形面和内水平面；除非该物体已被一个现有的不可移动的物体所遮蔽；或中国民航机场经航行研究后，确定该物体不会影响飞行安全或飞机的正常运行。

4. 起飞跑道

起飞跑道须设置起飞爬升面。起飞爬升面的尺寸必须不小于表2-14中的规定，除非当一个较小的长度能符合飞机离场程序时，起飞爬升面可以采用那个较小的长度。新物体或现有物体的扩展不允许高出起飞爬升面；高出起飞爬升面的现有物体应尽可能移去。除非该物体被一个已经存在的不能移动的物体所遮蔽，或经过航行研究后，确定该物体不会影响飞行安全或严重地影响飞机运行。

当跑道要求在两个方向都能起飞或着陆时，则障碍物限制面的进近面、起飞爬升面、内水平面、锥形面会重叠，此时障碍物限制面的限制高度由较低的限制面进行控制。当机场有几条跑道时，应按表2-13规定分别确定每条跑道的净空限制范围，对其互相重叠部分由较低的障碍物限制面对障碍物进行控制。

三、障碍物的遮蔽原则

遮蔽物一般是指穿透障碍物限制面的、已经存在且具有不可被迁改和调整、合法合规等属性的永久性物体，如自然山体和建（构）筑物，不包括通信基站、高压线塔、输电线、广告牌、高杆灯、烟塔、风力涡轮机、塔台、航站楼、航行所必需的物体及临时性建（构）筑物等。

遮蔽原则是指当物体被现有不能搬迁的障碍物所遮蔽，自该障碍物顶点背离跑道方向为一水平面，朝向跑道方向为向下 1:10 的平面，任何在这两个平面以下的物体，即为被该不可搬迁的障碍物所遮蔽，如图 2-10 所示。遮蔽原则的应用应经航行部门研究认可，详细遮蔽计算方法可以参考《民用机场净空障碍物遮蔽原则应用指南》。

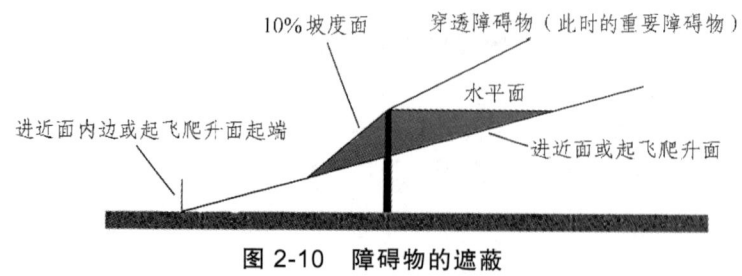

图 2-10　障碍物的遮蔽

四、障碍物限制面以外的物体

障碍物限制面以外的机场附近地区，距机场跑道中心线两侧各 10 km、跑道端外 20 km 以内的区域内，高出地面标高 30 m 且高出机场标高 150 m 的物体应视为障碍物，除非经航行部门研究认为其并不危及飞行安全。对于未高出进近面，但对目视或非目视助航设备有不良影响的物体应尽可能地移除。经航行部门研究确认为对飞机活动地区上或内水平面和锥形面范围内的空间的飞机有危害的任何物体，应视为障碍物，并尽可能将其移除。

五、障碍物的标志和照明

如果遮蔽或移去一个障碍物是不现实的，那么应给予该障碍物适当的标志和（或）照明以使它在任何气象和能见度条件下都能被飞行员明显地看到。障碍物标志和照明的意图是指出障碍物的存在以减少对飞机的危险，但它并不一定减少该障碍物对航行的限制。

在距起飞爬升面起端 3 000 m 以内突出起飞爬升面以上的固定障碍物，位于距进近面起端 3 000 m 以内突出进近面或过渡面以上的固定障碍物和高出内水平面的固定障碍物，在机场活动地区上的各种车辆和其他可移动的物体以及立式航空地面灯、自滑行道、机坪滑行道或机位滑行通道的中线起的距离范围内的所有高架物体以及高出地面 150 m 及以上的物体，都应涂漆障碍物标志。标志固定障碍物和物体的主要方法是按一定形状涂刷规定颜色的油漆，如图 2-11 所示。颜色一般为橙黄与白或红与白相间，视背景色调，选择反差大的，形状为棋盘式或带式，如该机场在夜间使用，还应设置照明。障碍灯应安装在突出和明显的地方，保证飞行员能从所有进近方向看见灯光。

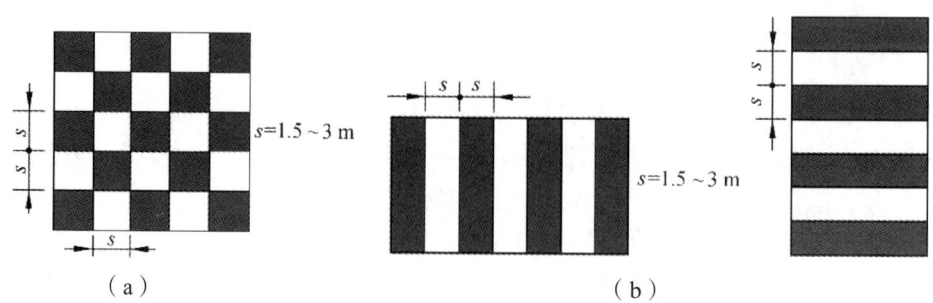

（a）　　　　　　　　　　（b）

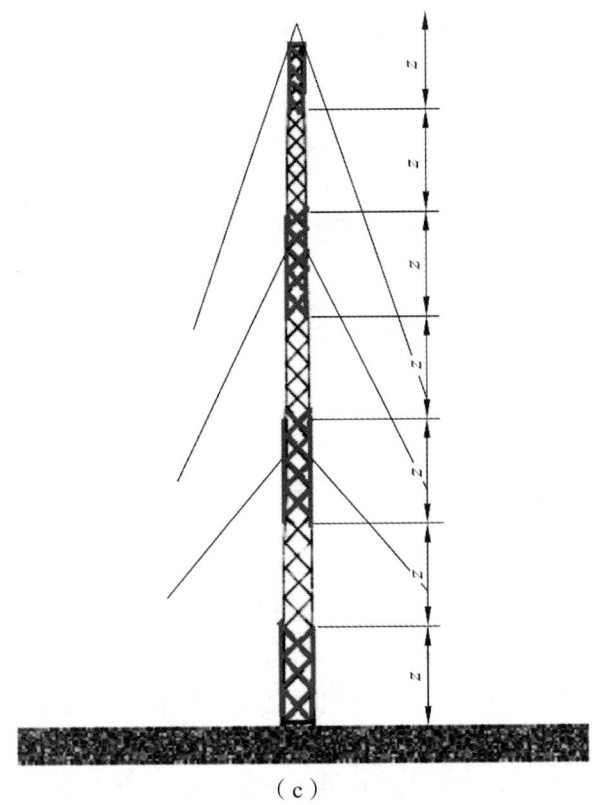

(c)

图 2-11 障碍物标志

机场附近跨越河流、溪谷、公路的架空线等设施，如有碍飞行安全，应在架空线等设施上挂障碍物标志物，标志物间距不大于 40 m，并在承受它的杆塔上涂刷明显的障碍物标志；夜航时应予以照明。这些标志物的大小及照明亮度应能在好天气时，从不小于 1 000 m 的空中距离看到。如在架空线等设施上挂障碍物标志物确有困难时，可用将支承它们的杆、塔照明，由一般照明改为高强度照明的办法补救。

思考题？

1. 障碍物限制面包括哪几种面，针对不同仪表跑道类型有何要求？
2. 某机场单跑道构型，02 和 20 号跑道均执行 I 类精密进近，飞行区指标 I 为 4，机场标高为 10m，不计跑道坡度，无净空道及停止道。原机场净空无任何障碍物穿透附件 14 面，计划在跑道中线延长线南端，距离 02 跑道入口 4300m 处新增一拟建建筑物，拟建楼顶标高 68m，施工期间需临时安装塔吊，塔吊高度比建筑楼顶高 3m。请计算并分析拟建建筑物以及施工期间高度对机场净空的影响。
3. 简述机场净空中障碍物遮蔽的基本原则。
4. 若机场净空中有障碍物穿透限制面，且无法移除或遮蔽，如何对障碍物进行标志？

第五节　道面标志

机场一般设有无线电导航设备和空中交通管制设施,给进近和着陆的飞机提供所需的仪表信息。当机场用于目视气象条件时,或者飞机在着陆前目视飞行时,飞行员需要相应的目视助航信息来完成目视盘旋和进近着陆。这些目视助航信息在白天和黄昏时由道面标志来提供。道面标志包括跑道、滑行道和机坪上的标志和标记牌。

一、跑道的标志和颜色

（一）跑道标志的颜色

跑道标志的颜色都是白色的。

（二）跑道标志

1. 跑道识别标志（Runway Designation Marking）

凡是铺砌的跑道道面,在跑道的入口处必须设置跑道识别标志。跑道识别标志是由两位数字组成的编号,平行跑道的跑道号码应由两位数字后加一个字母组成,在指定跑道号码时,应统筹考虑机场总体规划跑道构型、跑道使用模式及运行指挥规则等方面的要求;编号从进近方向看最接近于跑道磁方位角度数（从磁北方向顺时针方向计算,与向该跑道端进近方向的夹角）的 1/10 的整数。在 4 条或更多条的平行跑道上,一组相邻跑道必须按最接近于磁方位角度数的 1/10 编号,而另一组相邻跑道则按次一个最接近的磁方位角度数的 1/10 编号。当按上述规则得出的是一位数字时,则在它的前面加一个零,如图 2-12 所示。

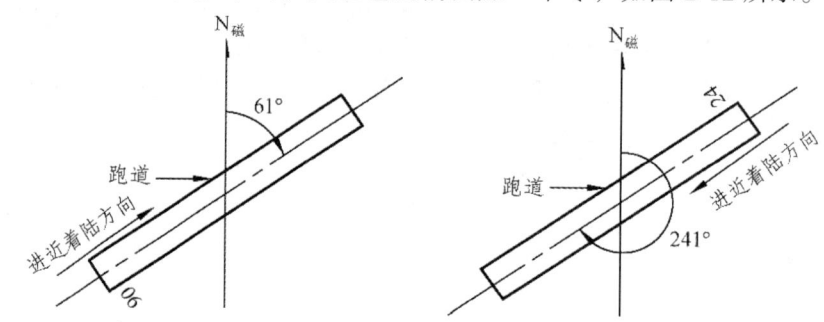

图 2-12　跑道号码的确定

注：跑道号码以航向角（即着陆方向）确定。左图航向角为 61°,取其 1/10 后再四舍五入,即为"06";右图的航向角为 241°,取其 1/10 后再四舍五入,即为"24"。

在有平行跑道的情况下,每个跑道识别标志必须从进近方向看去从左至右按下列顺序各增加一个字母:

2 条平行跑道："L" "R";

3 条平行跑道："L" "C" "R";

4 条平行跑道："L" "R" "L" "R";

5 条平行跑道："L" "C" "R" "L" "R" 或 "L" "R" "L" "C" "R";

6条平行跑道："L""C""R""L""C""R"。

编号和字母应用图2-13（a）和图2-13（b）的格式和尺寸，但在编号和入口标志合并处，为填满入口标志处的间隙，应用较大的尺寸。

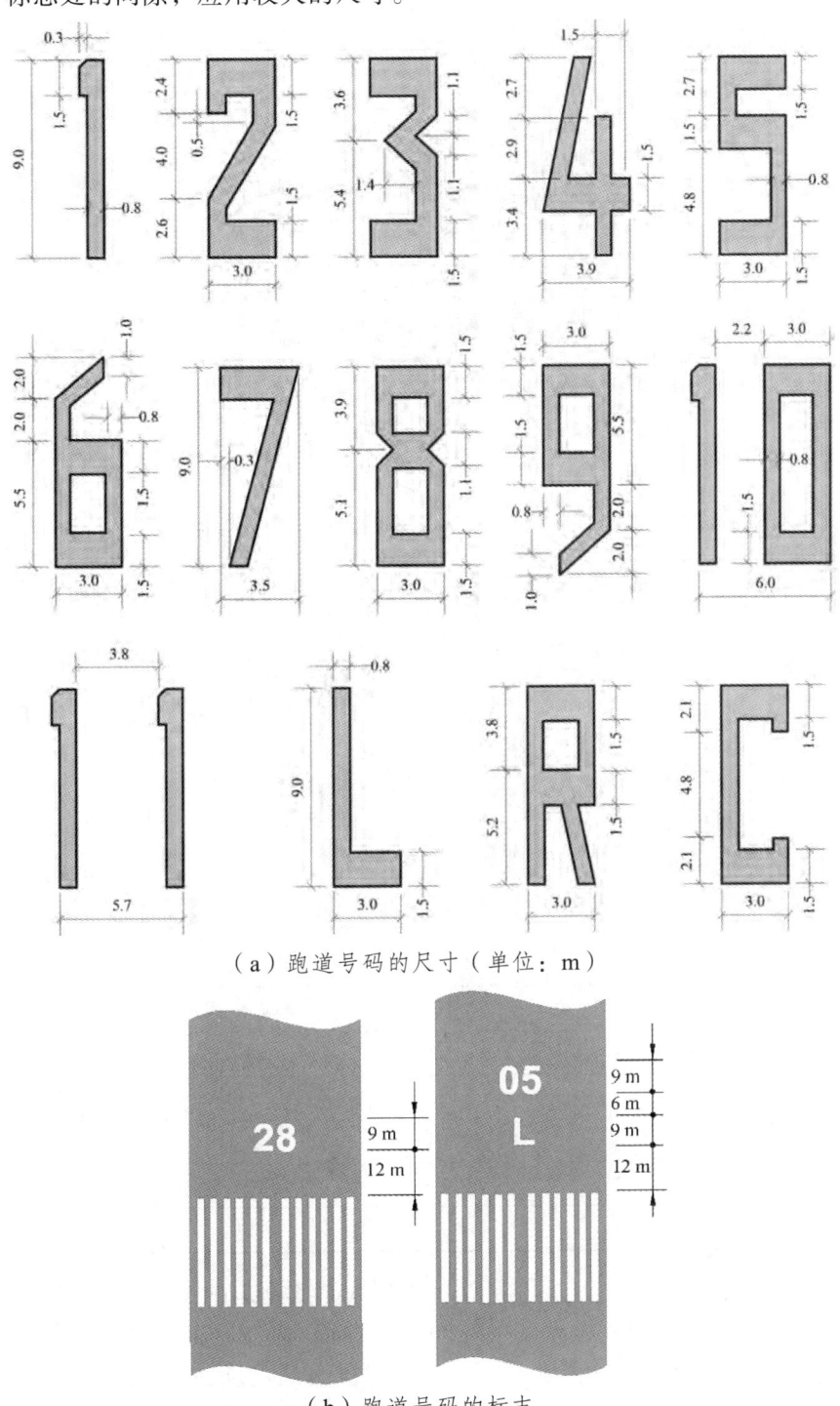

（a）跑道号码的尺寸（单位：m）

（b）跑道号码的标志

图2-13　跑道号码的标志和尺寸

2. 跑道入口标志（Runway Threshold Marking）

1）正常位置的入口标志

跑道入口处应设置跑道入口标志。入口标志从离入口 6 m 的距离处开始，由一组尺寸相同、位置对称于跑道中线的纵向线段组成，如图 2-14 所示。线段的数目由跑道的宽度决定，如表 2-15 所示。

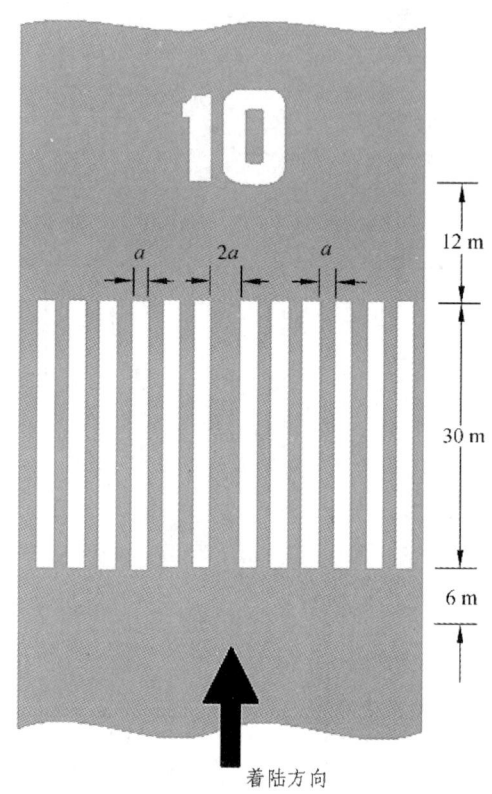

图 2-14　跑道入口标志

表 2-15　入口标志线段数量

跑道宽度/m	线段数目
18	4
23	6
30	8
45	12
60	16

入口标志的线段必须横向布置至距跑道边 3 m 处，或跑道中线两侧各 27 m 的距离处。如果跑道的宽度较窄，跑道识别标志设在入口标志之间，则在跑道中线每侧必须至少有 3 条线段。当跑道识别标志设在入口标志前方，这些线段必须连续横贯跑道。线段必须最少长 30 m，宽约 1.8 m，间距约 1.8 m。当线段横贯跑道时，最靠近跑道中线的两条线段之间必须用双倍的间距隔开。当跑道识别标志设在入口标志之间时，此间距必须为 22.5 m。

2）跑道入口内移时的标志

横向线条：当入口从跑道端内移或跑道端与跑道中线不成直角的情况下，跑道入口标志应增加一条横向线条，如图 2-15 所示。横向线条的宽度不得小于 1.8 m。

箭头：当跑道入口为永久内移时，必须依照图 2-15 所示在内移跑道入口前的那部分跑道上设箭头。

当跑道入口为从正常位置临时内移时，必须如图 2-15 所示加以标志，并将内移跑道入口以前除跑道中线标志以外的所有标志予以遮掩，并将跑道中线标志改为箭头。

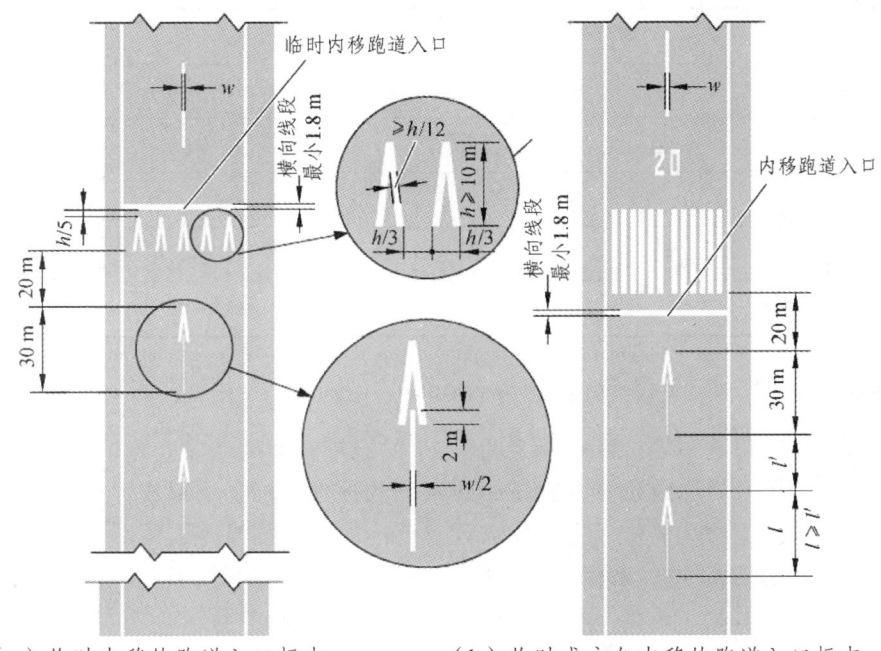

（a）临时内移的跑道入口标志　　（b）临时或永久内移的跑道入口标志

图 2-15　跑道入口内移标志（此处显示的跑道宽度为 45 m）

注：1. a 约等于 1.8 m。
　　2. 图中展示的是跑道道面宽为 45 m 时的情形。

3. 跑道中线标志（Runway Centre Line Marking）

有铺砌面的跑道必须设置跑道中线标志。跑道中线标志应设置在跑道两端的跑道号码标志之间的跑道中线上，由均匀隔开的线段和间隙组成，如图 2-16 所示。每一线段加一个间隙的长度不得小于 50 m，也不得大于 75 m。每一线段的长度必须至少等于间隙的长度或 30 m，取较大值。Ⅱ类或Ⅲ类精密进近跑道的中线标志宽度应不小于 0.9 m；Ⅰ类精密进近跑道及飞行区指标Ⅰ为 3 或 4 的非精密进近跑道的中线标志宽度应不小于 0.45 m，飞行区指标Ⅰ为 1 或 2 的非精密进近跑道、非仪表跑道的中线标志宽度应不小于 0.3 m。

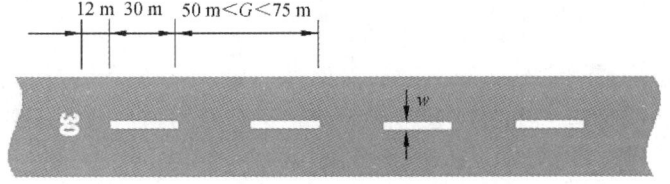

图 2-16　跑道中线标志

(三）瞄准点标志（Aiming Point Marking）

仪表跑道的每一个进近端应设瞄准点标志，如图2-17所示。瞄准点标志的开始端至跑道入口的距离与可用着陆的距离有关，其具体位置及尺寸见表2-16。但在跑道装有目视进近坡度指示系统时标志的开始端必须与目视进近坡度的起点重合。标志的横向间距与接地带标志的横向间距相同。

表2-16 瞄准点标志的位置和尺寸　　　　　　　　　　　　单位：m

位置和尺寸	可用着陆距离			
	<800	800～1 200（不含）	1 200～2 400（不含）	≥2 400
标志开始端至跑道入口	150	250	300	400
标志线段长度	30～45	30～45	45～60	45～60
标志线段宽度	4	6	6～10	6～10
线段内边的横向间距	6	9	18～22.5	18～22.5

（四）接地带标志（Touchdown Zone Marking）

有铺筑面的仪表跑道和飞行区指标Ⅰ为3或4的有铺筑面的非仪表跑道应设接地带标志。接地带标志应由若干对对称地设置在跑道中线两侧的长方形标志块组成，其对数与可用着陆距离有关，当一条跑道两端的进近方向均需设置该标志时，则与跑道两端入口之间的距离有关，具体如表2-17所示。每一条标志的长度不小于22.5 m，如图2-17（a）所示，宽不小于3 m；如图2-17（b）所示，条宽不小于1.8 m，相邻线条之间的间隔必须为1.5 m。自距离跑道入口150 m处开始，成对标志线条的纵向间距应为150 m。

表2-17 接地带标志块对数与跑道可用着陆距离或入口之间距离的关系

可用着陆距离或两端入口的距离/m	标志块对数
<900	1
900～<1 200（不含）	2
1 200～<1 500（不含）	3
1 500～<2 400（不含）	4
≥2 400	6

（五）跑道边线标志（Runway Side Strip Marking）

当跑道边缘与道肩或周围地域缺乏明显对比时，在有铺砌面的跑道的两端入口之间的范围内必须设置跑道边线标志。精密进近跑道无论跑道边缘与道肩或周围地域有无明显对比，均应设置跑道边线标志，如图2-18所示。

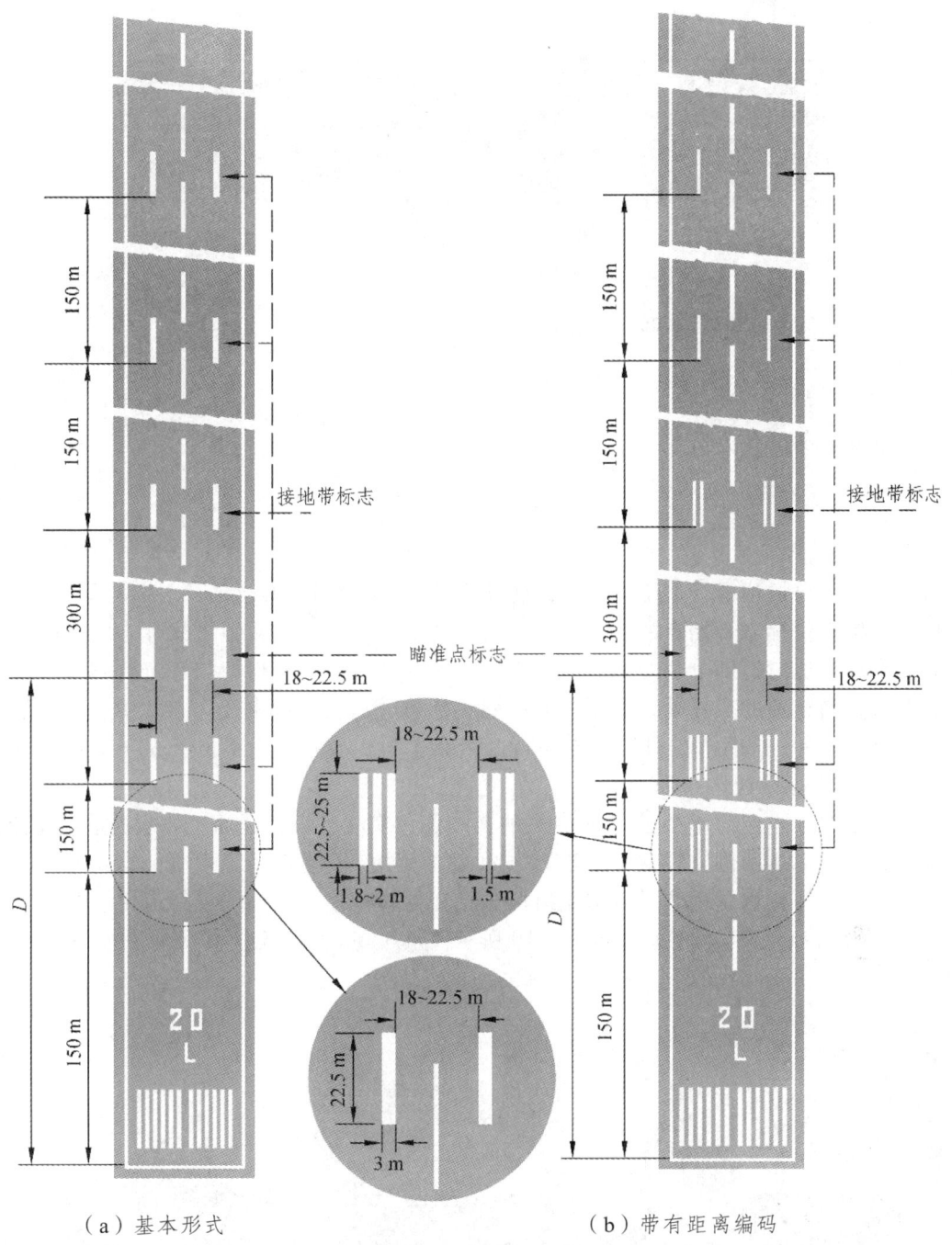

(a) 基本形式　　　　　(b) 带有距离编码

图 2-17　瞄准点标志和接地带标志

注：按 2 400 m 或以上长度的跑道示例。

跑道边线标志以两条线条组成，沿跑道的两侧边缘各设一条，每条的外边大致在跑道边缘上，只有在跑道宽度大于 60 m 时，标志应设在距跑道中线 30 m 处。宽度为 30 m 或大于 30 m 的跑道边线标志的线条宽度至少为 0.9 m，跑道宽度小于 30 m 时，线条宽度至少为 0.45 m。

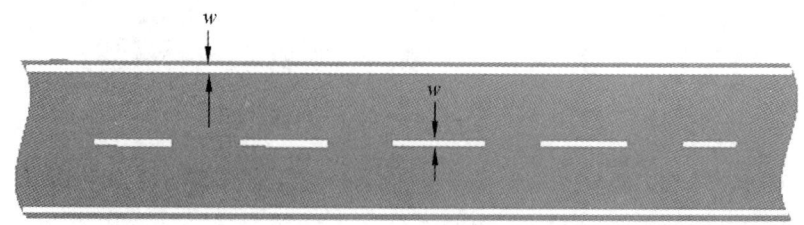

图 2-18 跑道边线标志

二、滑行道标志和颜色

（一）滑行道标志的颜色

滑行道标志的颜色为黄色。

（二）滑行道标志

1. 滑行道中线标志

滑行道、飞机机位滑行通道以及除冰防冰设施应设滑行道中线标志，用以提供自跑道中线至停机坪上机位标志开始点的引导。在滑行道的直线部分，滑行道中线标志应沿滑行道中线设置。在滑行道弯道部分，此标志应从滑行道直线部分延续并保持与弯道外侧边的距离不变。在滑行道与跑道的交界处，滑行道的中心线标志应从与跑道中线标志的切点开始平行于跑道中线标志延伸一段距离，此距离在飞行区指标Ⅰ为3或4时应不小于60 m，在飞行区指标Ⅰ为1或2时应不小于30 m。

滑行道中线标志应为不小于0.15 m宽的连续黄色实线，浅色道面（如水泥混凝土道面）上的滑行道中线标志两侧宜设置不小于0.05 m宽的黑边，只有滑行道中线标志在与跑道等待位置标志、中间等待位置标志及各类跑道标志相交处应中断，中断的滑行道中线标志与上述标志的净距为0.9 m（不含黑边），如图2-19所示。如0.9 m间距无法实现时，也可采用0.3 m间距，如图2-19所示。

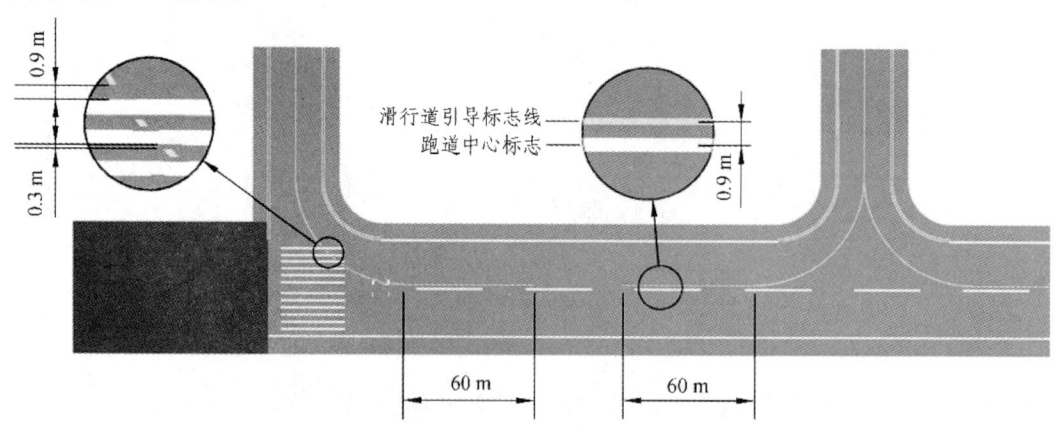

图 2-19 跑道与滑行道相交处标志设置（图示仅包括 60 m 情况）

2. 滑行等待位置标志

滑行等待位置标志必须沿着滑行等待位置设置。滑行等待位置标志样式如图 2-20 所示，位置在滑行道与跑道的交叉口之前。在等待位置标志末端的适当位置，应标记出"CAT Ⅱ"或"CAT Ⅲ"字样，字母高不小于1.8 m，离等待标志不要远于0.9 m。

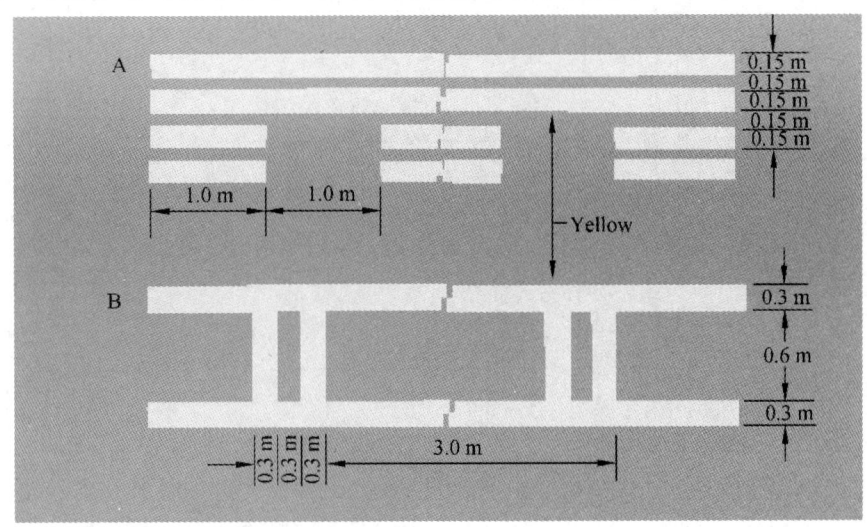

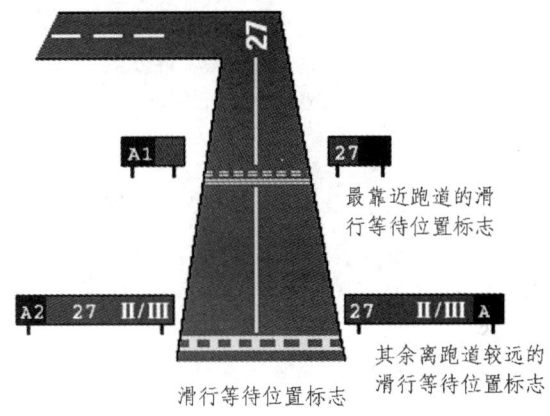

图 2-20　滑行等待位置标志

3. 滑行道交叉标志

在两条有铺砌面的滑行道的交叉处，如要求规定出明确的等待界限时，应设滑行道交叉标志。该标志应位于离滑行道交叉口最近边界一个有效的穿越距离，以保证滑行飞机之间的安全余度。在设有停止排灯或观察通过排灯的地方，滑行道交叉标志应与其相重合，如图2-21所示。

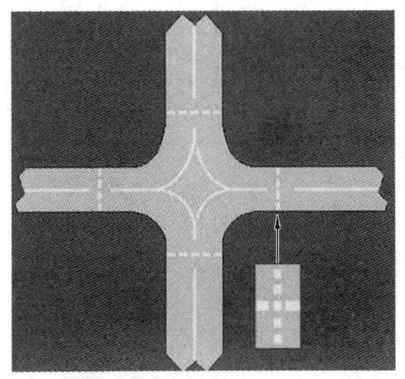

图 2-21　滑行道交叉标志

三、其他标志

1. 着陆方向标（Landing Direction Indicator）

着陆方向标通常设置在着陆方向的跑道左侧外15 m处，其形状为T字形，T字标志采用白色或橙色，其距跑道入口的尺寸：飞行区指标Ⅰ为1时为50 m；飞行区指标Ⅰ为2时为

100~150 m；飞行区指标Ⅰ为 3 或 4 时为 300 m，如图 2-22 所示。

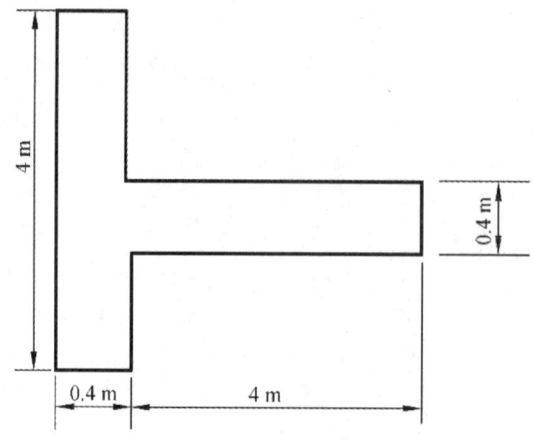

图 2-22　着陆方向标

2. 风向标（Wind Direction Marking）

机场必须至少设置一个风向标。风向标必须设置在能被飞行中或在活动区上的飞机看见的地方，并且风向标还不受附近物体引起的气流干扰。风向标为截头圆锥体，由织物制成，长度应不小于 3.6 m，大头直径不小于 0.9 m。风向标的颜色宜选用橙色与白色或红色与白色相间，并安排成 5 个颜色相间的环带，两端的环带为橙色或红色。

3. VOR 机场校准点标志（VOR Aerodrome Checking Point Marking）

当设有 VOR 机场校准点时，必须设置 VOR 机场校准点标志和标记牌将其标明。VOR 机场校准点标志是以飞机停住以接收正确的 VOR 信号的地点为圆心，半径为 3 m 的一个圆，圆周线条宽 0.15 m，如图 2-23 所示。

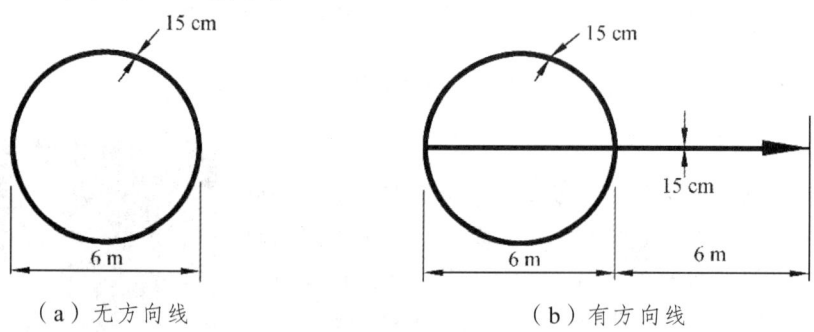

（a）无方向线　　　　　　　　　　（b）有方向线

图 2-23　VOR 机场校准点标志

注：只有当飞机应对准一个指定方向时方需设置指定方向线。箭头宽度为 0.5 m。

当飞机须将机头对准某一特定方向进行校准时，应通过圆心设置一条直线指向该方位。该线应向所需机头方向延伸出圆周 6 m，以一个箭头终结，线条宽度为 15 cm。标志的颜色为白色。

4. 关闭标志

关闭标志的设置应符合下列要求：

（1）永久或临时关闭的跑道和滑行道或其一部分，至少应在其两端设置关闭标志。如果关闭的跑道或平行滑行道长度超过 300 m，还应在中间增设关闭标志，使关闭标志的间距不大于 300 m。只有当关闭时间短暂且已由空中交通服务部门发出充分的警告时才可免设关闭标志。如仅为暂时关闭，可以用易折的路障或使用油漆以外的材料来涂刷或其他合适的方法来辨明该关闭地区。

（2）关闭标志的最小尺寸如图 2-24 所示，最大尺寸时宽度与关闭的跑道或滑行道等宽，长度按比例放大。在跑道上标志应为白色，划设在水泥混凝土跑道上的关闭标志宜加黑边。在滑行道上应为黄色。

（3）当跑道和滑行道或其一部分为永久关闭时，应涂抹掉所有正常使用的跑道和滑行道标志；并且除因维护目的所需外不得开启上面的助航灯光。

（4）当关闭的跑道和滑行道或其一部分与可供夜间使用的跑道或滑行道相交时，除关闭标志外，在横贯被关闭地区的进口处应设置间距不超过 3 m 的不适用地区灯光加以标志。

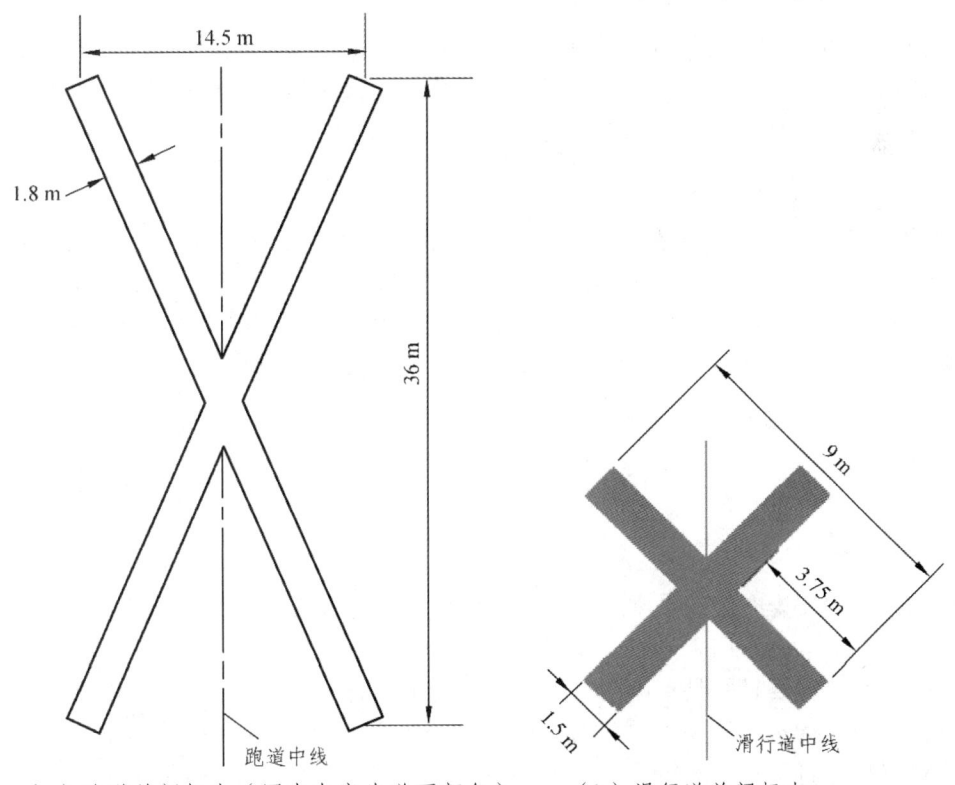

（a）跑道关闭标志（图中灰底为道面颜色）　　（b）滑行道关闭标志

图 2-24　关闭标志

5. 跑道入口前标志

当跑道入口前设有长度不小于 60 m 的道面，且不适于航空器的正常使用时，应在跑道入口前的全长用">"形符号予以标志。">"形符号应指向跑道方向，如图 2-25 所示。">"形符号颜色应为黄色，线条宽度应至少 0.9 m。

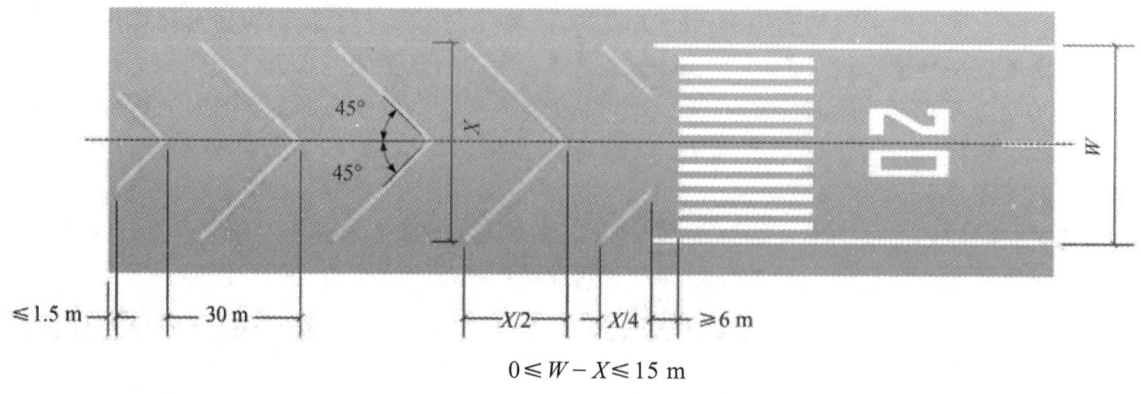

图 2-25 跑道入口前标志

其中：W——跑道宽度（不含道肩）；
X——跑道入口前标志宽度（宜 X=W）。

6. 飞机机位标志（Aircraft Stand Markings）

在有铺砌面的机坪和规定的除冰防冰设施停放位置上应设飞机机位标志。飞机机位标志应根据机位构形和辅助其他停机设施的引导作用的需要设置机位识别标志、引入线、转弯开始线、转弯线、对准线、停止线和引出线等机位标志。

7. 机坪安全线（Apron Safety Lines）

在有铺砌面的机坪上应根据飞机停放的布局和地面设施和/或车辆的需要设置机坪安全线，包括诸如机位安全线、翼尖净距线、廊桥活动区标志线、服务车道边界线、行人步道线、设备和车辆停放区边界线以及各类栓井标志等。机位安全线、廊桥活动区标志线和各类栓井标志应为红色，翼尖净距线等其他机坪安全线（包括标注的文字符号）均应为白色。

四、标记牌

（一）基本要求

在机场内实现安全有效的航空器滑行和地面活动，应设置一套标记牌系统，供航空器和车辆驾驶员在活动区内使用。

设置标记牌的主要目的是帮助飞行人员在机场上滑行飞机。在进行管制的机场上，标记牌起到补充管制员指示的作用，并帮助飞行员履行那些指示。标记牌还能帮助空中交通管制人员简化对飞机滑行放行、滑行路径和等待的指示。在没有机场交通管制塔台的地方，或者飞机上没有无线电设备，标记牌为飞行员提供去机场各主要目的地的引导。

标记牌包括滑行引导标记牌、VOR机场校准点标记牌、机场识别标记牌、航空器机位识别标记牌及道路等待位置标记牌，其中滑行引导标记牌包括：跑道号码标记牌；Ⅰ类、Ⅱ类或Ⅲ类等待位置标记牌；跑道等待位置标记牌；禁止进入标记牌；用于转换频率的等待点标记牌；位置标记牌；方向标记牌；目的地标记牌；跑道出口标记牌；跑道脱离标记牌；滑行道位置识别点标记牌；交叉点起飞标记牌；滑行道终止标记牌。

（二）标记牌分类

标记牌按功能划分为：强制性指令标记牌和信息标记牌两大类。

1. 强制性指示标记牌

当准备用标记牌来标明不论飞机或车辆非经机场控制塔台许可不得越过的地点时，必须设置强制性指示标记牌。强制性指示标记牌必须包括跑道号码标记牌；Ⅰ类、Ⅱ类或Ⅲ类等待位置标记牌；跑道等待位置标记牌；道路等待位置标记牌；禁止进入标记牌；用于转换频率的等待点标记牌等，如图2-26所示。

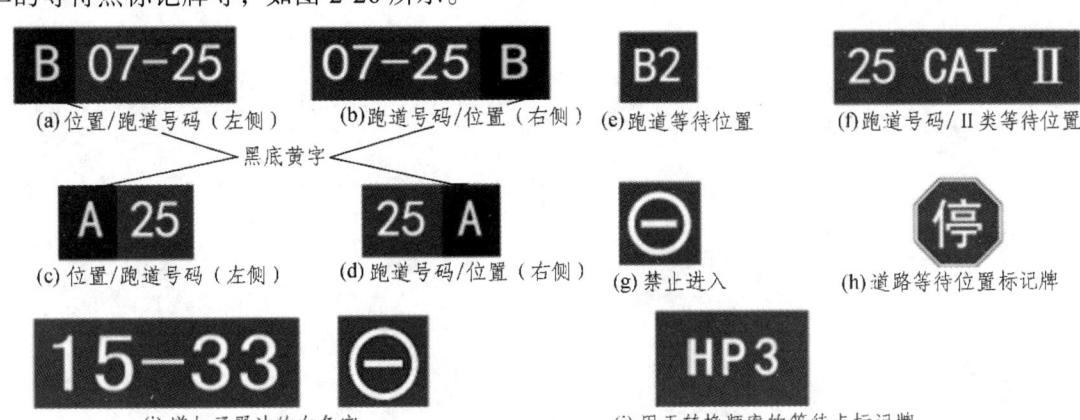

图 2-26　强制性指示标记牌示例

注：除图中标注外，其余标志均为红底白字。

滑行道/跑道相交标记牌必须至少有一块设置在滑行等待位置标志的一侧，面对着朝向跑道进近的方向；禁止进入标记牌必须设置在禁止进入地区的起始处；只要具体实际可行，必须在滑行道的两侧各设一块滑行道/跑道标记牌或禁止进入标记牌。如仅在一侧设置时，必须由飞行员看来设在其左侧。Ⅱ类或Ⅲ类等待位置标记牌必须设置在等待位置标志的两侧，面对趋近关键地区的方向。

强制性指示标记牌必须在红底上书写白字。准备用于夜间或低能见度条件下的强制性指示标记牌必须从内部或外部予以照亮。滑行道/跑道相交标记牌上的文字必须包括所交跑道两端的跑道识别号码，并根据标记牌的观看位置正确地定向，但设在跑道一端附近的标记牌可以只显示该端的跑道号码。

强制性指示标记牌上的文字和用途如表2.18所示。

表 2.18　强制性指示标记板牌

文字	用途
禁止进入	标明禁止进入一个地区
特定跑道端的跑道号码	标明位于跑道一端的滑行等待位置
跑道两端的跑道号码	标明位于其他跑道相交处的滑行等待位置
Ⅱ类　　　CATⅡ	标明Ⅱ类滑行等待位置
Ⅲ类　　　CATⅢ	标明Ⅲ类滑行等待位置
Ⅱ/Ⅲ类 CATⅡ/Ⅲ	标明Ⅱ/Ⅲ类合用滑行等待位置

2. 信息标记牌

当准备用标记牌标明活动地区内一个特定位置或目的地或提供其他信息时，必须设置一块信息标记牌，包括：位置标记牌；方向标记牌；目的地标记牌；跑道出口标记牌；脱离跑道标记牌；航空器机位号码标记牌；VOR机场校准点标记牌；跑道剩余距离标记牌；滑行道位置识别点标记牌；交叉点起飞标记牌；滑行道终止标记牌。信息标记牌应为黑底黄字或黄底黑字，如图2-27所示。准备在夜间使用的信息标记牌必须有内部或外部照明或涂以逆向反光材料。指明目的地的标记牌上的文字应包括一个指示应遵循的方向的箭头和目的地识别代码、识别字样或缩写。

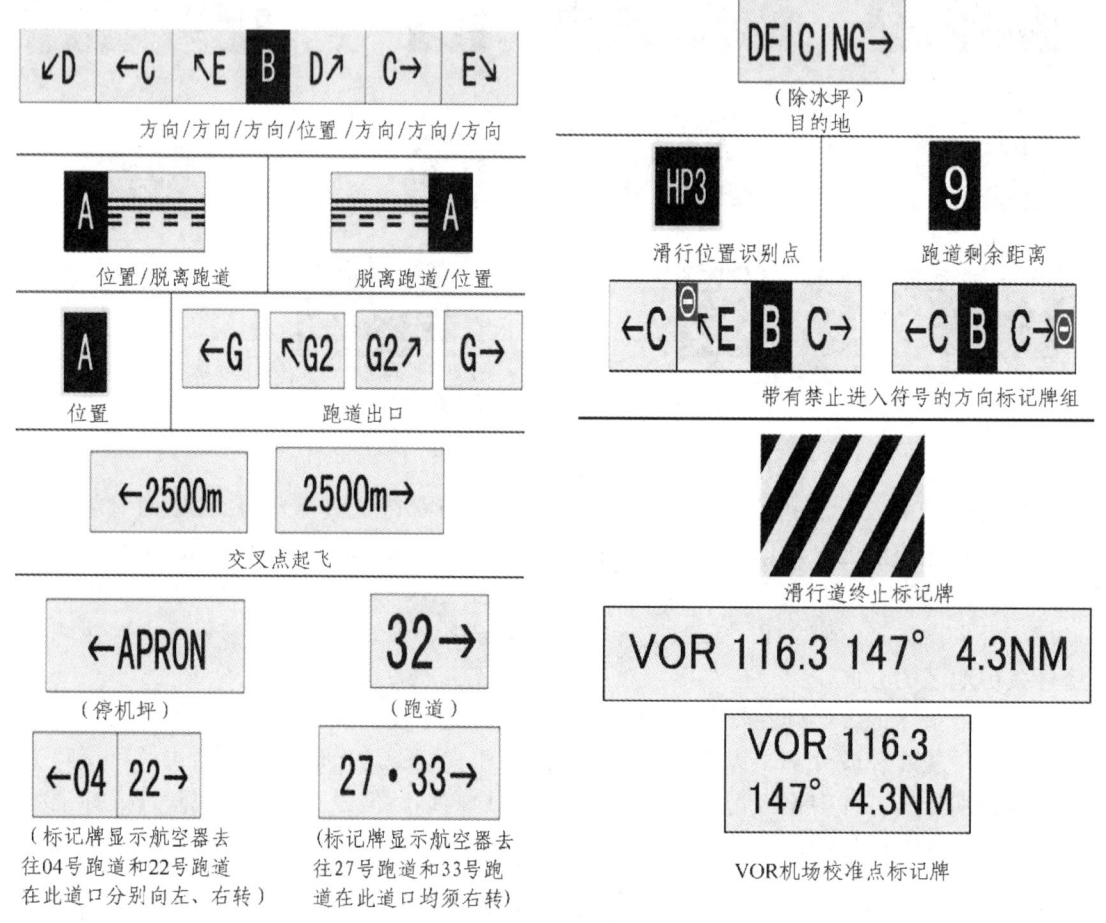

图 2-27　信息标记牌示例

滑行道上标明某一位置的标记牌应尽实际可行地设在滑行道的左侧。在滑行道与另一滑行道相交处，标记牌应设在相交处的前面。标明目的地的标记牌应视去该目的地需左转或右转设置在滑行道的左侧或右侧。如一直往前，则标记牌可设在左侧或右侧。在相交处，目的地标记牌通常应设在相交处的前面。VOR机场校准点标记牌必须尽可能地靠近校准点，使得从正确地位于VOR机场校准点标志上的飞机驾驶舱里能看到标记牌上的字样。

3. 飞机机位识别标记牌

如果需要，每一飞机机位识别标志可以用一块飞机机位识别标记牌来作补充。飞机机位标记牌应为黑底黄字或黄底黑字，准备在夜间使用的信息标记牌必须有内部或外部照明。飞机机位识别标记牌应设在飞机进入机位以前就能从驾驶舱清楚地看到之处。

思考题？

1. 画出跑道长为 3 200 m，宽为 60 m 的道面标志。
2. 跑道标志和滑行道标志各是什么颜色？
3. 从进近方向看，着陆方向标在跑道的哪边？
4. 标记牌常见的有哪几种？各自有哪些要求？
5. 信息标记牌中黄底黑字和黑底黄字分别代表什么意思？

第六节 机场灯光系统

机场灯光主要是在白天低能见度下和夜晚为进近着陆的飞机提供目视助航信息，帮助飞行人员顺利完成进近着陆。机场灯光系统主要由以下几类组成：机场灯标、进近灯光系统、目视进近坡度指示系统、跑道灯光和其他灯光。

一、航空灯标（Aeronautical Beacon）

1. 机场灯标（Aerodrome Beacon）

机场灯标是用于从空中辨明机场位置的航空灯标。准备夜间使用的机场必须设置机场灯标，除非在特殊的情况下，在考虑了使用机场的空运业务要求、机场的特征与周围环境对比明显以及装有其他有利于寻找机场位置的目视助航设施等因素后认为不需要时，可不设置灯标。

机场灯标必须设在机场内或机场附近。机场灯标的各重要方向不能被物体遮蔽，并不对进近着陆中的飞行员产生眩光。机场灯标必须显示有色与白色交替的闪光或仅显示白色闪光。总的闪光频率必须为每分钟 20~30 次。陆地机场的灯标的有色闪光必须为绿色；水上机场灯光的有色闪光为黄色；水陆两用机场如用有色闪光，必须根据机场规定的主要用途来选择闪光的颜色。

2. 机场识别灯标（Aerodrome Identification Beacon）

供夜间使用且从空中用其他目视方法不易识别的机场，必须设置识别灯标。识别灯标必须设在机场内。陆地机场的识别灯标必须显示绿色；水上机场的识别灯标显示黄色，识别字母必须用国际莫尔斯电码传送。

二、进近灯光系统（Approach Lighting System，ALS）

1. 简易进近灯光系统（Sample ALS，SALS）

拟在夜间使用的飞行区指标Ⅰ为3或4的非仪表跑道应设A型简易进近灯光系统；拟在夜间使用的非精密进近跑道应设B型简易进近灯光系统。

简易进近灯光系统必须由一行位于跑道中线延长线上并尽可能延伸到距跑道入口不少于420 m处的灯具，和一排在距跑道入口300 m处构成一个长18 m或30 m的横排灯的灯具组成。构成横排灯的灯具必须设置在一条水平的直线上，垂直于中线灯并被其平分。横排灯的灯具必须布置得能够产生一种直线效果，横排灯灯具距离为1~4 m。构成中线的灯具的纵向间距必须为60 m，只有在需要改善引导作用时可采用30 m的间距。

如因自然条件不可能把中线灯延伸到距离跑道入口420 m，则应延伸到300 m处以包括横排灯。如这一距离也不可能，则应将中线灯尽实际可行地向外延伸，并将中线灯灯具改为由至少3 m长的短排灯组成。在进近灯光系统距跑道入口300 m处有横排灯的情况下，可在距入口150 m处增设一组横排灯。

简易进近灯光系统必须尽可能地处于通过跑道入口的水平面，如图2-28所示。

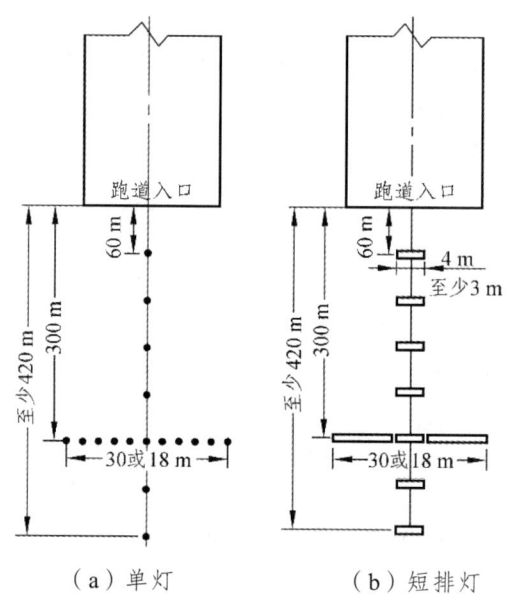

图2-28 简易进近灯光系统

2. Ⅰ类精密进近灯光系统（Precision ALS CategoryⅠ，PALS CATⅠ）

Ⅰ类精密进近灯光系统必须由一行位于跑道中线延长线上并尽可能延伸到距跑道入口900 m处的灯具和一排在距跑道入口300 m处一个长30 m的横排灯组成。如果因场地条件限制无法满足进近灯光系统长度要求时可以适当缩短，但总长度不得低于720 m。长度不足900 m的进近灯光系统可能会使跑道的使用受到运行限制。

构成横排灯的灯具必须设置在一条尽可能接近水平的直线上,垂直于中线灯线并被其平分。横排灯的灯具必须布置得能够产生一种直线效果。构成中线的灯具的纵向间距必须为30 m。中线灯的每个短排灯应附加一个电容放电灯,电容放电灯必须每秒闪光两次,闪光顺序为从外向跑道入口方向。

Ⅰ类精密进近灯光系统除了上述系统外,还有下面这种系统。

Ⅰ类精密进近灯光系统由一行位于跑道中线延长线上并尽可能延伸到距跑道入口 900 m 的中线灯和 5 组横排灯组成。在靠跑道入口 300 m 的中线灯为单灯光源;中间 300 m 部分为双灯光源,外端 300 m 部分为三灯光源,用以提供距离信息。5 组横排灯分别距跑道入口 150 m、300 m、450 m、600 m、750 m 处,垂直于中线灯并被中线灯平分。

Ⅰ类精密进近灯光系统必须尽可能地处于通过跑道入口的水平面,如图 2-29 所示。

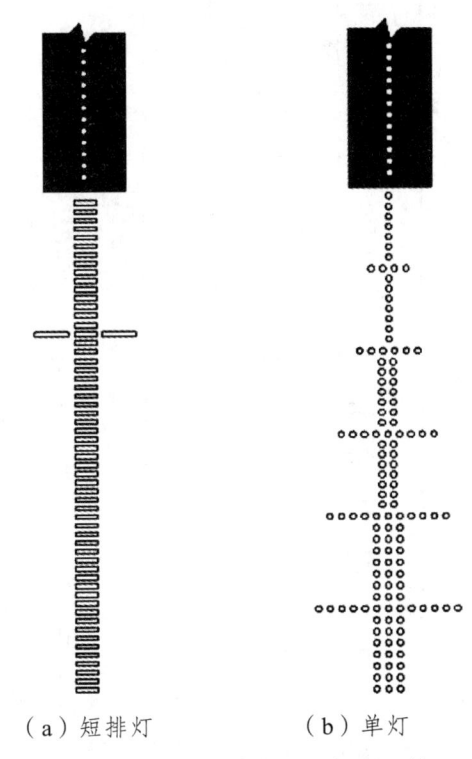

（a）短排灯　　　　（b）单灯

图 2-29　Ⅰ类精密进近灯光系统

3. Ⅱ类和Ⅲ类精密进近灯光系统（PALS CAT Ⅱ/Ⅲ）

Ⅱ类和Ⅲ类精密进近灯光系统必须由一行位于跑道中线延长线上并尽可能延伸到距跑道入口 900 m 的灯具组成。因场地条件限制无法满足进近灯光系统长度要求时可以适当缩短,但总长度不得低于 720 m。此外,本系统还必须有两行延伸到距跑道入口 270 m 处的侧边灯以及两排横排灯,一排在距入口 150 m 处,另一排在距入口 300 m 处,如图 2-30 所示。

构成中线的灯具的纵向间隔为 30 m。侧边灯的灯具必须位于中线的两侧,其纵向间距与中线灯的纵向间距相同,第一个短排灯设于距入口 30 m 处。两行侧边灯最靠近中线的灯具之间的横向间距必须不小于 18 m 也不大于 22.5 m,而以 18 m 为好,但在任何情况下它必须与接地带灯的横向间距相同。设在距跑道入口 150 m 处的横排灯必须填满中线灯和侧边灯之间的空隙。设在距跑道入口 300 m 处的横排灯必须自中线向两侧各伸出 15 m 的距离。侧边灯必须由发红光的短排灯组成。每一侧边短排灯的长度和灯间距离必须与接地带灯的短排灯长度和间距相同。

如果Ⅱ类和Ⅲ类精密进近灯光系统是采用单灯、双灯、三灯组成的中线灯和 5 组横排灯时，除按规定增加侧边灯外，所有横排灯的外端必须位于两条平行于中线或逐步向内收敛在跑道入口以内 300 m 处与中线相交的直线上。

Ⅱ类和Ⅲ类精密进近灯光系统必须尽可能处在通过跑道入口的水平面上，如图 2-30 所示。

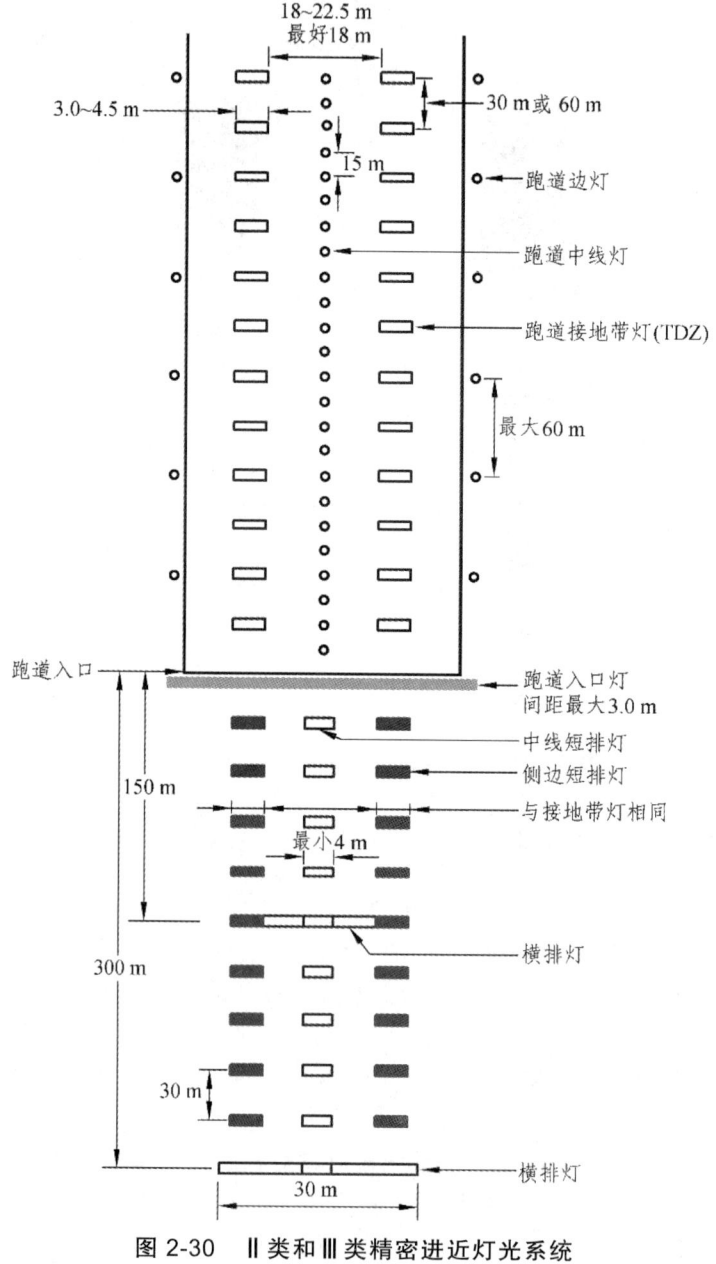

图 2-30　Ⅱ类和Ⅲ类精密进近灯光系统

三、目视进近坡度指示系统

目视进近坡度指示系统是从最后进近到跑道入口的重要的目视设备，服务于任何进近的跑道。只要存在下列一种或几种情况时，必须设置目视进近坡度指示系统，以引导飞机向跑道进近。

（1）涡轮喷气飞机或有类似进近引导要求的飞机使用的跑道。

（2）任何类型飞机的飞行员由于下述情况可能在进近中感到难于判断：一是目视引导不充分，如日间在水面上或缺乏特征的地面上，夜间在没有足够的外界灯光时；二是容易引起误解的信息，如迷惑人的周围地形或跑道坡度。

（3）在进近地区存在物体，如果飞机低于正常进近航道下降时可能引起严重的危险，特别是在没有非目视或其他目视助航设备能发出这些物体存在的警告时。

（4）跑道任何一端的具体条件在发生飞机过早接地或冲出跑道的情况下会导致严重的危险。

（5）地形或经常的气象条件使飞机在进近中可能受到异常的扰动。

标准的目视进近坡度指示系统应为图 2-31 所示的几种。

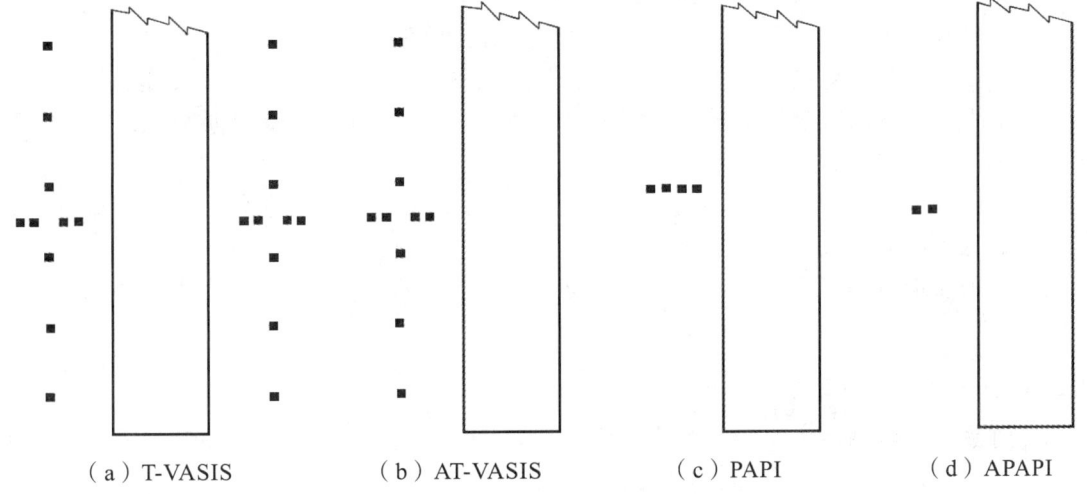

图 2-31　各种目视进近坡度指示系统

（1）T 式目视进近坡度指示系统（T-VASIS）和简化 T 式目视进近坡度指示系统（AT-VASIS）。

（2）精密进近坡度指示器（PAPI）和简化精密进近坡度指示器（APAPI）。

以上这些目视进近助航设备均能在最后进近期间向飞行员提供目视进近坡度指示信息。当飞行区指标 I 为 1 或 2 时，应设置 PAPI 或 APAPI。当飞行区指标 I 为 3 或 4 时，应设置 PAPI、T-VASIS 或 AT-VASIS。下面对 VASIS 和 PAPI 的组成和给飞行员提供目视进近坡度指示信息进行介绍。

1. T-VASIS 和 AT-VASIS

T-VASIS 由对称地布置在跑道中线两侧的 20 个灯具组成，每侧包括 1 个由 4 个灯组成的翼排灯和在翼排灯纵向等分线上的 6 个灯具，如图 2-32 所示。AT-VASIS 由布置在跑道一侧的 10 个灯具组成，包括 1 个由 4 个灯组成的翼排灯和在翼排灯纵向等分线上的 6 个灯具。

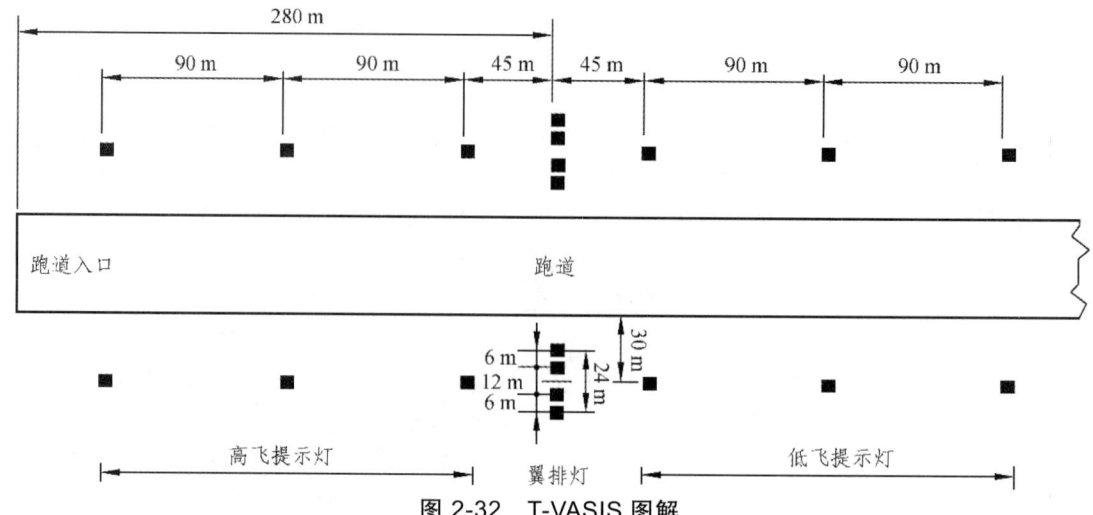

图 2-32 T-VASIS 图解

（1）飞机高于进近坡度之上时，飞行员看到翼排灯为白色，以及 1 个、2 个或 3 个低飞提示灯。飞行员高于进近坡度之上越多，看到的低飞提示灯数越多。

（2）飞机在进近坡度上时，飞行员看到的翼排灯为白色。

（3）飞机低于进近坡度时，飞行员看到的翼排灯和 1 个、2 个或 3 个高飞提示灯均为白色。飞行员低于进近坡度越多，看到的高飞提示灯数越多。当其低于进近坡度很多时，看到的翼排灯和 3 个高飞提示灯均为红色。

（4）飞机在进近坡度上或高于进近坡度时，飞行员看不到高飞提示灯；飞机在进近坡度上或低于进近坡度时，飞行员看不到低飞提示灯。

当飞机低于进近坡度很多时，位于跑道同一侧两个上风灯光和下风灯光将合并成为一个粗的红色信号。

2. 精密进近航道指示器（PAPI）

精密进近航道指示器（PAPI）系统必须以 4 个等距设置的急剧变色的灯具组成。除非实际不可行外，该系统必须设在跑道的左侧，如图 2-33 所示。

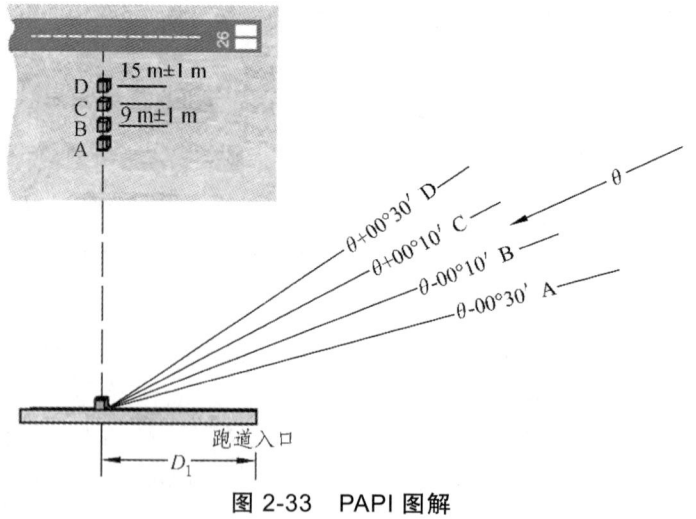

图 2-33 PAPI 图解

PAPI 翼排灯的构造和布置必须使进近中的飞行员：

（1）当正在或接近进近坡度时，看到离跑道最近的两个灯具为红色，离跑道最远的两个灯具为白色。

（2）当高于进近坡度时，看到离跑道最近的灯具为红色，离跑道最远的 3 个灯具为白色；在高于进近坡度更多时，看到全部灯具为白色。

（3）当低于进近坡度时，看到离跑道最近的 3 个灯具为红色，离跑道最远的灯具为白色；当低于进近坡度更多时，看到全部灯具均为红色，如图 2-34 所示。

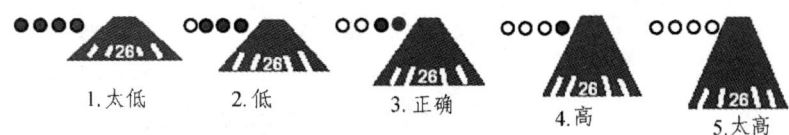

图 2-34　PAPI 工作情况

四、跑道灯光

供白天低能见度或夜间使用的跑道，须按要求设置跑道灯光。跑道灯光系统主要由以下灯光组成。

（一）跑道入口灯

1. 跑道入口识别灯（Runway Threshold Identification Lights）

在需要使非精密进近跑道的入口更加明显或设置其他进近灯光实际上行不通时，以及在跑道入口从跑道端永久入口内移或从正常位置临时位移并需要使入口更加明显时，应设置跑道入口识别灯。跑道入口识别灯必须对称地设在跑道中线两侧，跑道边灯线以外约 10 m 处，并与跑道入口在同一条直线上。跑道入口识别灯应为朝向进近着陆的航空器单向发光，每分钟闪光 60～120 次的白色闪光灯。

2. 跑道入口灯（Runway Threshold Lights）

设有跑道边灯的跑道应设置跑道入口灯，除非跑道入口内移并设有跑道入口翼排灯的非仪表跑道和非精密进近跑道才可以不设。

当跑道入口位于跑道端时，跑道入口灯必须设在垂直于跑道轴线的一条直线上并尽可能地靠近跑道端，在任何情况下不得设在跑道端以外距离大于 3 m 处。当跑道入口自跑道端内移时，跑道入口灯必须设在跑道入口处的一条垂直于跑道轴线的直线上，如图 2-35 所示。

跑道入口灯必须包括：

（1）非仪表跑道或非精密进近跑道时，至少有 6 个灯。

（2）Ⅰ类精密进近跑道，跑道入口灯的数量至少为在跑道边灯线之间以 3 m 间距等距设置时所需的灯数。

（3）Ⅱ类、Ⅲ类精密进近跑道，跑道入口灯应在跑道边灯线之间以不大于 3 m 的间距等距设置。

跑道入口灯应为向跑道进近方向发绿色光的单向恒定发光灯。

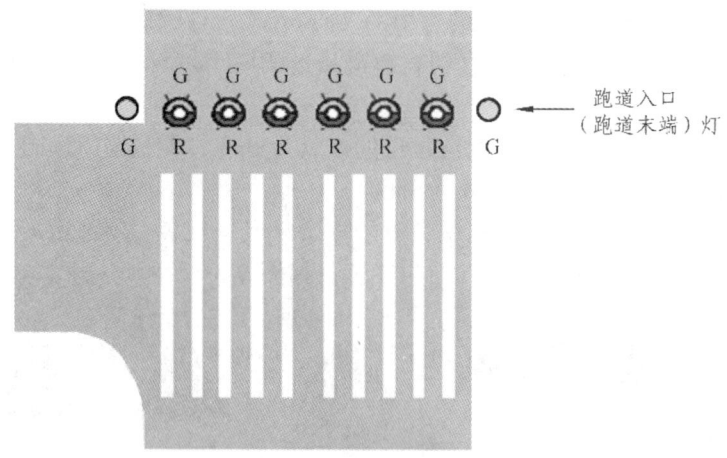

图 2-35　跑道入口（跑道末端）灯

3. 跑道入口翼排灯（Runway Threshold Wing Bar Lights）

当需要使精密进近跑道的入口更加明显时，或当非仪表跑道或非精密进近跑道因入口内移未设有入口灯时，应设入口翼排灯。

入口翼排灯必须在跑道入口处分为两组，即两个翼排灯对称于跑道中线设置。每个翼排灯必须至少由 5 个灯组成，垂直于跑道边灯线并伸出该线至少 10 m，并将最里面的灯放在跑道边灯线上。跑道入口翼排灯必须为向跑道进近方向发绿色单向光，如图 2-36 所示。

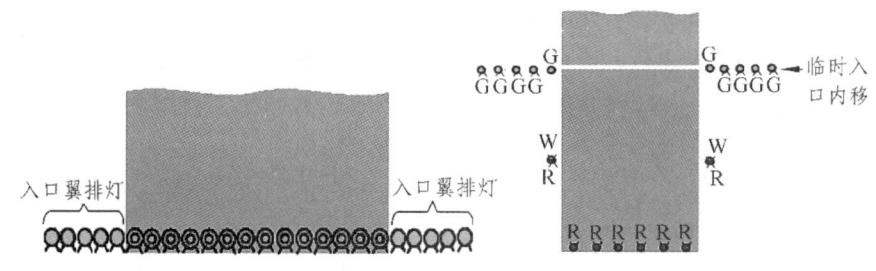

图 2-36　跑道入口翼排灯

（二）跑道末端灯（Runway End Lights）

设有跑道边灯的跑道必须设置跑道末端灯，当跑道入口位于跑道端时，跑道末端灯可以使用用于跑道入口灯的灯具。跑道末端必须为向跑道方向发红色的单向光，如图 2-35 所示。

（三）跑道中线灯（Runway Centre Line Lights）

精密进近跑道及起飞跑道应设置跑道中线灯。跑道中线灯沿跑道中线设置，在出口滑行道较少的一侧允许偏离跑道中线至多 0.6 m。跑道中线灯在跑道入口至末端之间以约 15 m 的间距沿跑道中线布置。

从跑道入口到距跑道末端 900 m 处的跑道中线灯发白光；从距跑道末端 900 m 到距跑道末端 300 m 之间的跑道中线灯为发红白相间的光；从距跑道末端 300 m 到跑道末端的中线灯发红光，如图 2-37 所示。

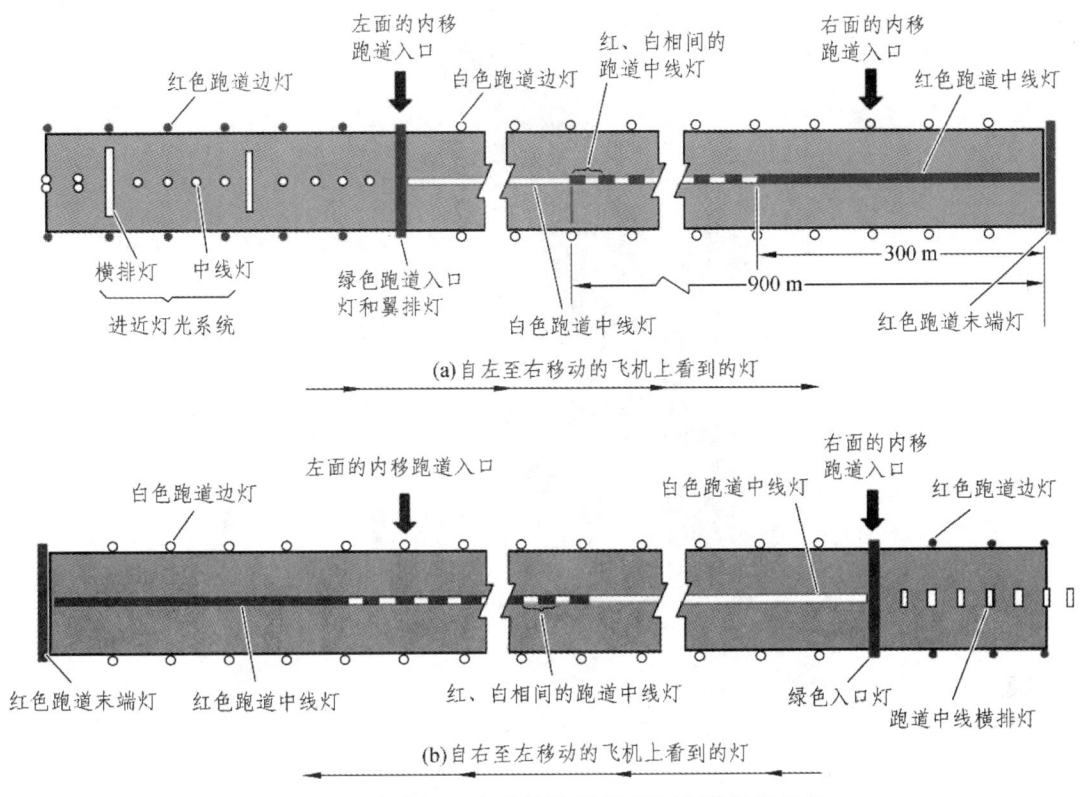

图 2-37 跑道入口内移的进近灯光和跑道灯光示例

（四）跑道边灯（Runway Edge Lights）

供夜间使用的跑道或昼夜使用的精密进近跑道，应成行地沿跑道边缘或跑道边缘以外距离不大于 3 m 处均匀布置跑道边灯。跑道两侧的跑道边灯应一一对应，其中：仪表跑道灯间距离不得大于 60 m；非仪表跑道灯间距离不得大于 100 m。

跑道边灯应是发可变白光的恒定发光灯，但以下情况除外：① 在跑道入口内移的情况下，从跑道入口至内移入口之间的灯应对进近方向显示红色；② 跑道末端的 600 m 或跑道长度的 1/3（二者取较小值）这一段的灯光应为黄色，如图 2-38 所示。

（五）跑道接地带灯（Runway Touchdown Zone Lights）

Ⅱ类或Ⅲ类精密进近跑道的接地地带应设置接地带灯。接地带灯应由嵌入式单向恒定发白色光的短排灯组成，朝向进近方向发光。短排灯应成对地从跑道入口开始以 30 m 或 60 m 设置到距跑道入口 900 m 处，但在跑道长度小于 1 800 m 时应将该系统缩短使其不致越过跑道中点。成对的短排灯应对称地位于跑道中线的两侧，横向间距应与接地带标志相同。接地带灯短排灯应至少由 3 个灯组成，灯的间距应不大于 1.5 m。短排灯的长度应不小于 3 m，也不大于 4.5 m。

（六）停止道灯（Stopway Lights）

供夜间使用的停止道必须设置停止道灯。停止道灯沿停止道长、宽设置。停止道灯必须为朝跑道方向单向发红光，如图 2-39 所示。

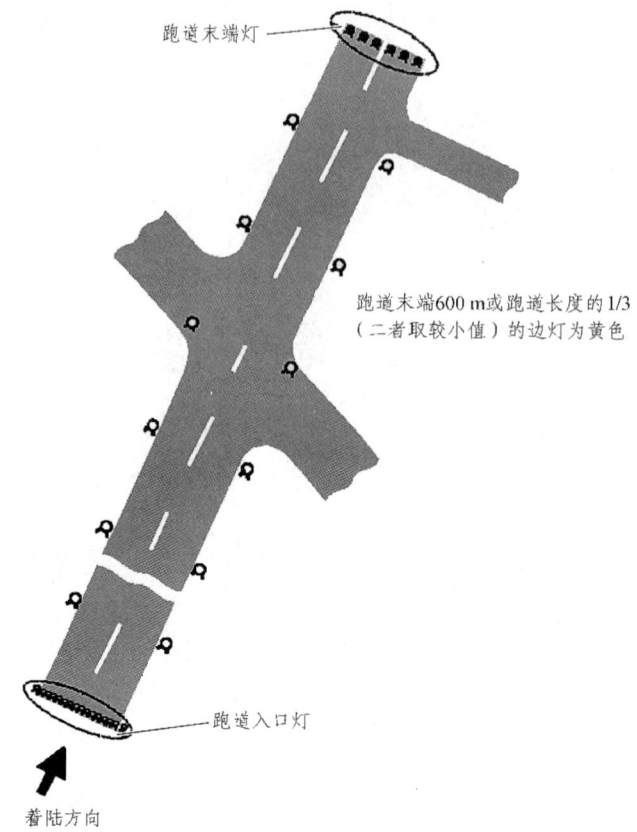

图 2-38　跑道边灯

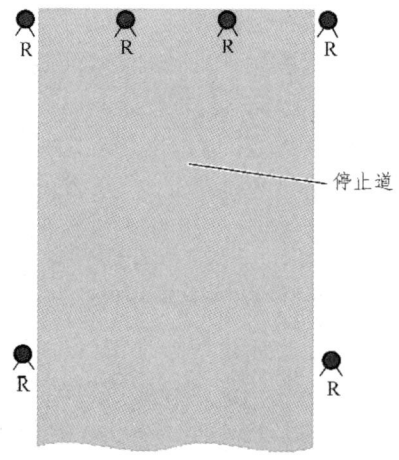

图 2-39　停止道灯

五、滑行道灯光

1. 滑行道中线灯（Taxiway Centre Line Lights）

拟供在跑道视程小于 350 m 的情况下使用的出口滑行道、滑行道、除冰防冰设施和机坪应设置滑行道中线灯，设置方式应确保能从跑道中线开始至停机坪上航空器开始其停放操作的地点为止提供连续的引导，只有在低交通密度且滑行道边灯和中线标志已能提供足够引导的情况下才可不设。

除出口滑行道外，滑行道上的滑行道中线灯发绿色光，其光束大小只有在滑行道上或其附近的飞机上才能看得见。从航空器脱离跑道方向看，靠近跑道中线的第一个滑行道中线灯应发绿色光，之后应为绿色光与黄色光交替出现。供双向运行滑行道上的中线灯应为双向恒定绿色灯，如图 2-40 所示。

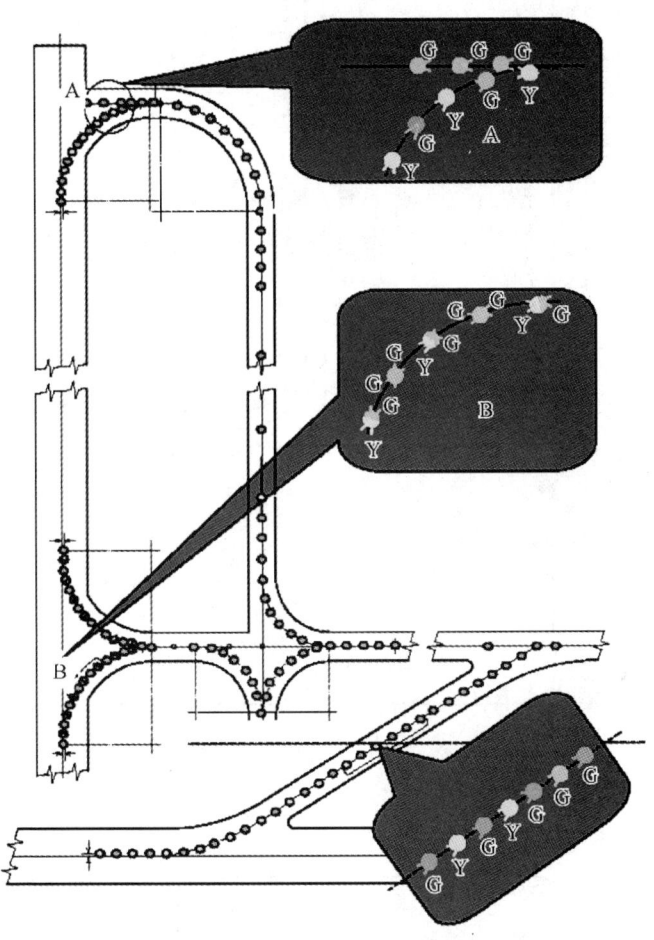

图 2-40　滑行道中线灯

2. 滑行道边灯（Taxiway Edge Lights）

供夜间使用的未设有滑行道中线灯的滑行道和出口滑行道均应设置滑行道边灯，除非在考虑了运行的性质，确认地面照明或其他方法已能提供足够的引导才无须设置滑行道边灯。滑行道边灯必须发蓝色光，如图 2-41 所示。

3. 跑道警戒灯（Runway guard lights）

跑道警戒灯的用途是警告在滑行道上操纵飞机的驾驶员和驾驶车辆的司机，他们将要进入一条现用跑道。跑道警戒灯有 A 型和 B 型两种标准构型，如图 2-42 所示。

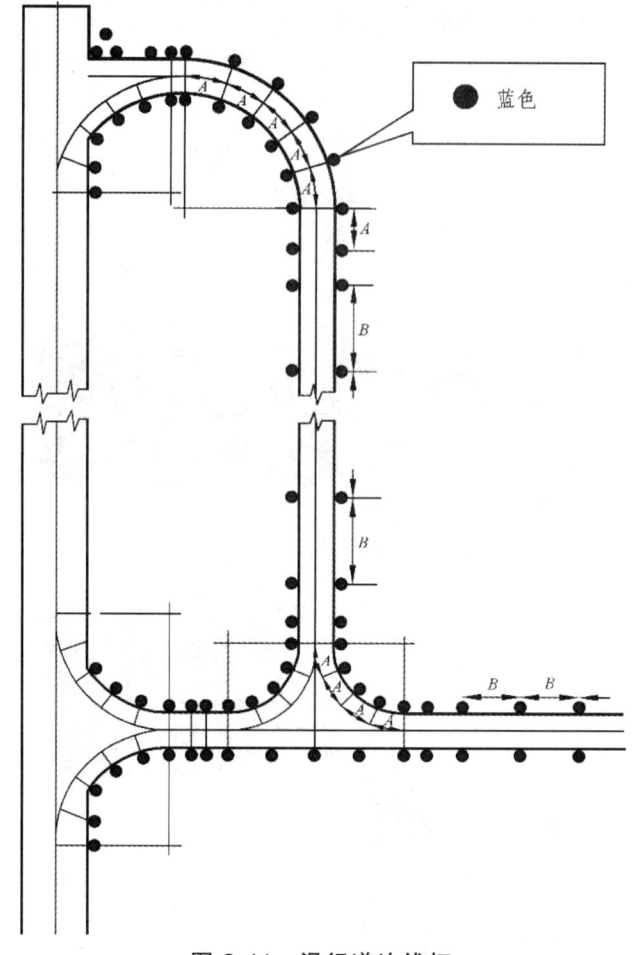

图 2-41 滑行道边线灯

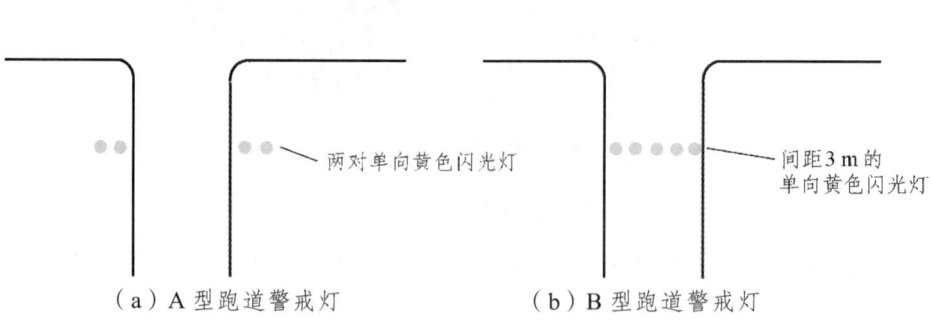

（a）A 型跑道警戒灯　　　　（b）B 型跑道警戒灯

图 2-42　A 型、B 型跑道警戒灯

A 型跑道警戒灯由两对背离跑道方向交替发黄色光的灯具组成，每一对中的两个灯发光频率为每分钟 30~60 次。A 型跑道警戒灯设置在滑行道的两侧，并距跑道中线不小于表 2-8 中对起飞跑道的规定。

B 型跑道警戒灯应为背离跑道方向发黄色闪光的嵌入式，横贯滑行道全宽设置，间距为 3 m，并距跑道中线不小于表 2-8 中对起飞跑道的规定。B 型跑道警戒灯中相邻的灯应以每分钟 30~60 次的频率交替闪光，隔开的灯应同时闪光。闪光的明暗时间应相同，彼此相反。

在每个跑道与滑行道（除单向运行出口滑行道外）相交处宜设置 A 型或 B 型跑道警戒灯。在跑道视程小于 550 m 且未安装停止排灯，或者跑道视程为 550~1 200 m 且交通密度高的情况下，在每个跑道与滑行道（除单向运行出口滑行道外）相交处必须设置 A 型跑道警戒灯。

A 型和 B 型跑道警戒灯的光束是单向的，其对准方向使滑向等待位置的飞机驾驶员能看得见。

4. 中间等待位置灯（Taxiing Holding Position Lights）

在准备用于跑道视程小于 350 m 的情况下使用的中间等待位置标志处，除非已设有停止排灯，否则应设中间等待位置灯。中间等待位置灯应沿中间等待位置标志设置。中间等待位置灯应由 3 个朝向趋向中间等待位置的航空器发黄色光的单向恒定发光灯组成。

5. 停止排灯（Stop Bar）

在每一个通向拟在跑道视程小于 550 m 情况下使用的跑道，在跑道等待位置以及打算实行停止或放行控制的中间等待位置上应设停止排灯。但在下列情况下可不设：

（1）具备防止航空器和车辆偶然侵入跑道的适当助航设施和程序。

（2）在跑道视程低于 550 m 的情况下，具备限制同一时间内在机动区只有一架航空器和必不可少的最少车辆的运行程序。

停止排灯应设在滑行道上要求航空器停住等待放行之处，由若干个朝向趋近停止排灯的航空器发红色光的嵌入式灯组成。停止排灯应横贯滑行道，灯间均匀分布，距离不大于 3 m，该灯由空中交通管制（ATC）控制。

滑行道灯光示例如图 2-43 所示。

六、其他灯光

除了上述的灯光外，供白天低能见度或夜晚使用的机场还须设置以下一些灯光设施。

1. 着陆方向灯（Landing Direction Lights）

在设置着陆方向标的跑道，需供夜间使用时，着陆方向标"T"必须设有照明或以白色灯色勾画其轮廓。

2. 信号灯（Signaling Lights）

有管制的机场必须在管制塔台上设置信号灯。信号灯应能发出红、绿、白三色信号，并能：
（1）按照需要由人工操纵对准任何目标。
（2）发出任何一种颜色光的信号，随之发出另外两种颜色光之一的信号。
（3）用 3 种颜色光中的任何一种传递莫尔斯电码信息，速度至少为每分钟 6~8 个字。
（4）当使用绿色时，应使用规定的绿色的界限。

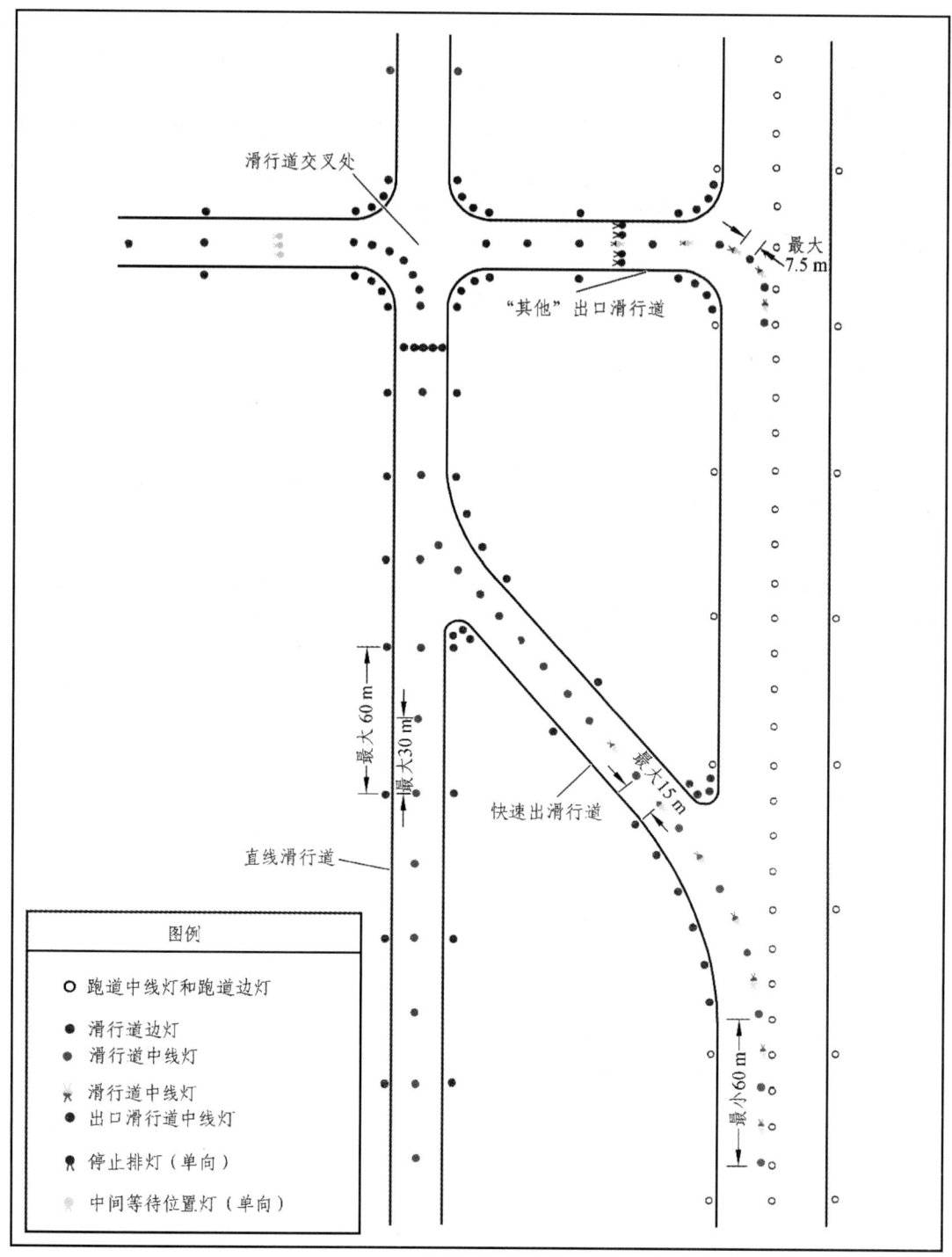

图 2-43 滑行道灯

3. 停机坪泛光照明（Apron Flood Lighting）

准备夜间使用的停机坪和指定的隔离飞机的停放位置应设停机坪泛光照明。停机坪泛光灯的位置应能对所有停机坪工作地区提供足够的照明，并使对在飞行中的飞行人员、机场和停机坪管制员和停机坪上其他人员的眩光降至最低。

4. 机位操作引导灯（Aircraft Stand Operation Guiding Lights）

为了便于准备在低能见度条件下将飞机准确地停放在飞机机位上，应在飞机机位标志上设机位操作引导灯，除非已有其他手段提供足够的引导则可不设。除标志停住位置的灯外，飞机机位操作引导灯必须由发黄色光的灯具组成，发出的光必须在准备由它提供引导的整个区段内都能看到。标志停住位置的灯必须是发红色光的单向灯。

思考题？

1. 简要描述 I 类精密进近灯光系统的布局。
2. 回答机场安装跑道中线灯和跑道边灯的意义，并详细描述这两种灯光的颜色。
3. 回答 PAPI 系统的工作原理，当飞机进近高度偏低时，灯光显示什么颜色？
4. 跑道警戒灯是防止飞机或车辆误侵跑道，请描述跑道警戒灯的工作原理。

第三章 航 图

现代航空运输以其高速、舒适、安全的特点,在当今追求速度和效益的世界上已占据了重要的地位。而且随着社会的发展,其作用还将越来越重要。航图是指保证航空器运行以及其他航空活动所需要的有关规定、限制、标准、数据和地形等,以一定的图表形式集中编绘、提供使用的各种图的总称。航图以其使用方便、资料集中、方式协调的特点,为保证航行中现行、全面和权威性的领航数据提供了极为便利的条件。在航空事业高度发达的今天,航图已成为保证飞行安全的重要工具以及空中交通管制的得力助手。

第一节 概 述

安全是民用航空永恒的主题。为了保证飞行安全,航图的设计与制作应满足航空器运行各个阶段的需要,即满足航空器从停机位置至起飞点的滑行、起飞爬升至加入航路、沿航路飞行、进场飞行、进近着陆及复飞和着陆滑行至航空器停机位置等阶段的需要。航图的编排形式应保证飞行人员在与其工作量和工作条件相适应的合理时间内获取有关资料,因而航图中所有要素的标绘应准确、清晰、规范、布局合理;图面的颜色和字体大小,应保证飞行人员在驾驶舱内的人工光源或自然光线下易于判读。此外,每种航图应适用于相应的飞行阶段,在使用时,应能从一种航图顺利过渡到另一种航图。

一、航图的一般规范

航图因其仅为航行提供资料,用户单一,且主要使用者是飞行员,以及飞行员在使用时的环境是在飞行中、驾驶舱里和有可能在人工光源下阅读,因而在制作航图时规定了以下几点要求。

1. 图幅尺寸

航图主要是为飞行员在飞行中或滑行时在驾驶舱中使用。由于驾驶舱很窄小,为了使用方便,航图的图幅不宜太大,特别是在起飞和着陆之间空中飞行时使用的航图,如标准仪表进场图、标准仪表进近图等。制图时,应选择适当的比例尺,使其图幅适中。国际民航组织将其缔约国多年制图和用图者的经验加以总结,得出在驾驶舱中使用的航图最佳尺寸为 210 mm × 148 mm,即国际标准组织规定的 A5 的尺寸。有的航图实在无法将图幅缩小到这个尺寸的,也应折叠成相当的大小,且折叠方法应保证在驾驶舱中使用方便,如航路图。

2. 负载量

负载量是指图面上各种线划、符号和注记所占面积的比例。一幅图上的负载量是有一定限制的，负载量太大会造成图幅紊乱，影响图的可读性。彩色图的负载量比单色图的要大，因此制图界通常都采用彩色，同时注意色彩的搭配来尽可能增大图的负载量。然而，航图却恰恰相反，在满足需要资料的前提下，应尽可能降低负载量。这是因为飞机在空中飞行时，虽然很平稳，但由于气流的扰动，发动机的振动等，使得读图较之地面困难。飞行员在读图时，也不可能将全部注意力集中在图上，他必须随时注意飞机的姿态等情况。加之在空中飞行时，由于氧气的含量要比地面低，使得人的大脑反应速度明显减慢。据估计，在空中人的大脑的反应能力最多只能达到地面的 80%，因此，航图在制作过程中，将所有与飞行无直接关系的要素统统略去，以减少负载量，突出航行有关要素。

3. 颜 色

用彩色制作和印刷航图，可以增加图的负载量和可读性。但由于航图中的航行要素变化较快，且有时一些环境要素变化时，也要求航图更新，这样就使得航图的更新速度加快，加之航图的用户少，为了降低航图的成本，要求航图尽量减少所用色彩的数量或直接用单色制作与印刷。

当某些航图必须制作成彩色图时，应考虑到飞行员在驾驶舱里，利用人工光源读图这一情况。选择色彩时，必须保证图上所有的颜色在人工光源和天然光线下容易分辨、阅读和判断航图中的各要素。目前的航图多数用单色印刷，若用彩色制作，一般也只采用黑、灰和蓝色这三色印刷，很少用更多的颜色。

4. 资料的现势性

现势性是指图上内容与实际事物相一致的程度。当今航空运输如此繁忙，世界上每时每刻都有飞机在空中运行。航图是飞行时领航资料的一个重要来源，如果有一点差错，都可能造成不可估量的后果。因此，航图所提供资料的现势性显得非常重要，必须确保图上资料的现势性和准确。为了便于航图用户在使用航图过程中，发现图上某些可疑之处或者矛盾的地方时，知道向何处咨询，同时也为了咨询的方便，在每张航图上都必须注明航图出版机构的名称和地址，同时注明航图系列的编号以及航行资料的日期。

5. 航图的定位方法

一般的地图，在制图时只需将正上方指向真北、标出经纬网格、注明经纬度及磁差即可。然而在航图中却还不够，这与飞行时飞机的定位方法有关。现代飞机是使用无线电罗盘、惯导以及机载卫星定位设备进行定向和定位。为了防止由于这些设备的故障而导致飞行事故，任何先进的飞机，都必须装有原始磁罗盘，它是利用地磁来定向的，只有很简单的机械设备，除激烈的碰撞外，永远不出故障。而其他先进设备都可采用真北定位。为了避免矛盾，航图采用一种综合的定位方法，即航图中的所有地物和符号都采用真北定位的方法进行绘制，而所有需要注明方向的数据，都以磁北进行注记。同时，在图上注明磁差。由于磁差是变化的，注明的磁差必须是距离制图年份最近的一个可以被 5 整除的年份的磁差，并注明磁差的年度率。例如，假定制图时间是 2017 年，则应注记 2015 年的磁差，并加注年度率。

航图定向应为上北下南，北方向宜与真北方向一致，航路图和需要折叠的图可例外，但是总方向应为上北下南。

6. 地形标绘的要求

为了满足使用者对定向和识别、安全超障余度、标注航空资料的清晰度、作计划等的需要，在相关的航图上需标绘地形。描绘地形，一般综合使用等高线、分层设色、标高点和地貌晕渲法。但选择上述方法时要考虑航图性质和比例尺及其用途等因素。对使用标高点表示地形特点，必须标出选定的突出标高点。如果对标高点数值的精度有怀疑时，那么必须在数值后加注"±"符号。

7. 航图名称要求

根据《国际民航组织附件四航图》的规范和为满足航图作用而编制的航图或航图系列的名称，如果其中使用的任何标准作了某些修改，必须使用有关章节的标题但不包括"ICAO"字样。只有符合《国际民航组织附件四航图》中有关为特定航图规定的所有标准时，航图和航图系列的名称才可包括简缩字"ICAO"。

除了上述几点外，对航图中诸如符号、计量单位、比例尺和投影、简缩字的使用、空中交通服务空域的标注、禁区、限制区和危险区的表示、其他资料等规范，将在以后具体航图的介绍中说明。

二、航图的分类及编辑制作要求

（一）航图的分类

航图分为特种航图和航空地图。

1. 特种航图

特种航图包括机场障碍物 A 型图、机场障碍物 B 型图、精密进近地形图、航路图、区域图、标准仪表进场图、标准仪表离场图、仪表进近图、目视进近图、机场图、机场地面活动图、停机位置图、空中走廊图、放油区图等。

2. 航空地图

航空地图包括世界航图、航空图和小比例尺航空领航图等，航空地图按照规定和实际需要绘制、使用。航空地图为特别制定的航图补充基础资料，主要用于目视飞行及制订飞行计划。

（二）航图编辑制作要求

航图编辑制作要符合《民用航空图编绘规范》要求。绘制航图应采用国家测绘主管部门提供的航空地图或者地形图作为参照图或者底图。绘制的航图比例尺应当等于或者小于参照图或者底图的比例尺。航图一般使用高斯-克吕格投影，其中航路图、区域图使用等角正割圆锥投影。

航图应当标绘与其飞行阶段相关的资料，标绘的资料应当符合下列要求：

（1）资料的标绘应当准确、清晰、不变形、不杂乱，在所有的正常使用条件下均易于判读。

（2）航图的着色或者色调和字体大小，便于驾驶员在不同的自然或者人工光线的条件下判读。

（3）不同航图上标绘的资料，应当按相应的飞行阶段，从一幅图平稳地过渡到另一幅图。

此外，航图上还应标注航图的种类名称、地名和机场名、航图代号、出版单位、出版日期、生效日期、磁北、真北、磁差、比例尺等要素。

三、民用机场需要绘制的航图

对具有非精密进近程序和精密进近程序跑道的机场，应绘制机场障碍物图——A 型（运行限制）、标准仪表离场图、标准仪表进场图、仪表进近图、机场图，根据需要绘制停机位置图；具有目视进近程序的机场，应绘制目视进近图。

对提供Ⅱ类或Ⅲ类精密进近程序的跑道，应绘制精密进近地形图。

对公布了限制空域、空中走廊和放油区的机场，应在相应的图中予以标注。

四、航图的修订

航图中的资料分为航行资料和地形资料，其中航行资料对航行的影响较大并且随时都有改变的可能。因此，使其保持现行有效，对安全至关重要。然而，目前尚无切实有效的方法，使航图完全处于现势的状态，但我们可以采取修订的方式来控制航图的现势性。

（一）修订方法

航图制作单位可以采用以下 3 种方法来保持航图的现势性。

1. 手　改

手改是简单而有效的解决方法。但由于下列原因，使航图用户通常不愿意进行手改。

（1）现代航图的复杂性，使手改工作难以完成。

（2）大量修改，损害了航图的图面设计，进而影响到航图的易读性。

（3）无法确定是否收到所有修订资料。

（4）给航图用户增加了额外的负担。

此外，对航图制作单位和分发单位来说，由于必须对库存资料进行修改，使手改更难以接受，而且手改还可能出差错。

2. 利用修订版

这种修订方法是在原已印好的航图上，再套印修订版，即把库存的航图都取出套印修订版适用于尚未分发的库存航图。由于某些航图资料数据复杂，在原来版面上套印后出版的航图，其可读性无疑会受到损坏。

3. 出版新版航图

这种修订方法是解决问题的最美满的方法，但它也有自己的困难。

（1）需要有大规模的制作设施。
（2）制作成本高。
（3）现有库存航图因过时而作废，造成经济上的损失。

以上3种方法各有利弊，要根据不同情况，决定具体采用哪种方法，才最简便、经济、实用。

（二）减少修订的措施

减少修订的最好方法是确保影响航图的更改减少至最低程度。方法如下：
（1）在保证航图用途不受影响的前提下，将可变数据的使用保持在最低限度。
（2）航图规范应从简，以便在需要进行修订时，尽量减少制图工艺，缩短时间。
（3）相关的系列航图应同时制作。

思考题？

1. 航图的制作需遵循哪些基本要求？
2. 简述我国对航图的分类。
3. 航图的修订方法有哪些？

第二节　机场障碍物图——ICAO A 型（运行限制）

机场障碍物图——ICAO A 型（运航限制）是为有关人员确定航空器的最大允许起飞质量提供必要的机场资料。在每次飞行前，有关人员都必须确定航空器在当时条件下的最大允许起飞质量，以保证飞行的安全和经济性。而起飞质量必须符合"航空器飞行手册"内规定的最低性能。这种最低性能是保证航空器在起飞过程中，一台发动机失效，飞机中断起飞的紧急情况时，能在提供的道面（停止道）以内停住；或者能继续起飞，在到达跑道头之前离开道面，并在飞越机场边界（净空道末端）之前，爬升到规定高度。在飞越机场边界之后，航空器应按指定的航线继续爬升。由于天气的影响以及设备和飞行员操作误差，航空器不可能严格地保持在航线上飞行。为了保证飞行安全，我们在航线两侧划定一个叫作起飞航径区的区域。正常情况下，航空器不会偏出此区，且航空器按规定的余度能飞越起飞航径区内所有障碍物。这个余度是随航空器距机场的距离而逐渐增加的。

一、目的与要求

所有供民用航空运输机使用的机场，在起飞航径区内有重要障碍物时，都应制作出版本图；起飞航径区内无重要障碍物机场可以不绘制，但应当在《中华人民共和国航空资料汇编》

和《中国民航国内航空资料汇编》中予以说明。

在有多条跑道的机场，要求每条跑道绘制一张机场障碍物图——ICAO A 型。在一些地形较复杂，重要障碍物较多的机场，为将重要障碍物绘于图上，致使制图范围较大，虽经调整比例尺，仍无法将图幅范围缩小到满意的尺寸，可以按起飞方向分别绘制单张图。

选定的比例尺，必须保证每幅图的范围包括所有重要障碍物。水平比例尺为 1:10 000、1:15 000 或 1:20 000。如由于印刷方面的原因，需要缩小比例尺以加快出版速度，可以采用 1:20 000。垂直比例尺必须是水平比例尺的 10 倍。如水平比例尺为 1:15 000，则垂直比例尺应为 1:1 500。机场障碍物图——ICAO A 型（运航限制）投影底图采用高斯-克吕格 3°带投影地形图。

二、图的构成

机场障碍物图——ICAO A 型主要由以下几部分组成：

（1）平面图。

平面图位于全图的下半部分，平面图的范围必须足以覆盖全部障碍物。在平面图上，用实线标绘跑道轮廓，包括长、宽、磁方位（精确到最接近的度）、道面性质和跑道号码；用断线绘出净空道的轮廓，包括长度和名称；用短画线标出起飞航径区，中心线用长画和短画的细线标出；如果起飞航径区不以跑道中线延长线为中轴时，应加注说明；用断线标绘停止道，并注明停止道的长度和道面性质。

标绘平面图上的障碍物时应包括以下资料：①每一重要障碍物确切位置，以及表示障碍物类别的符号；②每一重要障碍物的标高和识别编号；③大范围的穿透坡度面的重要障碍物应以清晰的方法在图例中说明。

对于孤立且较远的障碍物可以用适当的符号和箭头表示，而不必增加图幅。但必须注明该障碍物距跑道远端的距离和方位以及该障碍物的标高，如图 3-1 所示。

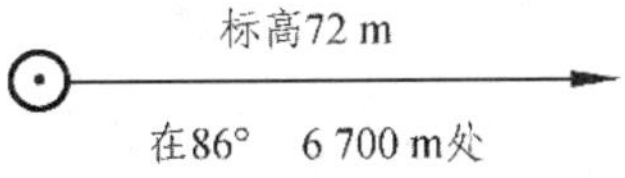

图 3-1 孤立而较远的障碍物的标注

（2）剖面图。

剖面图位于全图的上半部，为跑道、停止道、净空道及起飞航径区内障碍物的一个侧视图。在剖面图上，用实线标画跑道中线的剖面，用短划线标画与跑道相连的任何停止道和净空道的中线剖面；此外，还要标出跑道中线上每一跑道端、停止道端、每一起飞航径区的起始点，以及跑道两端标高、重要的跑道变坡点标高及相应的分段坡度、净空道末端标高、起飞航径区垂直剖面的坐标网格，1.2%（或一个特别批准的梯度）坡度线、重要障碍物和垂直线段比例尺。

标绘剖面图上的障碍物时应包括以下资料：①每一重要障碍物用垂直线从适当的网格横线向上至少穿过另一条网格横线画到障碍物顶端的标高；②每一重要障碍物的识别编号；③穿透坡度面的大范围的重要障碍物，应以清晰的方法在图例中说明。

（3）公布可用距离表。

公布可用距离表位于剖面图的跑道剖面上方的中央，按跑道公布可用起飞滑跑距离（TORA）、可用起飞距离（TODA）、可用加速停止距离（ASDA）、可用着陆距离（LDA），如图 3-2 所示。有些机场还公布了交叉点运行数据，比如成都双流机场 A 型图。

跑道 RWY:02L-20R

跑道 RWY	02L	运行数据 OPERATIONAL DATA	跑道 RWY	20R
	3 600	可用起飞滑跑距离 TAKE-OFF RUN AVAIL ABLE		3 600
	3 600	可用起飞距离 TAKE-OFF DISTANCE AVAILABLE		3 600
	3 600	可用加速停止距离 ACCELERATE STOP DISTANCE AVAILABLE		3 600
	3 600	可用着陆距离 LANDING DISTANCE AVAILABLE		3 600

图 3-2　公布距离（单位：m）

（4）图例表，表中对图中主要要素的符号予以说明。
（5）修订表，表内有序号、日期和修订人。
（6）图框内、外注记和图内必要的说明。
机场障碍物图——ICAO A 型（运航限制）见附录五所示。

三、图中要素

本图中所含的要素主要有跑道、停止道、净空道及可用距离，起飞航径区及障碍物。

（一）跑道、停止道、净空道及可用距离

（1）跑道：陆地机场上整备供飞机着陆和起飞用的一块划定的长方形场地。
（2）停止道：在可用起飞滑跑距离末端以外地面上一块划定的经过整备的长方形地区，使其适合于飞机在放弃起飞时能在它上面停住。
（3）净空道：经过修整的使飞机可以在其上空初始爬升到规定高度的特定长方形场地或水面。
由以上可知道面与飞机起飞着陆的关系。但是在计算起飞质量时，并不直接使用这些道面的长度，而是由这些长度构成的可用距离。它们是：
（1）可用起飞滑跑距离（TORA）：公布的可用于并适用于飞机起飞时进行地面滑跑的跑道长度。
（2）可用起飞距离（TODA）：可用起飞滑跑距离加上如设有净空道时净空道的长度。
（3）可用加速停止距离（ASDA）：可用起飞滑跑距离加上如设有停止道时的停止道的长度。
（4）可用着陆距离（LDA）：公布的可用于并适用于飞机着陆时进行地面滑跑的跑道长度。
可用距离与跑道、停止道及净空道长度的关系如图 3-3 所示。

图 3-3　可用距离与跑道、停止道及净空道长度的关系

（二）起飞航径区

起飞航径区为直接位于起飞航径下方地球表面上并对称地位于起飞航径两侧的一个四边形区域，如图 3-4 所示。其特点如下：

（1）起飞航径区的起端为公布可用起飞距离的末端，如跑道端、净空道端。起端的宽度为跑道中线延长线两侧各 90 m，总宽度为 180 m。

（2）起飞航径区宽度为从起端的宽度每侧以 12.5%的扩张率增至最大总宽度为 1 800 m 的梯形，然后保持 1 800 m 宽度延伸。

（3）起飞航径区长度为起飞航径区沿起飞方向延伸至某一点，在此点以远不再有重要的障碍物，或延伸至 10 km，其两者以较短的为准。如果选择起飞航径区梯度为小于 1.2%，应延伸至不少于 12 km，其宽度应保持 1 800 m 不变。起飞航径区的范围如图 3-4 所示。

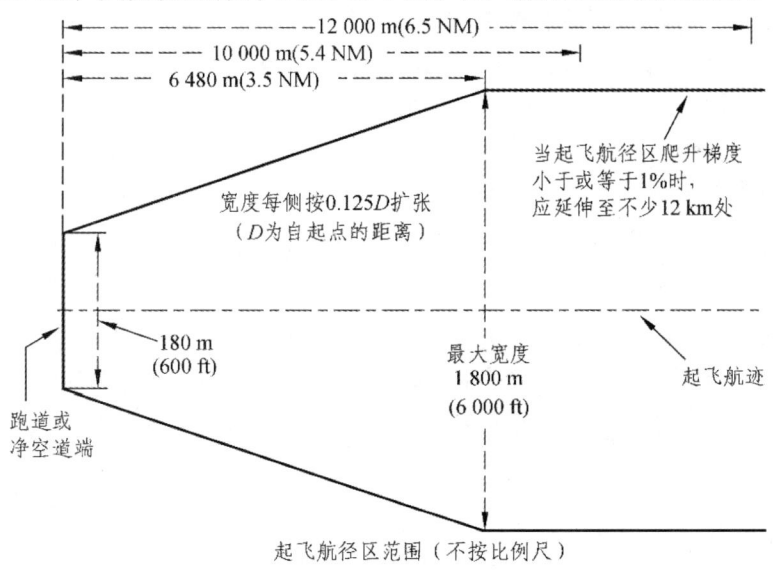

图 3-4　起飞航径区

为避开高大障碍物或不可逾越的空域，可绘制转弯起飞航径区。转弯起飞航径区应标明转弯点位置、转弯点至起飞航径区起点的距离、转弯圆心和转弯半径，以及标出转弯后弯曲部分外面和附近地区的障碍物。从跑道头至位于弯曲部分的障碍物的距离应沿航迹至航迹与实际障碍物垂线的交叉点量取。转弯起飞航径区的图上应增加注记，以说明需要转弯离场的

重要性。示例:"直线离场的前方有高山(或是高大建筑物密集地区或禁航区)需要转弯离场。"此外,起飞航径区如果不以跑道中线延长线为中线时,应加注说明。

(三)障碍物

1. 重要障碍物及其阴影面

在起飞航径区内的障碍物,如果穿透与起飞航径区起点相同的以1.2%坡度(或一个特别批准的梯度)抬升的斜面,为重要障碍物。如果穿透1.2%坡度面的运动障碍物,如船只、车辆等,必须视为重要障碍物,如图3-5所示。

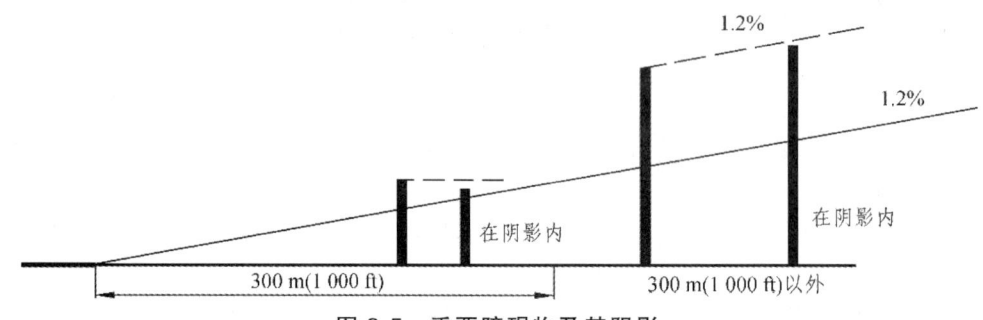

图3-5 重要障碍物及其阴影

每一个重要障碍物在其身后将产生称之为阴影的影响,图中需要标绘穿透障碍物阴影面的重要障碍物。障碍物阴影面为过重要障碍物顶点与起飞航径区中心线成直角的水平线为起端的平面,范围覆盖其后全部航径区,或至下一个高于该阴影面的障碍物所在位置。在离起飞航径区起端300 m内的障碍物阴影面为一个水平面;300 m以外的障碍物阴影面为一个以1.2%梯度(或一个特别批准的梯度)向上抬升的斜面。当一个穿透1.2%梯度面的障碍物处于其他重要障碍物的阴影面之下时,可以不在图上表示出来。可能穿透1.2%坡度面的活动障碍物(火车、汽车等)不产生阴影。此外,起飞航径区内障碍物发生变化时,应重新评估起飞航径区所有穿透1.2%梯度(或一个特别批准的梯度)抬升面的障碍物,如产生阴影的重要障碍物被拆除,则必须标出由于拆除而成为障碍物的物体。

2. 障碍物编号及标注

根据起飞跑道号从航径区起端向远处按磁方位从小到大顺序为障碍物编号。在图中,应按比例绘出起飞航径区平面图中的障碍物。孤立而较远的障碍物可用适当的符号和箭头表示,而不必增加图幅。但应注明该障碍物距跑道远端的距离和方位以及该障碍物的标高。

思考题？

1. 机场障碍物图——ICAO A 型图的作用是什么?
2. 请回答机场障碍物图——ICAO A 型图中各项要素。
3. 简述位于起飞航径区中的重要障碍物定义以及其产生的阴影面原理。

第三节 精密进近地形图

精密进近地形图属于仅用于作计划的航图，是为具备Ⅱ类及Ⅲ类精密进近条件的跑道制作的，为作Ⅱ类和Ⅲ类精密进近的航空器提供最后进近阶段区域内地形剖面的详细资料，以便使航空器航务机构能够判断地形对使用无线电高度表确定决断高度产生的影响。

一、概 述

所有具备了Ⅱ类或Ⅲ类精密进近条件，供民航使用的机场，都应制作精密进近地形图，以提供在划定的最后进近阶段区域内详细的地形剖面资料，使航空器经营部门能估计地形对利用无线电高度表确定决断高度的影响。

精密进近地形图由平面图、剖面图、水平比例尺和垂直比例尺三部分组成。精密进近地形图——ICAO 制图的平面范围为跑道中心延长线两侧各 60 m 宽，从入口沿跑道中心线至 900 m 长；剖面范围为从入口沿跑道中心线延长线至 900 m 长的地形剖面。如果离入口 900 m 以外的地形为山区，或者对本图使用者有重要意义时，剖面图绘制范围可超过 900 m，但不应超过 2 000 m。

本图主要分为平面图和剖面图两部分。平面图主要描绘地形等高线和地物的位置；剖面图描绘跑道中线延长线的地形剖面及其制图区域内对无线电高度表读数有影响或对决断高度有影响的地形地物。制图时，水平比例尺一般选用 1∶2 500，也可根据确定的制图范围选择合适的制图比例尺；垂直比例尺用 1∶500。如果制图范围图幅过大时，水平比例尺可采用 1∶5 000。

二、平面图

1. 平面图的范围

用虚线绘出 120 m × 900 m 平面图的范围，同时用长、点线标出跑道延长线。

2. 跑 道

在图上只标出从跑道入口向内 2 cm 长度的跑道即可，向进近方向标出跑道延长线至图幅结束。

3. 进近灯光系统

当进近灯光中有部分灯光与跑道中线延长线剖面的高度差超过 3 m 时，应标绘全部进近灯光，如图 3-6 所示。

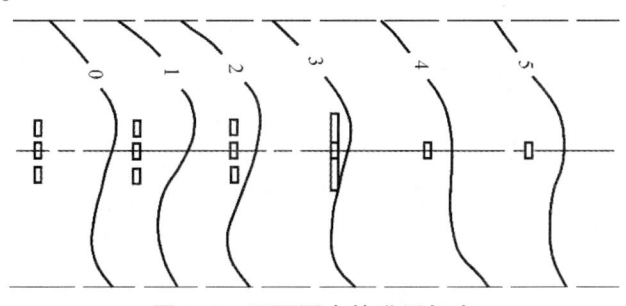

图 3-6 平面图中的进近灯光

4. 等高线

平面图按 1 m 等高距绘制等高线，等高线的注记以跑道入口标高为基准，高于跑道入口为正，注记数字前不用标"＋"号，低于跑道入口标高为负，应在注记数字前标注"－"号，如图 3-7 所示。

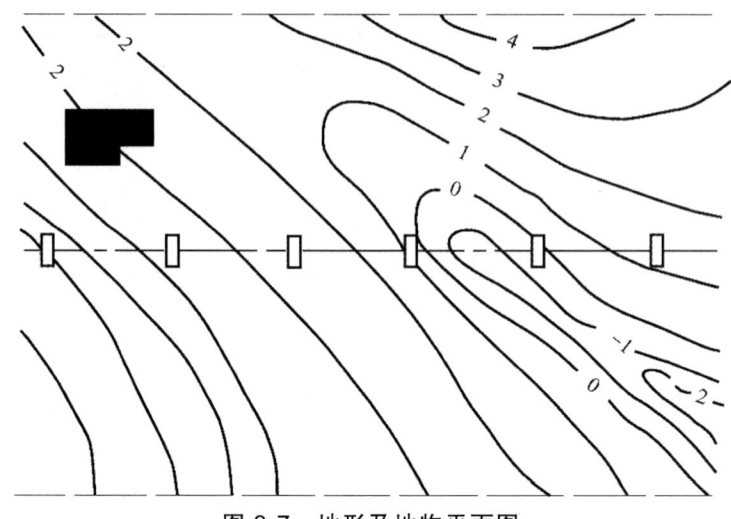

图 3-7　地形及地物平面图

5. 地　物

自然地物和人工地物，如树木和植被、人工障碍物、输电线、栏杆和垣栅等，凡是高差大于或等于 3 m 的，或可能影响无线电高度表变化 ± 3 m 的地物都应在平面图中标出，如图 3-7 所示。

6. 活动障碍物

当精密进近地形图区域内有火车、汽车和船舶等活动物体时，应绘出这些活动障碍物的活动范围，如图 3-8 所示。

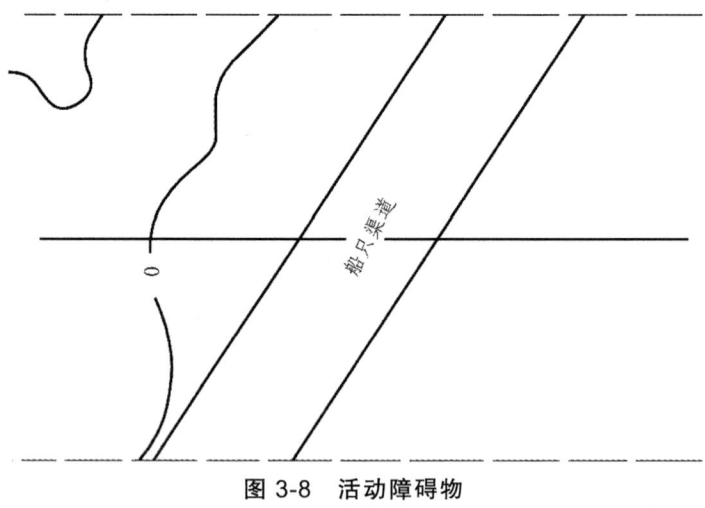

图 3-8　活动障碍物

7. 水　域

水域只描绘水涯线、水域区套 30%网点。

三、剖面图

1. 纵剖面

以平面图的跑道延长线从跑道入口至 900 m 为纵剖面,与跑道延长线相交的地形地物变化线为实线,两侧 ±3 m 的地形、地物外轮廓用虚线。

2. 剖面垂直坐标网格

为了便于直观读取物体位置和高度,应首先确定剖面垂直坐标网格,水平坐标为 25 m 一格,垂直坐标为 2 m 一格;水平坐标以跑道入口向跑道延长线水平延伸至 900 m,垂直坐标与跑道入口中心点垂直,以跑道入口中心点为原点,向上 16~18 m,向下 4~6 m。水平网格注记以跑道入口中心点为原点,每 100 m 注记;垂直网格坐标与跑道入口中心点垂直,以跑道入口中心点为原点,每 2 m 注记。

3. 下滑道

标称下滑道标绘在垂直坐标上,用虚线表示,并用中、英文注记,同时标明下滑角度。在入口的标称高度绘出下滑道(GP)的标称下滑线,长度为 3 cm,并标注下滑角度,精确至 0.1°,如图 3-9 所示。

4. 跑道中心延长线

用 0.3 mm 实线绘出跑道中心延长线的剖面图,直到 900 m(如需要可到 2 000 m)。

5. 进近灯光

如果进近灯光全长或部分灯光与跑道中心线剖面高差为 ±3 m,应标绘出来,并应用符号注明高出跑道入口 3 m 的进近灯光,如图 3-10 所示。

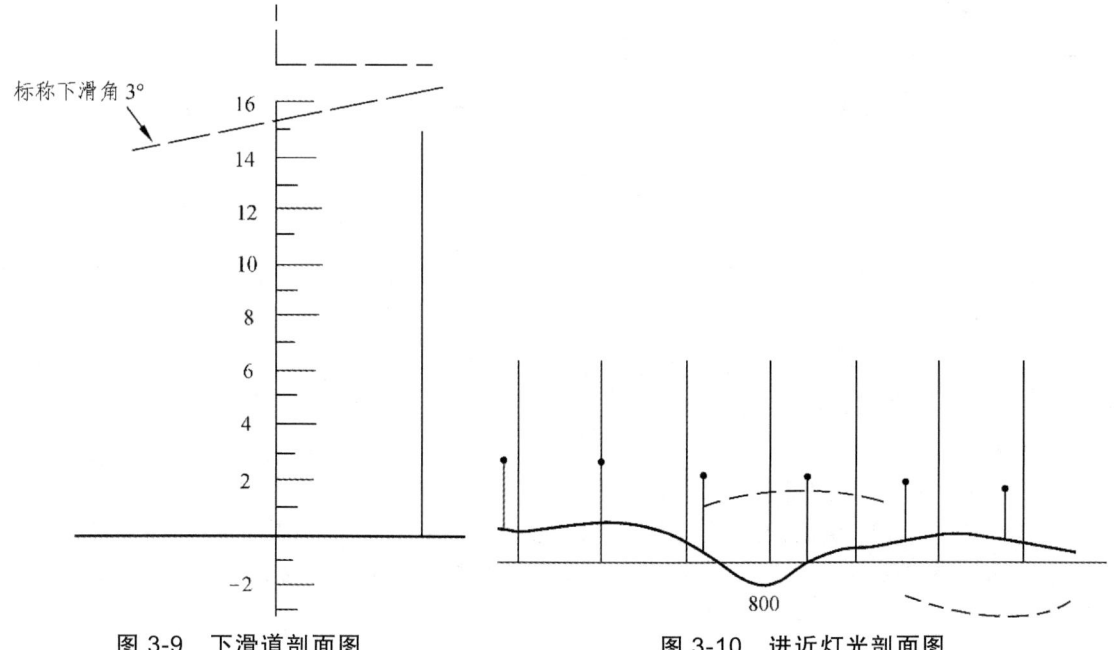

图 3-9　下滑道剖面图　　　　图 3-10　进近灯光剖面图

6. 地形剖面图

标绘从跑道着陆入口起、沿跑道中心线的延长线延伸至 900 m 的地形剖面图,为了确定剖面线,从跑道中心延长线与等高线的交点,水平投影到剖面图相应位置上,等高线的实际高度截取在垂直坐标上,将这些点用实线连起来,得到距跑道 900 m 延长线上的地形剖面线。用短虚线在剖面图上绘出与中心线相差 ± 3 m 的地形,如图 3-11 所示。

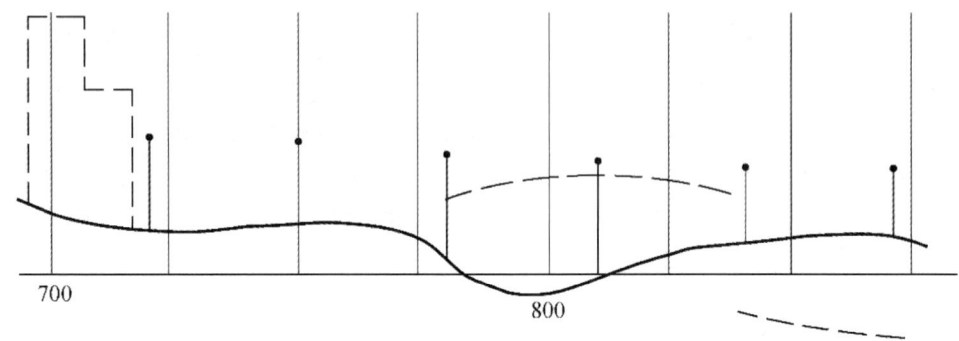

图 3-11　地形及地物剖面图

7. 地　物

应用短虚线在剖面图上绘出跑道中线延长线以外与中线延长线剖面高度相差 ± 3 m 的地物,如图 3-11 所示。

8. 活动障碍物

应用短虚线在剖面图上绘出活动障碍物,并应将活动障碍物整个活动范围绘在剖面图上,并注明"活动障碍物",如图 3-12 所示。

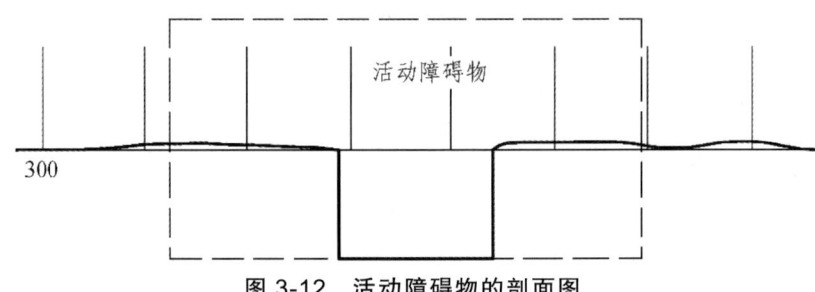

图 3-12　活动障碍物的剖面图

9. 水涯线

水涯线在剖面图中应处于最低的位置,一般低于跑道入口,在剖面图上的应表示。如果是海岸,应注上有关潮水涨落的误差警告,绘出涨潮和落潮的剖面,并注上"注意潮水涨落"字样,如图 3-13 所示。

此外,计量单位注记在精密进近地形图——ICAO 图框内。图例位于精密进近地形图——ICAO 图框内的左下角。修订记录表位于精密进近地形图——ICAO 图框内的右下角,修订记录表内容包含修订项目和修订人。当平面图内的地形和障碍物变化超过 ± 0.6 m 时,应对图进行修订并记录。

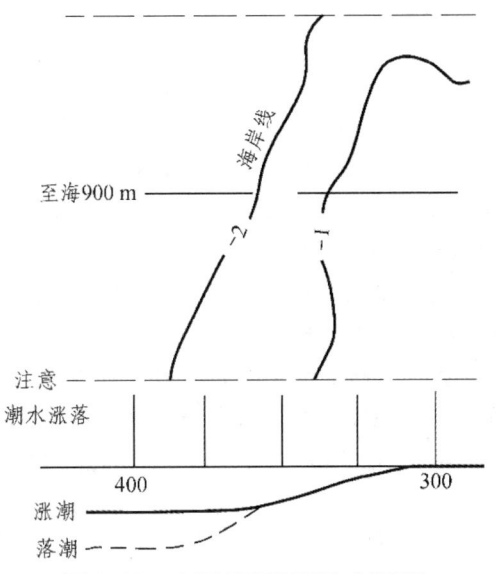

图 3-13 水涯线平面图和剖面图

同时,在精密进近地形图——ICAO 图框的外面中间位置要有图名注记,机场名及跑道号注记在图框外的右上角。出版单位、出版日期及生效日期注记在图框外的下面。

精密进近地形图——ICAO 见附录五。

思考题

1. 简述精密进近地形图的水平和垂直比例尺以及制图范围。
2. 请回答精密进近地形图中的各项要素。

第四节 航路图、区域图

凡是已建立飞行情报区的区域必须将提供空中交通服务的所有航路绘制成航路图,以提供全部航路飞行的空中交通服务资料以及保证飞行安全的资料,使飞行符合空中交通服务程序的要求。

航路图所包括的地区不同,各地区资料密集程度也不同,因此不能规定一个统一的比例尺。选用的比例尺应大到足以清楚地标绘出所有必要的资料即可。即使如此,在一幅图中,不同的空中交通服务航路和位置报告点的要求是不尽相同的。特别是在一些繁忙机场附近,报告点及航路导航台非常复杂、密集,在航路图上,不可能予以充分绘制。这样,就应将这一区域绘制成区域图。在这种情况下,航路图不需要重复区域图中的内容。

一、航路图

(一) 目的与要求

航路图是为机组提供便于沿空中交通服务航路飞行的资料，使之符合空中交通服务程序的要求而制作的。由于空中交通服务航路不同，位置报告要求、飞行情报区域或管制区域的横向限制在空域的不同层次内也随之不同。如果这些资料不可能在一张图上充分而清晰地标绘出来，那么，应分别绘制几张航路图来提供这些资料。例如，一张高空图、一张低空图。

由于纸张尺寸的限制，有些连续航路结构可能被分成几幅相互衔接的航路图。这些相互衔接的航路图比例尺最好一致。如无法一致时，比例尺不应相差太大。同时，相邻图幅之间应有 2 cm 以上的接边资料重叠，以保证领航的连续性。图幅编号方式如下：

（1）航路图系列用英文字母"ERC"后接数字进行编号，如"ERC 1"表示第一幅航路图。

（2）高空航路图系列用英文字母"ERC H"后接数字进行编号，如"ERC H1"表示第一幅高空航路图。

（3）低空航路图系列用英文字母"ERC L"后接数字进行编号，"ERC L1"表示第一幅低空航路图。

（4）高/低空航路图系列用英文字母"ERC H/L"后接数字进行编号，"ERC H/L1"表示高/低空第一幅航路图。

在制作航路图时，应采用正轴等角双标准纬线圆锥投影（如兰伯特正形圆锥投影）。航路图通常采用 1∶200 万至 1∶500 万比例尺绘制，同一系列的航路图宜采用相同比例尺。目前，我国的航路图分成 6 幅，采用的比例尺为 1∶250 万。

(二) 航行要素

1. 机　场

航路图是为整个制图区域内的飞行服务的，它包括区域内的任何一个民航机场以及可供民航使用的军用机场。因而，在航路图上应标出供民用飞机使用的所有能进行仪表进近的机场。在航路图中，机场采用如表 3-1 所示的符号表示。

表 3-1　机场符号及注解

序号	名称	图例
1	民用机场	⊕
2	军用机场	◎
3	军民合用机场	◎
4	民用水上机场	⚓
5	民用直升机场	Ⓗ
6	军用备降机场	○

2. 限制区域

禁区（P）、限制区（R）和危险区（D）这些限制区域，影响到航路的设置及飞行的安全。在航路图上，应将与空域高度有关的禁区（P）、限制区（R）和危险区（D）及其范围、识别标志和垂直限制标注清楚，如图3-14所示。

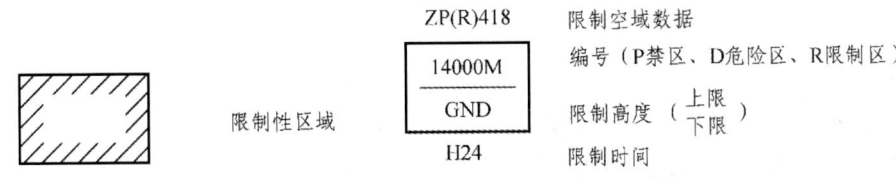

图 3-14 禁区、危险区限制区符号及注解

3. 空中交通服务系统

空中交通服务系统是航路图要表示的主要内容，它大体上可以分为导航设备资料、航路资料和空域资料三大类。

1）导航设备

导航设备在民航运输飞行中起着非常重要的作用，没有它们，民航运输将处于瘫痪状态。导航设备的种类很多，各种设备要求有对应的机载设备。飞行人员必须根据所驾驶航空器的性能，来选择不同导航设备的航路。因此，航路图中应注明导航设备的类型和导航设备的特性，如频率、呼号、坐标等。

常见的导航设备的符号及注释见表3-2。

表 3-2 无线电导航设备符号及其注释

符号	含义	符号数据	注释
（VOR/DME 符号）	甚高频全向信标台（VOR）和测距台（DME）合装	GUANZHUANG 114.7 PEK CH 94X N40 03.0 E116 44.0	VOR/DME 数据框 台名 频率（MHz）、识别 莫尔斯电码 测距频道 地理坐标
（VOR 符号）	甚高频全向信标台（VOR）	九洲 117.2 ZAO N22 14.8 E113 36.7	VOR 数据框 台名 频率（MHz）、识别 莫尔斯电码 地理坐标
（NDB 符号）	无方向性无线电信标台（NDB）	河西 319 SB N27 44.3 E102 10.0	NDB 数据框 台名 频率（kHz）、识别 莫尔斯电码 地理坐标
（VOR/DME+NDB 符号）	VOR/DME 与 NDB 在同一位置	醴陵 112.4 LIG CH 71X N27 39.0 E113 30.9 N27 39.1 E113 39.8	VOR/DME/NDB 数据框 VOR/DME 数据（蓝色） NDB 数据（绿色）

在对导航设备注记时，NDB 台应注明导航台的名称或"LOM"（当 NDB 为机场的远台时）、呼号、频率及地理坐标（若 NDB 在机场，则不标注坐标）；VOR 台应注明台名、频率、坐标；DME 台应注明台名、呼号、波道及坐标，以及以 30 m（100 ft）取整的 DME 发射天线的标高。对于两种或 3 种导航设备安装在同一位置或由于距离太近而无法分别表示的，将各设备的数据舍去重要部分，按 VOR、DME、NDB 的排列顺序表示出来。

2）空域资料

空域资料是指各种飞行指挥区和飞行情报区的名称、空间范围及提供服务的单位、服务频率等。航路图中，必须将空域资料表示出来，以便飞行人员掌握这些资料，保证飞行的安全。空域资料的表示方法如图 3-15 所示。

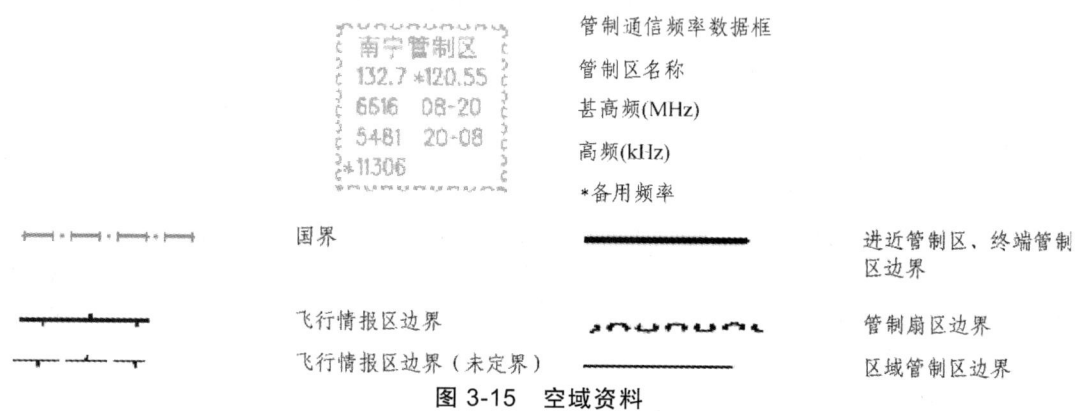

图 3-15　空域资料

3）航路资料

飞机在航线飞行时，除了需要导航设备资料外，还必须得到所飞航线的各种领航数据和空管数据，如航向、距离、巡航高度、最低安全高度、位置报告点等。

（1）航路和航线。航路和航线的相关符号和表示方法如图 3-16 所示。

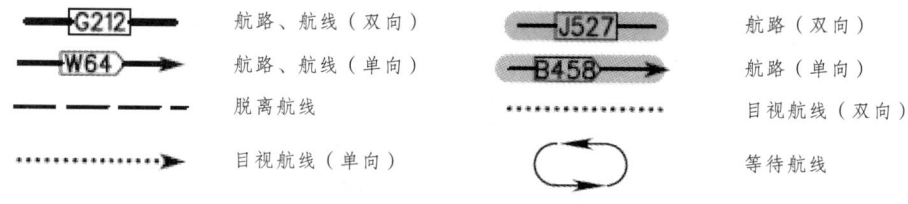

图 3-16　航路和航线

图 3-16 中的等待航线一般在飞行流量比较大的机场的空中走廊口位置，是为空管人员安全而有秩序地调配飞机而建立的；目视航线要求飞行人员在航线飞行时，根据天地线、地标来判断飞机的姿态、位置。

（2）航路资料。航路资料的相关符号和表示方法如图 3-17 所示。

对于那些距离太短，无法注记航路数据的航路，可采用数据框的形式注记航路数据。如 107°/287° 23(12)815，其中：107°/287°为航路的两个方向的磁航线角；23（12）为航路的长度，23 这个数字的单位为千米，（12）这个数字的单位为海里；815 为航路的最低安全高度，单位为米。

强制报告点是飞机到达该点上空时，必须向空管人员报告；要求报告点是飞机到达该点上空时，根据要求向航管人员报告，如图 3-18 所示。

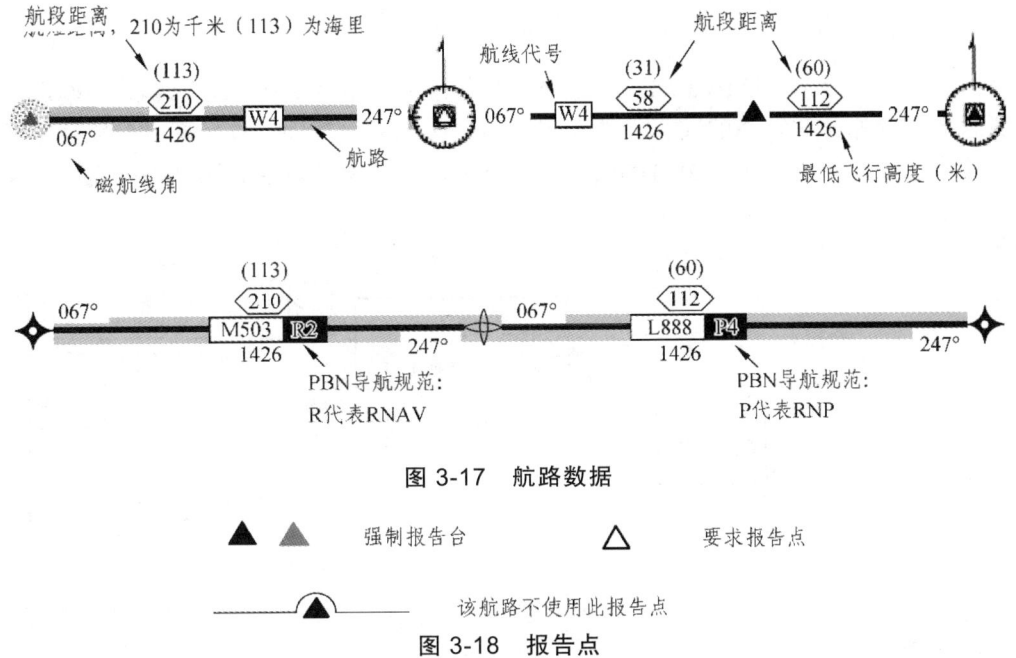

图 3-17 航路数据

在航路图上，还需注明报告点的名称或编号及其地理坐标，如：

P166　　　　　　　广宁
N24 23.7　　　　　N23 43.0
E111 17.4　　　　　E112 34.0

航路图除了以上内容外，还包括：以千米和海里为单位，绘制的公制和英制两种制式的图解比例尺，出版单位和制图时间；以及图名、图的编号、投影方法、数字比例尺、资料截止日期、分幅方法和图例等内容。

（三）其　他

一切开阔水域、大的湖泊和河流的示意性岸线及海岸线应适当地描绘在航路图上。这些资料对飞行安全有很大的帮助。此外，在航路图上须绘出等磁差线，如图 3-19 所示。在底图上，绘出图幅内所有偶数经线和偶数纬线，并在 4°的整数倍经纬线上，每 30′绘一长刻划；每 10′绘一中刻划；每 5′绘一小刻划。在 2°经纬差组成的经纬网格中部，还应注明区域最低安全高度。为了满足看图者的需要，在航路图上还需标绘走廊及其编号和宽度、注记编号及区域图范围，如图 3-19 所示。

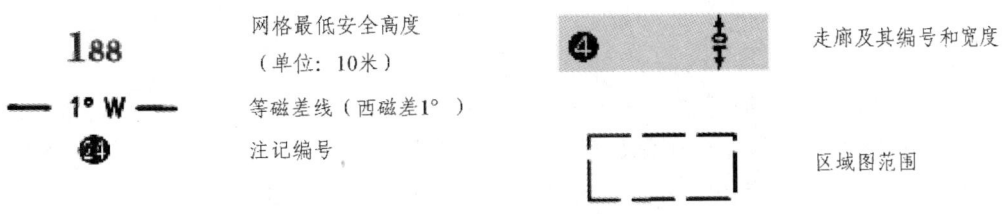

图 3-19 航路图中的其他图例

航路图的例图见附录五。

（四）我国航路航线代号的组成及其使用规定

我国航路航线分为：国际（地区）航路航线、国际（地区）区域导航航路、不涉及周边国家或地区的对外开放航路航线、不涉及周边国家或地区的对外开放区域导航航路、对外开放临时航线、国内航路航线、国内区域导航航路、国内进离场航线、国内临时航线等9类，如图3-20所示。

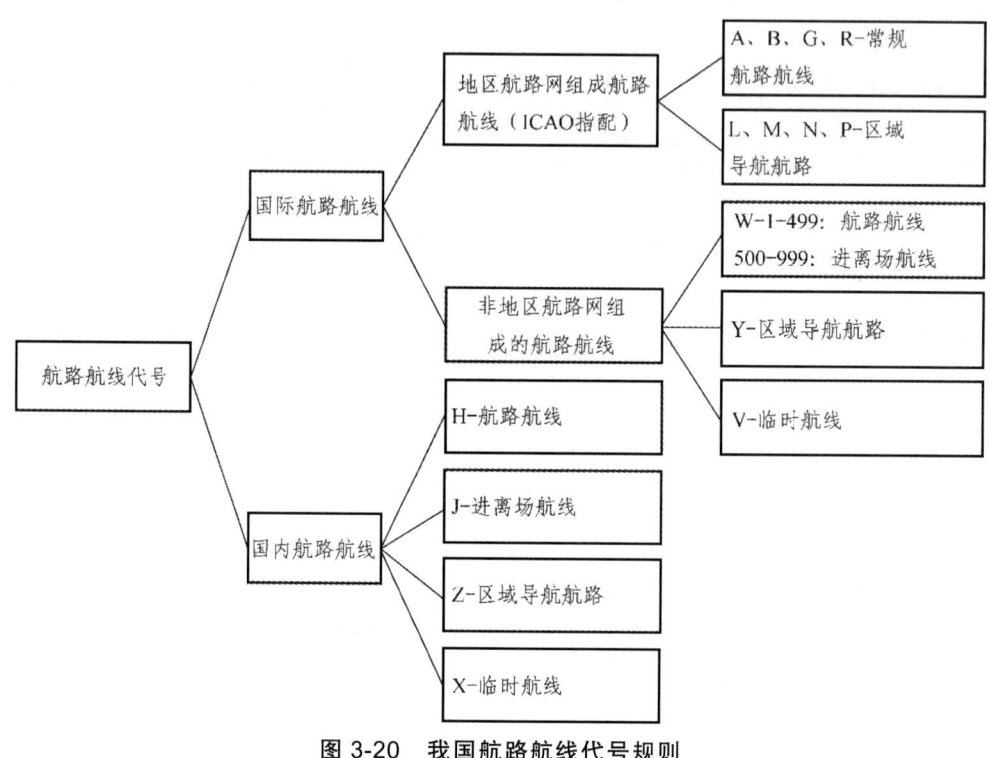

图3-20 我国航路航线代号规则

1. 航路航线代号组成

航路航线代号包括一个表示属性的字母，后随1~999的数码。A、B、G、R表示国际（地区）航路航线；L、M、N、P表示国际（地区）区域导航航路；W表示不涉及周边国家或地区的对外开放航路航线（含进离场航线）；y表示不涉及周边国家或地区的对外开放区域导航航路；V表示对外开放临时航线；H表示国内航路航线；Z表示国内区域导航航路；J表示国内进离场航线；X表示国内临时航线。其他类型的航路、航线代号原则上参照国际民航组织的有关规定执行。

2. 航路航线代号指配

航路航线代号本着尊重历史、方便实用的原则进行指配。以字母A、B、G、R、L、M、N、P开头的航路航线代号，由国际民航组织协调指配。以W、Y、V、H、Z、J、X开头的航路航线代号，由民航局提出方案，由有关部门负责指配。原则上，W1~W499为对外开放的航路航线，W500~W999为对外开放的进离场航线。

3. 航线（航段）代号的使用

某一航线（航段）有几个航线（航段）代号时，选用航线（航段）代号应与下一段所飞航线（航段）相一致；若该航线（航段）的几个航线（航段）代号与下一段所飞航线（航段）代号不相同时，选用航线（航段）代号的优先级，通常为 A、B、G、R、L、M、N、P、W、H、J、V 顺序排列，并优先选择距离长的航线（航段）代号。

二、区域图

（一）目的与要求

如果一个或几个机场周围的航站区域内的空中交通拥挤到需要对具体的进场、离场航路和过境航路加以管制，以保证航空器在该区域着陆、起飞或飞越时能安全和有效地运行，同时，在这个区域内的空中交通服务航路或位置报告，无法清楚地标绘在航路图上时，在这种情况下，需要提供区域图，以帮助机组能安全地完成：①航路阶段和进近阶段至机场之间的过渡飞行；②起飞、复飞和航路飞行阶段之间的过渡飞行；③通过复杂的空中交通服务航路或空域结构复杂地区的飞行。

区域图可以当作航路图的部分扩大或"放大"，如附录五所示。区域图的覆盖范围视所在区域制图要素的复杂程度而定，应延伸达到有效地标出进离场航线。离场航线通常从跑道末端开始，到沿指定的空中交通服务航路飞行的航路阶段开始的那个重要点上终止；进场航线从飞行的航路阶段终止的那一点开始，并在飞行的进近阶段起始的那一点终止。

区域图的比例尺通常采用 1∶250 000～1∶2 000 000。使用的比例尺应保证能够清楚地标出所需的数据即可。

区域图的编号由制图区域内的主要机场四字代码加数字和（或）英文字母组成，格式为：××××-××，如 ZUUU-1A，ZGGG-1A。

（二）航行要素

区域图上的航行要素及其他内容与航路图绝大部分内容的表示方法一样，请参照航路图相应部分的内容。区域图与航路图不同的地方主要有：区域图增加了进近管制区边界、机场塔台频率表和空中走廊及其编号等内容。

详细情况见附录五。

思考题？

1. 请查阅航路图，设计一条从成都天府机场飞往上海虹桥机场的航路航线，并详细描述飞行途经的飞行情报区、航线代号、航段距离、最低航线高度和最低经纬度网格高度。

2. 描述航路图与区域图之间的关系。

3. 请简述航路图中哪些航图要素与飞行安全相关。

第五节　标准仪表离场/进场图

在交通繁忙的机场，进出的航空器非常多，必须对进出的航空器规定各自的飞行路线，才能确保机场周围空域的空中交通秩序，同时，也可大大减少管制员的工作量以及陆空通话时间，这些进出港航线称为标准仪表进场航线和标准仪表离场航线。在中等繁忙的机场，由于标准仪表进场和标准仪表离场航线并不复杂，我们就在区域图中加以公布，只有当区域图中无法描绘清楚的时候，我们才将其单独成图，这就是标准仪表离场图和标准仪表进场图。图幅编号由机场地名四字代码加一位数字和一个英文字母组成。格式为：××××-××，如 ZUUU-3A，ZGGG-3A；ZUUU-4A，ZGGG-4A。

标准仪表离场图和标准仪表进场图应采用直线接近大圆的正形投影。兰伯特正形圆锥投影非常适合作为绘制此类航图的基础。投影类型不需要显示在航图上。

一、标准仪表离场图

（一）目的与要求

标准仪表离场图（Standard Instrument Departure，SID）是向机组提供资料，使其能够从起飞阶段到航路阶段遵照指定的标准仪表离场航线飞行。离场航路通常开始于跑道端，结束于一个指定的重要点。从该点开始，就是沿一条指定的空中交通服务航路飞行的航路阶段，如图 3-21 所示。设计出的标准仪表离场航线应当满足：① 适合航空器的性能；② 适合通信失效程序；③ 上升和下降的限制减至最少；④ 使用的导航设备在数量上越少越好。⑤ 航线代号按统一规定。

标准仪表离场图的覆盖范围应能清楚地表示起飞跑道至加入航路的那一点，包括各定位点之间航段的情况。标准仪表离场图一般采用单色印刷。如果按比例尺绘制时，其比例尺应根据离场航线所涉及的范围以及图幅尺寸确定，通常采用 1∶500 000～1∶1 000 000 比例尺，并在图中适当的位置绘出线段比例尺。此外在图上还需标绘经纬网格，根据离场航线的分布情况以及机场和有关导航台的地理位置，确定所需绘制的经纬网格的间隔，并在图框边标注其经纬度数值。如果不按比例尺绘制，应在图中适当的位置标明"不按比例"（NOT TO SCALE），但各个离场航线的方位应与实际基本相同。此外，如果采用变比例尺绘制时，因制图的图幅太小，部分方向的航迹不按比例尺绘制，则应在该航迹上和航图的其他方向使用比例中断符号。

如果起飞离场梯度超过 3.3%，图中应标绘离场各个航段的控制障碍物。

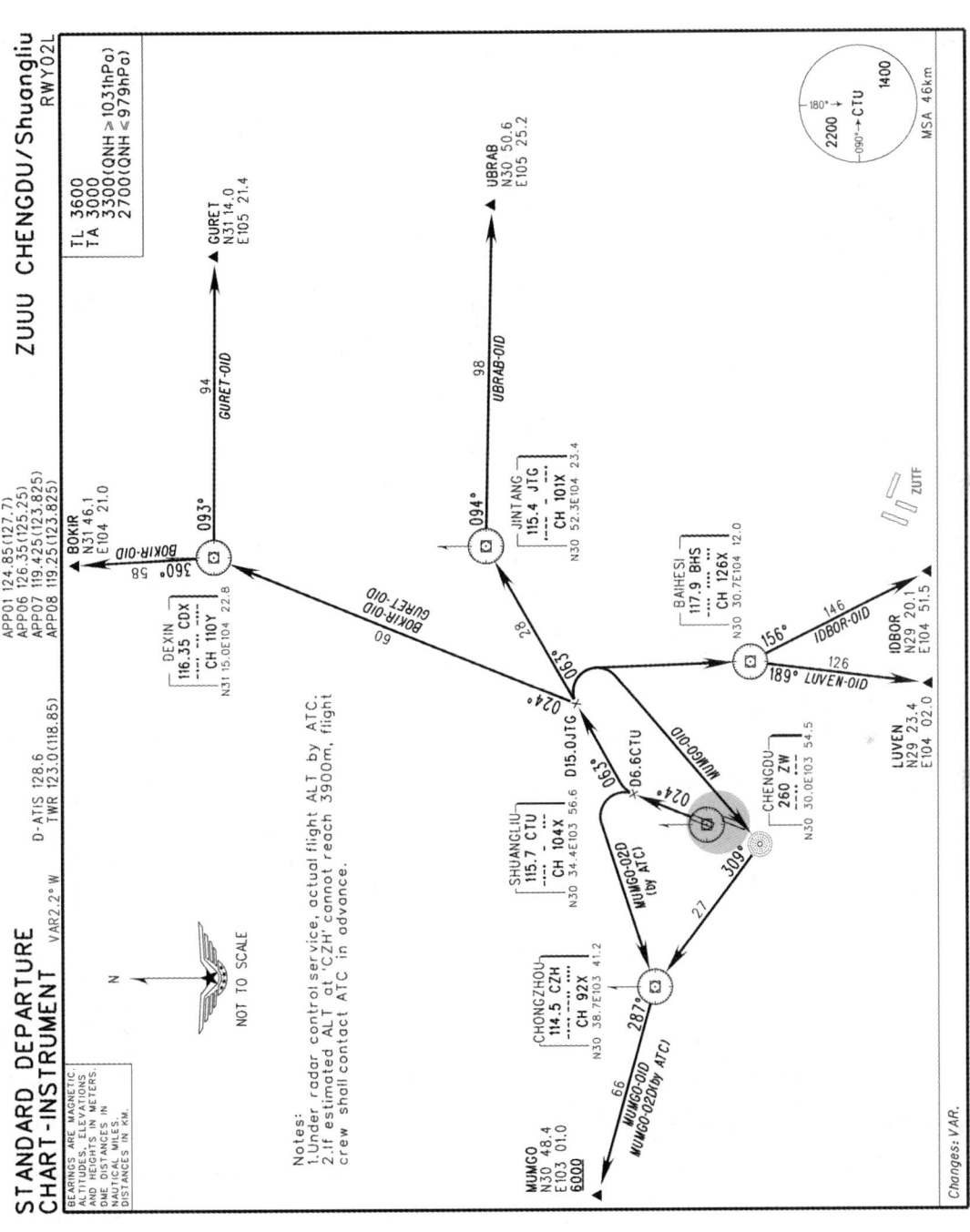

(a)

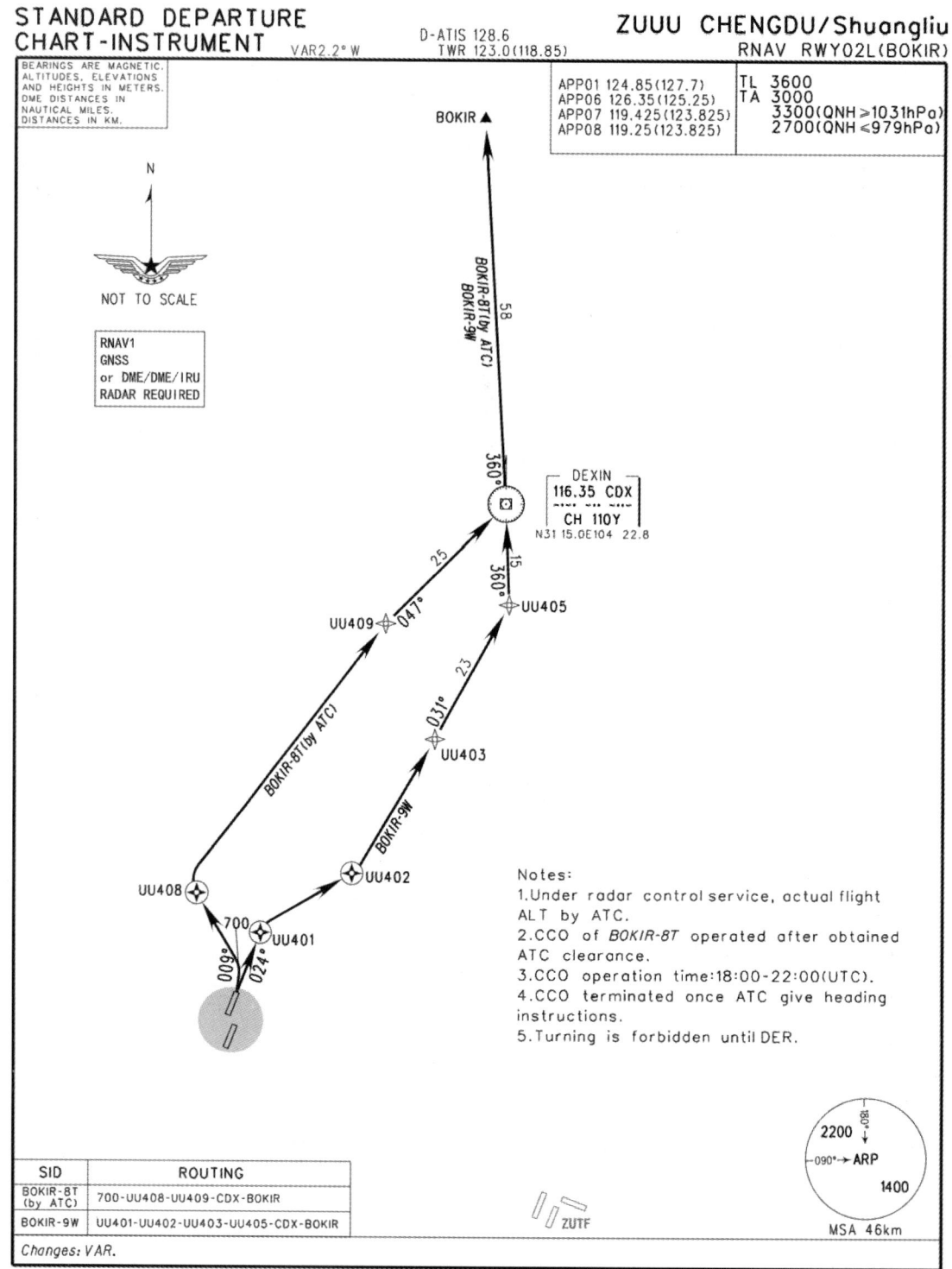

(b)

图 3-21 标准仪表离场图

(二)航行要素

1. 跑　　道

起飞机场的所有跑道均应按跑道图形绘出。制图范围内的其他机场的跑道也应绘出其轮廓，但使用的符号应与起飞机场跑道有明显区别。如果跑道长度按比例尺绘制，跑道宽度可适当放大。

2. 限制区域

对可能影响执行程序的禁区、限制区和危险区及其识别标志和垂直限制，都必须标出。

3. 空中交通服务系统

空中交通服务系统是飞行员在起飞离场飞行时必不可少的资料，没有它飞行人员将无法进行飞行。在起飞至加入航线飞行之间，飞行员工作量较大，为了确保飞行安全，与离场航线无关的资料，应尽可能地减少，以降低图幅的负载量，使图面简洁明了，以免分散飞行员的注意力，增大额外工作强度。

（1）无线电导航设施。为起飞离场程序提供航迹引导的导航设施以及程序中各个定位点定位时需要使用的导航设施均应在图中绘出，并注明无线电导航设施的名称、频率、识别、莫尔斯电码、地理坐标。如果有使用限制，宜说明。

（2）航迹。航迹、方位和径向方位应以磁北为基准。图中应用线状符号描绘航迹线，并注明离场航线代号。离场航线代号有两种表示方法：一种是英文字母"D"加数字编号作为离场航线的代号（如D—01，D—02）；另一种是用离场航线所使用的导航台呼号加上数字编号及英文字母"D"来表示（如JH—1D、HG—2D）。

所有航迹线的直线段应在起始位置注明飞行的磁航迹。如果离场程序中某些航段对航空器的类型有所限制，则应注明可以使用的航空器类型。应在图中标注所有航线段和航线段中的定位点对航空器飞行高度的限制。盘旋爬升航线应注明出航边飞行时间和两次过台的高度。所有航线段均应注明航段距离、程序所要求的飞行最低超障高度及有规定的飞行高度限制。离场程序中，使用雷达引导航空器飞行的航线段应使用雷达引导航线符号。用于支持导航数据库编码的数据应在图中或另页公布。

（3）定位点。定位点应使用与其类型相一致的符号表示，并注明定位点名称。采用交叉定位方法确定其位置的定位点，应标明定位点与导航台的方位关系或距离，宜标明所使用的导航台的识别。区域导航程序，其航路点还应提供地理坐标。

（4）限制空域。宜标绘出制图范围内的所有限制空域及其相关数据。

（5）扇区最低安全高度。图中应标注扇区最低安全高度。应在图中注明扇区中心导航台的识别，并表示出扇区的起始和结束方位，同时标注沿该方位线向台飞行时的磁航向和注明每一个扇区的最低安全高度。

（6）过渡高度和过渡高度层。图中应标绘使用机场修正海平面气压（QNH）的水平区域边界，并注明过渡高度和过渡高度层。

（7）磁差。图上应注明磁差。对于较复杂的离场程序宜在图上用文字说明。应在图上公布相关的通信失效程序。

（三）图框外注记

（1）图名。用加粗字体注记图名，如图 3-21 所示。

（2）无线电通信频率。在图框正上方，用表格方式注记飞行人员可能使用的无线电通信频率。

（3）地名和机场名。用加粗字体注记机场所在城市的名称和机场的名称，示例：北京/首都。

（4）跑道号。在地名和机场名之下，应注记起飞所使用跑道的跑道编号，示例：RWY 18L。

（5）出版单位。应注明图的出版单位。

（6）出版日期和生效日期。应注明图的出版日期和生效日期。

（7）图幅编号。应注明图幅编号。

二、标准仪表进场图

（一）目的与要求

标准仪表进场图（Standard Arrival Chart，STAR）与标准仪表离场图一样，当机场设立了标准仪表进场航线，而又无法在区域图上绘制清楚时，应提供标准仪表进场图。标准仪表进场图是为机组提供从航路阶段过渡到进近阶段的资料，使其能够从航路阶段至进近阶段遵照规定的标准仪表进场航线飞行。进场航路通常在仪表进近开始之点终止，因而标准仪表进场图的覆盖范围应能清楚地表示航路终点至起始进近定位点的各航段情况。

标准仪表进场图一般采用单色印刷，按比例尺绘制，其比例尺应根据进场航线所涉及的范围以及图幅尺寸确定，通常采用 1∶500 000～1∶1 000 000 比例尺，并在图中适当的位置绘出线段比例尺。如果不按比例尺绘制，应在图中适当的位置标明"不按比例"（NOT TO SCALE），但各个进场航线的方位应与实际基本相同。此外，如果采用变比例尺绘制时，因制图的图幅太小，部分方向的航迹不按比例尺绘制，则应在该航迹上和航图的其他方向使用比例中断符号。当起始进近定位点附近图素过于拥挤时，拥挤部分可放大比例尺，但图素之间的相对关系不变。

（二）航空要素

1. 跑　道

着陆机场的所有跑道均应按跑道图形绘出。制图范围内的其他机场的跑道也应绘出其轮廓，但使用的符号应与着陆机场跑道有明显区别。如果跑道长度按比例尺绘制，跑道宽度可适当放大。

2. 限制区域

对可能影响执行程序的禁区、限制区和危险区及其识别标志和垂直限制，都必须标出。

3. 空中交通服务系统

空中交通服务系统是飞行员在飞行时必不可少的资料。飞行员经过长时间的航行后，开始进场飞行时,已经相当疲劳。同时,在进场飞行时,飞行员需要为进近和着陆做准备;加上机场的交通流量大,为了确保安全,与该进场程序无关的资料,应当尽量减少,以降低图幅中的负载量,以免分散飞行人员的注意力,增大劳动强度。

(1)无线电导航设施。应在图中绘出为进场程序(含等待程序)提供航迹引导的导航设施,并注明无线电导航设施的名称、频率、识别、莫尔斯电码、地理坐标。如果有使用限制,宜说明。

(2)航迹。航迹、方位和径向方位应以磁北为基准。图中应用线状符号描绘航迹线,并注明进场航线代号。进场航线的航线代号有两种表示方法:一种是英文字母"A"加上数字编号,如 A—01,A—02 等;另一种是进场使用的导航台呼号加上数字编号及英文字母"A",如 PM—2A,YB—3A 等。

应在所有航迹线的直线段起始位置注明飞行的磁航迹。如果进场程序中某些航段对航空器的类型有所限制,则应注明可以使用的航空器类型。应在图中明确地标注航线段中定位点对航空器飞行高度的限制。等待航线应注明出航限制和最低等待高度。所有航线段均应注明飞行距离。进场程序中,使用雷达引导航空器飞行的航线段应使用雷达引导航线符号。用于支持导航数据库编码的数据应在图中或另页公布。

(3)定位点。定位点应使用与其类型相一致的符号表示,并注明定位点名称。采用交叉定位方法确定其位置的定位点,应标明定位点与导航台的方位关系或距离,宜标明所使用的导航台的识别。区域导航程序,其航路点还应提供地理坐标。

(4)限制空域。宜标绘出制图范围内的所有限制空域及其相关数据。

(5)扇区最低安全高度。图中应标注扇区最低安全高度。应在图中注明扇区中心导航台的识别,并表示出扇区的起始和结束方位,同时标注沿该方位线向台飞行时的磁航向和注明每一个扇区的最低安全高度。

(6)过渡高度和过渡高度层。图中应标绘使用机场修正海平面气压(QNH)的水平区域边界,并注明过渡高度和过渡高度层。

(7)磁差。图上应注明磁差。

对于较复杂的进场程序,宜在图上用文字说明。应在图上公布相关的通信失效程序。

(三)图框外注记

(1)图名。用加粗字体注记图名。

(2)无线电通信频率。标注进场、进近、复飞和等待飞行过程中飞行人员使用的无线电通信频率。

(3)地名和机场名用加粗字体注记机场所在城市的名称和机场的名称,示例:北京/首都。

(4)跑道号。在地名和机场名之后,应注记着陆所使用跑道的跑道编号,示例:RWY 18L。

(5)出版单位。应注明图的出版单位。

(6)出版日期和生效日期应注明图的出版日期和生效日期。

(7)图幅编号。应注明图幅编号。

标准仪表进场图如图 3-22 所示。

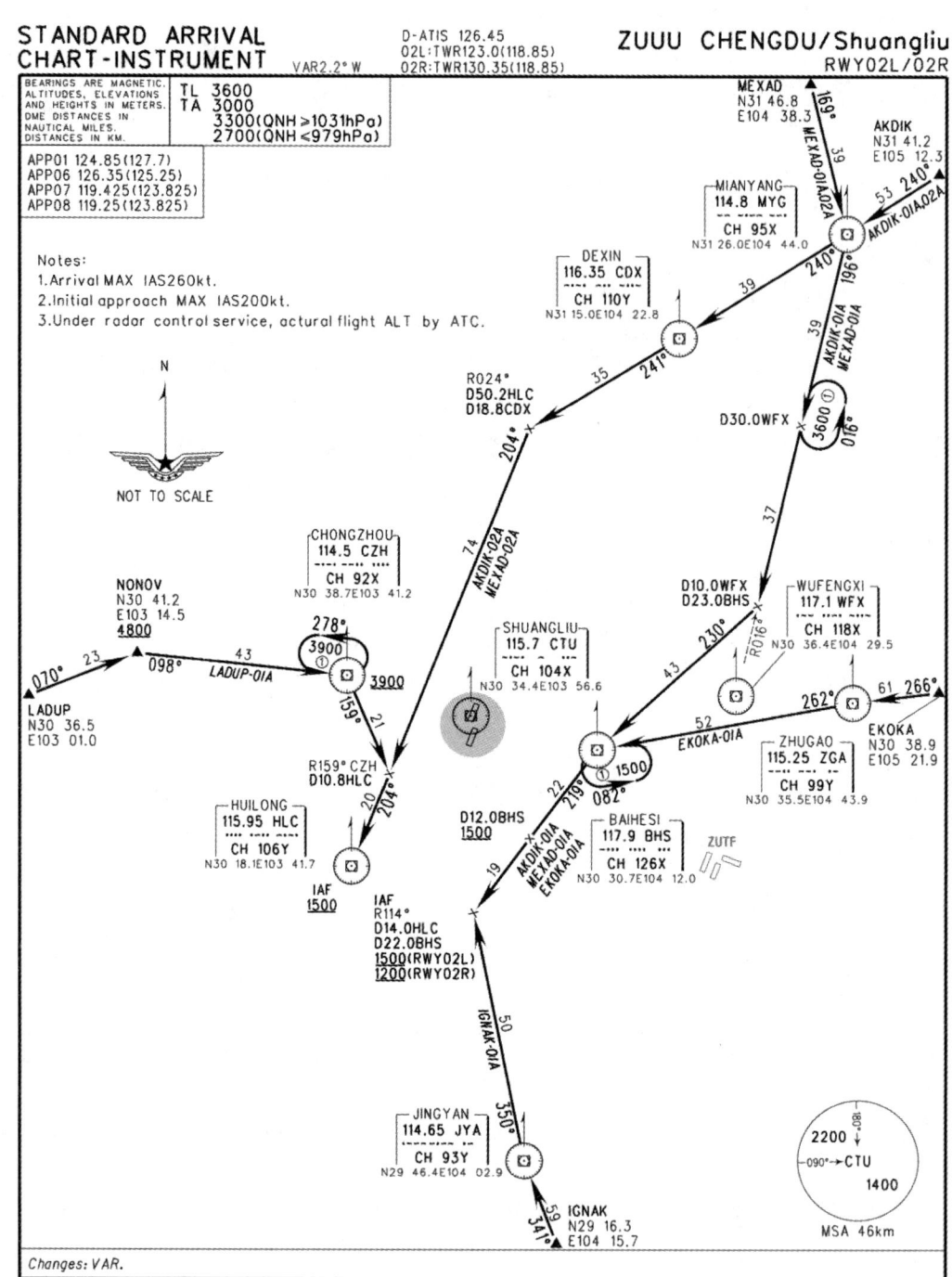

(a)

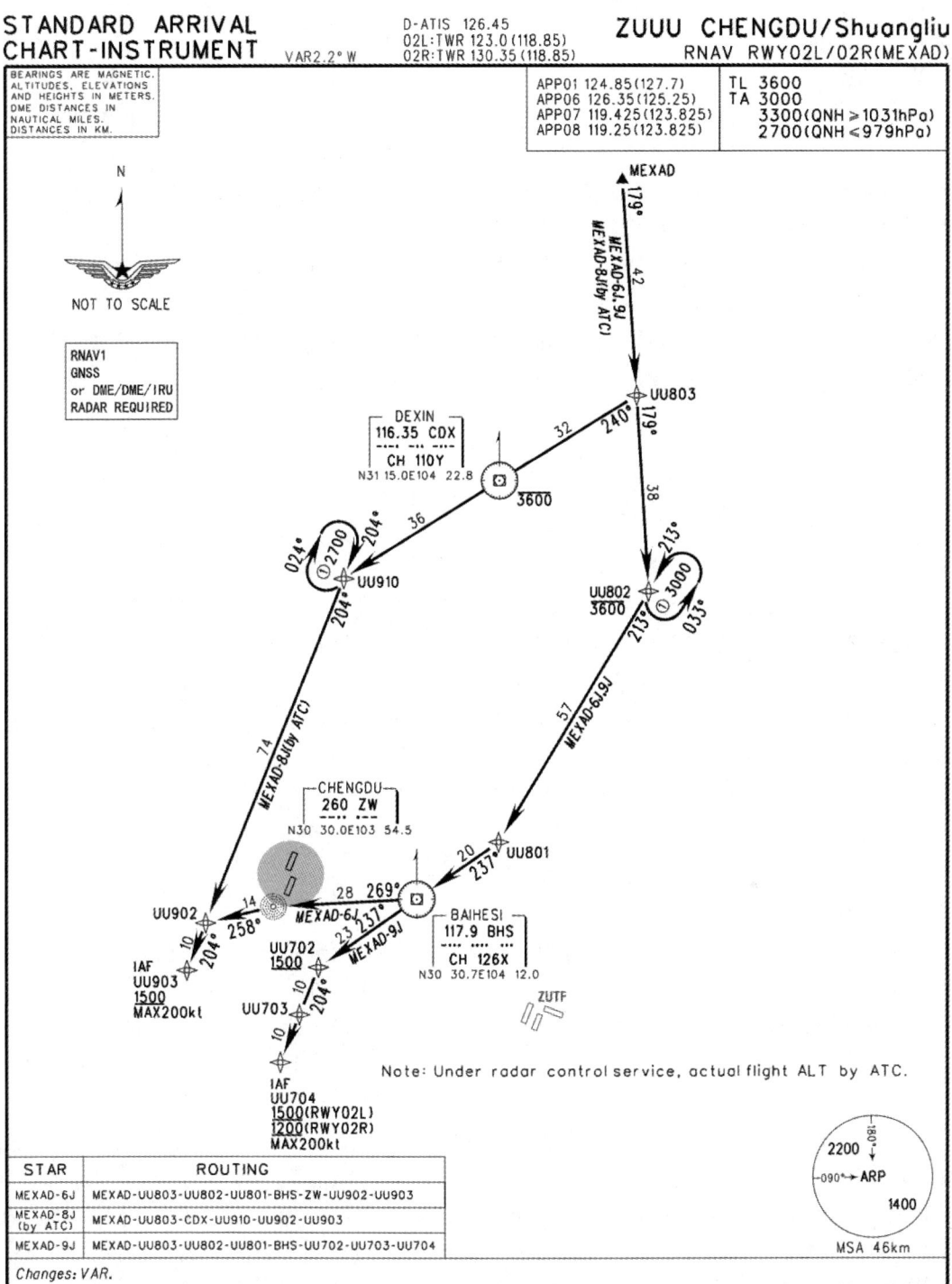

图 3-22 标准仪表进场图

思考题?

1. 参考本节标准仪表离场图附图（a），详细描述离场航线 MUMGO-01D 的飞行程序，如爬升梯度，速度，航段飞行距离、最低安全高度等信息。

2. 针对标准仪表进/离场图的 PBN 飞行程序航图，如何分清与传统飞行程序航图的区别，并能找出导航信号源。

3. 参考本节标准仪表进场图附图（b），详细描述进场航线 MEXAD-9J 的飞行程序，如下降梯度，速度，航段飞行距离、最低安全高度等信息。

第六节　仪表进近图

仪表进近程序是根据机载飞行仪表及地面导航设备的引导并对障碍物保持规定的超障余度所进行的一系列预定的机动飞行。这种飞行程序是从规定的进场航路或起始进近定位点开始，到能够完成目视着陆的一点止，包括失误进近的复飞程序和有关的等待航线程序。

仪表进近图就是将设计好的仪表进近程序、复飞程序和等待程序绘制成图，提供给用户，使用户了解机场的仪表进近程序、复飞程序和等待航线程序以及实施仪表进近程序所需的机场最低天气条件，并按程序的规定进行各项工作。

一、目的与要求

仪表进近图是向飞行机组提供的资料，必须使其能向预定着陆跑道进行批准的仪表进近程序，包括复飞程序，以及有关的等待航线。凡建立了仪表进近程序的机场都必须为每一条着陆跑道单独设计仪表进近程序和单独绘制仪表进近图，并且此程序经试飞成功、证实设备良好、数据准确方可正式出版。当图中所公布的资料有所变化时，应及时对仪表进近图进行修订。

随着民航业的迅猛发展，各种性能的飞机大量出现，给设计仪表进近程序和绘制仪表进近图带来了困难。为了适应航空器的需要，将航空器按其跑道入口速度分为 A、B、C、D、E 5 类。根据程序中使用的主要导航设备，可将仪表进近程序分为非精密进近（如 NDB、VOR 等）和精密进近程序（如 ILS 等）；同时按机场能降落的飞机类型，分别设计程序，绘制仪表进近图。

按以上分类原则分别设计出的仪表进近程序中，如果中间进近航段、最后进近航段和复飞航段完全相同的，且在一张图中表示不会造成图面混乱而影响可读性，则可以合并，用一张仪表进近图表示一个以上的仪表进近程序。但精密进近程序和非精密进近程序之间不得相互合并。仪表进近图一般用彩色印刷。蓝色表示水系，绿色表示区域最低高度，灰色表示地形、地物等底图要素，黑色表示航行要素。

1. 范围和比例尺

本图的图幅范围必须足以包括仪表进近程序的所有航段及预定的进近方式可能需要的附加区域。选择使用的比例尺必须保证易于判读，并符合图上所标绘的程序及图幅尺寸的要求。平面图通常采用 1∶500 000 比例尺，并在平面图内下方的适当位置标绘线段比例尺，剖面图按相对比例绘制。

2. 识别名称

目前，我国有些机场同一跑道拥有两个以上使用相同导航设备类型提供最后进近引导的进近程序。这些程序的标识相同，如果不加以区分，将会导致仪表进近程序无法编入导航数据库，对飞行的正常运行造成不利的影响。参照 ICAO 的相关规范，为保证所有的仪表进近程序都能编入导航数据库中，对于同一机场同一条跑道拥有两个以上相同标识的进近程序，将在程序标识中增加后缀加以区分，具体方法如下：

（1）在程序标识中的导航设备名称与跑道编号之间增加小写字母后缀，中间留一空格；后缀从字母 z 开始编起，程序标识相同的第一个程序增加后缀 z，第二个程序增加后缀 y，依此类推。例如，"ILS/DME z RWY02、ILS/DME y RWY02、RNAV ILS/DME w RWY02" 等。

（2）编排航图顺序时，在征求程序设计、批复及使用单位意见的前提下，了解程序重要等级，将标识相同的程序中较常用、较重要的程序放在前面，不常用的程序放在后面。

（3）同一条跑道若既有 ILS/DME 程序，又有 ILS 程序，则在程序标识中增加后缀加以区分。同一条跑道若既有 ILS/DME 程序，又有 RNAV ILS/DME 程序，则加后缀加以区分。

（4）公布了 Ⅱ 类 ILS 进近程序的跑道，若 Ⅱ 类 ILS 进近程序航迹与 Ⅰ 类 ILS 程序完全一致，则认为是相同的进近程序，不增加后缀；如果 Ⅱ 类航迹与 Ⅰ 类不一致（通常不会出现），标识中则增加后缀来区分。

3. 方位、航迹和径向方位

仪表进近图中的方位、航迹和径向方位以磁北为基准。当另规定方位和航迹作为 RNAV 航段的真值时，它们必须列在括号当中，精确至 0.1°，如 290°（294.9°T）。在高纬度地区，如有关当局确定不能以磁北为基准时，可采用其他适宜的基准，如真北或网格北。如果方位、航迹或径向方位以真北或网格北为基准时，必须清楚说明。当采用网格北时，基准网格经线必须加标记。

二、航行要素

仪表进近图由平面图、剖面图和机场运行最低标准及附加资料组成。平面图主要表示仪表进近程序的平面布局、导航台布局、机场位置，以及仪表进近程序在使用时所需要的各种领航数据和制图范围内的主要地形；剖面图主要表示仪表进近程序中各个阶段的垂直高度、下降梯度、复飞梯度与导航台、跑道的关系；补充资料采用表格方式表示使用该进近程序的各类航空器所需要的最低天气标准及其他一些数据和说明。

（一）平面图中的航行要素

1. 机　场

为了避免飞行员在进近过程中认错机场，所有能从空中清楚地看出其形状的机场，应以适当的符号标绘。废弃不用的机场，一定要标明已废弃。进近着陆机场的所有跑道均应按足够大的比例尺清楚地标绘跑道图形，用以表示：①仪表进近程序所基于的机场；②影响起落航线或其位置在恶劣天气条件下可能会被误认为预定着陆机场的机场。

此外，还应在图上的显著位置以米或英尺为单位标注机场标高和入口标高。

2. 人工地物和地形

图上必须标绘与安全实施仪表进近程序，包括复飞程序，相关的等待程序和目视机动（盘旋）程序（如已建立）有关的人工地物和地形资料。只在为便于理解而有必要时，地形资料才注明其名称，标绘的地形资料必须至少包括陆地、主要的湖泊和河流。

地形必须以最适合该地区具体标高特点的方式标绘。航图覆盖范围内的地区如其地形超出机场标高之上 1 200 m（4 000 ft），或距机场基准点 11 km（6 NM）之内超出 600 m（2 000 ft），或最后进近或复飞程序的坡度因为地势而大于最佳坡度时，必须用平滑的等高线、等高值和棕色的分层设色将超出机场标高之上 150 m（500 ft）的地形全部标出。有关的标高点，包括每条等高线之内的最高标高必须用黑颜色标出。

3. 障碍物

在仪表进近图中，应在图中标绘出程序设计人员提供的符合以下条件的障碍物：

（1）决定各个航段超障高度的控制障碍物。
（2）在保护区之外，但对程序设计起着重要影响的障碍物。
（3）制图范围内，高于入口标高 150 m 以上有影响的障碍物。
（4）穿透机场障碍物限制面的障碍物。

障碍物高度基准可使用：

（1）海平面：直接用数字注明高度，如"850"。
（2）机场标高：用带括号的数字注明，如"（47）"。
（3）入口标高：非精密进近当入口标高低于机场标高 2 m 以上时或精密进近时，用入口标高，但必须在图中加以注明。

障碍物标高向上以米取整，有障碍物灯的须用灯光符号表示。在小区域内有许多障碍物时，选取最高的表示出来。

4. 限制区域

制图范围内的所有禁区、限制区、危险区等限制空域必须标出，并注明相关的识别标志和垂直限制数据。

5. 仪表进近资料

仪表进近资料是仪表进近图描绘的主要内容，它主要由以下几部分组成：

1）无线电通信设施和导航设施

它们是实施仪表进近程序必不可少的资料。在仪表进近图上，应在平面图中标绘所有为进近程序中各个航段（含等待程序）提供航迹引导的导航设施，以及进近程序中各个定位点定位时需要使用的导航设施。制图范围内与进近程序无关的导航设施不必标绘在平面图中。图中标绘的无线电导航设施应注记名称、识别、频率、摩尔斯代码。如一个仪表进近程序的最后进近航迹上有多个导航设施，必须清楚标注用于最后进近航迹引导的设施。

2）航　　迹

在剖面图中，航迹、方位和径向方位的注记均以磁北为基准，并在所有航迹线的直线段起始位置注明飞行的磁航迹。如果进近程序中某些航段对航空器的类型有所限制，则应注明可以使用的航空器类型。在图中标出起始进近定位点（IAF）、中间进近定位点（IF）、最后进近定位点（FAF）[或 ILS 进近程序的最后进近点（FAP）]、已确定的复飞点（MAPt）和构成仪表进近程序的其他重要定位点或点，并加以识别。等待航线应注明出航限制和最低等待高度。进近程序中，使用雷达引导航空器飞行的航线段应使用雷达引导航线符号。当采用计时的方法确定基线转弯和直角航线程序的出航边长度时，应在平面图中注明飞行时间。当不同类型的航空器使用不同的飞行时间时，应分别注明各类航空器的飞行时间。

此外，在仪表进近平面图上，还需要采用下述方式标出下列资料：

（1）进近程序的航迹用带箭头的连续线表示飞行方向。

（2）复飞程序的航迹用带箭头的断线表示。

（3）（1）和（2）规定以外的任何其他程序的航迹，用带箭头的点线表示。

（4）进近程序所要求的方位、航迹、径向方位（最近似的度）和距离（精确至 2/10 km 或 1/10 NM）或时间。

（5）如果无定向导航设施，则应以最近似的度标出从最后进近的有关无线电导航设施至机场的磁方位。

（6）禁止作目视机动（盘旋）飞行的任何扇区边界。

（7）与进近和复飞相关的等待航线和最低等待高度或高（如有此规定）。

（8）需要时，在图面上的显著位置加注警告注记。

（9）注明"飞越"的重要点。

3）定位点

定位点应使用与其类型相一致的符号表示，并注明定位点名称。采用交叉定位方法确定其位置的定位点，应标明定位点与导航台的方位关系或距离，宜标明所使用的导航台的识别。区域导航程序，其航路点还应提供地理坐标。同时，在图中要明确地标注所有航线段和航线段中的定位点对航空器飞行高度的限制。

4）扇区最低安全高度

最低扇区高度也叫作扇区最低安全高度，是紧急情况下在规定扇区可以使用的最低高度。在仪表进近图上，需要注明扇区中心导航台的识别，并表示出扇区的起始和结束方位，同时标注沿该方位线向台飞行时的磁航向和注明每一个扇区的最低安全高度。

5）参考圆

以位于机场或机场附近的 DME 为中心，如无合适的 DME 则以机场基准点为中心，半径 20 km（10 NM）标绘一个距离圈，并在该圈上标出半径数值，字头朝北。

此外，在平面图中适当位置注明磁差。如果进近程序和空中交通服务对航空器运行有所限制时，还需在平面图中适当位置注明这些限制要求。对于过渡高度和过渡高度层，图中应标绘使用机场修正海平面气压（QNH）的水平区域边界，并注明过渡高度和过渡高度层。

（二）剖面图中的航行要素

根据平面图仪表进近程序的范围、仪表进近程序的高度范围，以及图幅的宽度，确定剖面图的水平、垂直比例尺（垂直比例尺仅为制图参考），并在剖面图的底边处绘出水平比例尺。

1. 跑　道

在机场标高处用实心框标出着陆跑道。

2. 无线电导航设施

与中间、最后进近有关的导航设施均应在剖面图中绘出。其中，位于跑道中线延长线上的导航设施，其符号应从剖面图底线开始，直至所需高度位置；其他位置的导航设施，其符号不应从剖面图底线开始。它们仅在航线通过其上空的高度位置，绘出所需部分。所有表示在剖面图中的导航设施应标注其识别。

3. 仪表进近资料

1）航　迹

标绘进近程序从中间进近定位点至复飞的航迹的剖面，其中进近程序阶段的剖面用带箭头的连续线表示飞行方向；复飞程序阶段的剖面，从复飞点处开始使用上扬的箭头的断线表示，并应在剖面图中适当的位置，用简练的语言表述复飞的飞行方法。其他程序阶段的剖面用带箭头的点线表示；需要注明所有直线飞行航段均应在起始位置注明飞行磁航迹（航向）；各类航空器在基线转弯或直角航线程序中的出航时间、出航航向[如有规定时的程序转弯的距离限制（最近似的千米或海里）]和入航转弯高度；在剖面图中绘出的航线中涉及的所有位置点，凡有高度限制的应在剖面图中加以注记。非精密进近程序有最后进近定位点的航段应标注下降梯度，数值精确到0.1%。对于精密进近程序和垂直引导进近程序，应标出基准高，精确至0.5 m或1 ft，标出下滑角或垂直航径角，精确至0.1°。

2）定位点

所有中间和最后进近航迹上的定位点均应在剖面图中表示，并标注其名称。如果该定位点是使用侧方导航台进行交叉定位，则应标注导航台的识别和方位；如果该定位点使用测距设备进行定位，则应标注测距设备的识别和距离。

3）过渡高度和过渡高度层

应在剖面图中适当的位置，注明本机场所使用的过渡高度和过渡高度层。

4）最低超障高度

非精密进近程序中间进近航段和最后进近航段的最低超障高度，使用套网目阴影形式公布，阴影内注记航段的最低超障高度。

（三）机场着陆最低标准及附加资料

在仪表进近图上，用表格形式列出了使用该进近程序的各类飞机的着陆最低标准和其他数据及说明。

1. 机场着陆最低标准

仪表进近图中应采用表格形式提供各类机型（不允许使用该图的机型除外）使用该图时所需着陆最低运行标准。着陆最低标准表格公布的是各类飞机在执行该程序时的最低天气标准。非精密进近用最低下降高和能见度两个要素来表示；精密进近用决断高度、跑道视程或能见度表示；如果是精密进近，还需同时公布下滑台不工作时的最低天气标准，此时最低天气标准的表示方法同非精密进近最低天气标准表示方法。各类仪表进近程序都应公布目视盘旋的天气标准。需要说明的是，表格里公布的天气标准是白天的标准。夜航标准是在日航标准上进行调整，调整的数据用文字方式在表格下面进行说明。如有必要，还可在表格下部注明宽体机标准和目视盘旋的限制。

2. 附加资料

1）测距/航空器飞行高度对照表

当最后进近阶段要求使用 DME 时，必须用表格列出每 1 NM 的高度/高。测距/高度表放在剖面图上方，测距数值排列顺序与最后进近方向对应。表格不包括低于 OCA/H 或 MDA/H 的相关高度/高的距离。高度数值中包括米和英尺两种单位，米和英尺用"/"分开，米在前，英尺在后，英尺采用斜体，并标注单位符号"'"。测距/高度表中的高度精确至 1 m，换算为英尺后按 10 ft 取整，四舍五入。使用 TA 的机场仅公布高度数值，不公布高；使用 TH 的机场仅公布高，不公布高度。如果进近程序不要求最后进近航段使用测距仪，但有位置适当的测距仪可提供咨询性质的下降剖面资料时，也应按上述原则列表。

2）地速、时间、下降率表

在图中应采用表格形式提供不同地速航空器从最后进近定位点（FAF）到复飞点（MAPt）的飞行时间和应使用的下降率。地速范围应包括允许使用该图的航空器类型在最后进近航段可能使用的地速范围，采用 kt 和 km/h 两种单位。具体讲，地速范围分别为 80 kt、100 kt、120 kt、140 kt、160 kt、180 kt，换算成 km/h 的地速后按 5 km/h 取整，分别是 150 km/h、185 km/h、220 km/h、260 km/h、295 km/h、335 km/h。时间和下降率都根据以 kt 为单位的地速进行计算，下降率采用 ft/min 和 m/s 两种单位标注。

三、其他资料

1. 修订资料

修订资料指本次修订的资料变化摘要。在仪表进近图框内运行标准表的下方，用简练的语言提供本次修订数据、资料变更情况的摘要。

2. 图框外注记

在图框上方标注图名、标注机场标高和入口标高、标注进近、复飞和等待飞行过程中使用的无线电通信频率、机场所在城市的名称和机场的名称、注明最后进近所用导航类型和着陆跑道的编号以及磁差。在图框下方标注图的出版单位、注明图的出版日期和生效日期。

仪表进近图如图 3-23 所示。

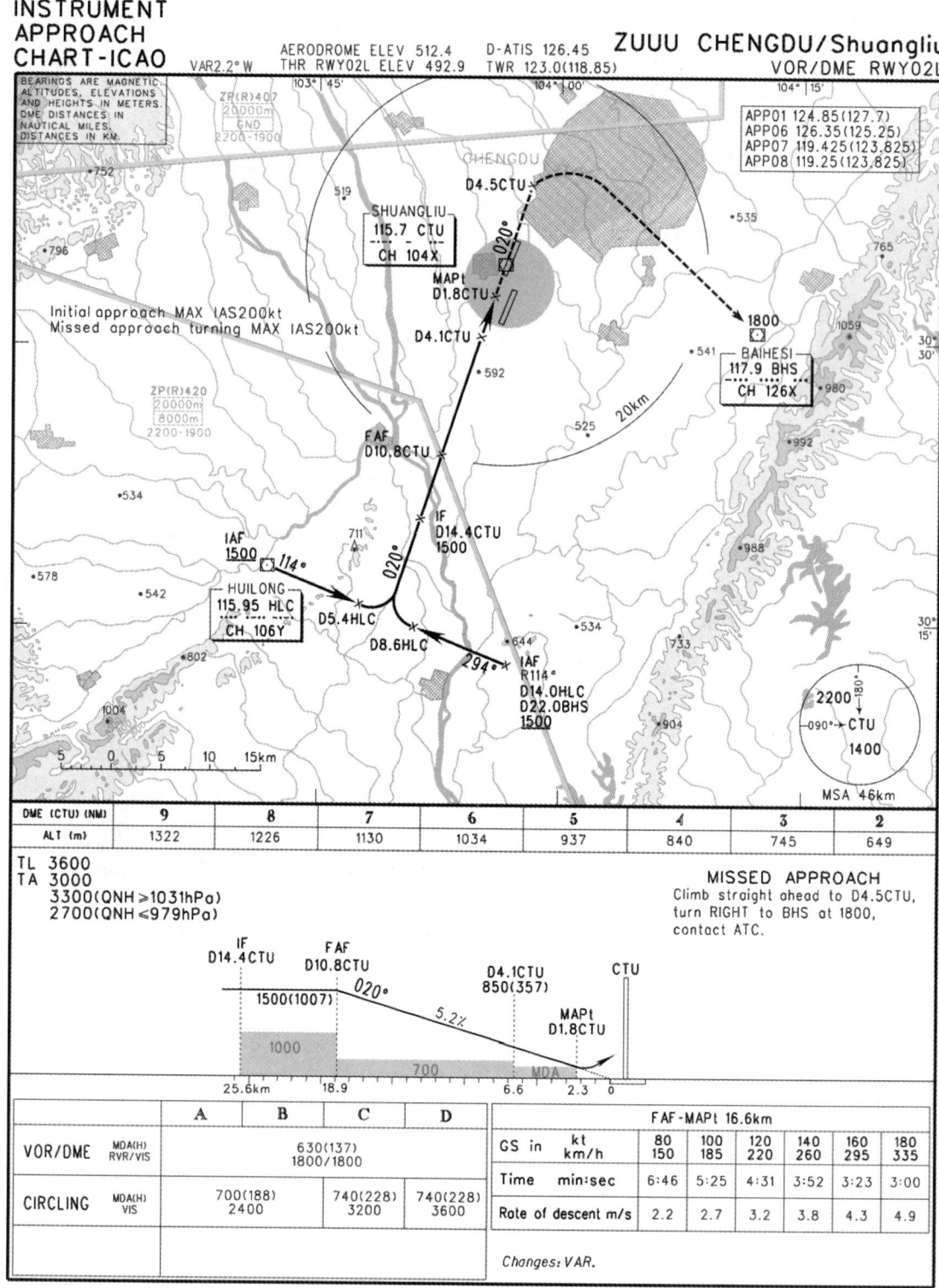
(a)

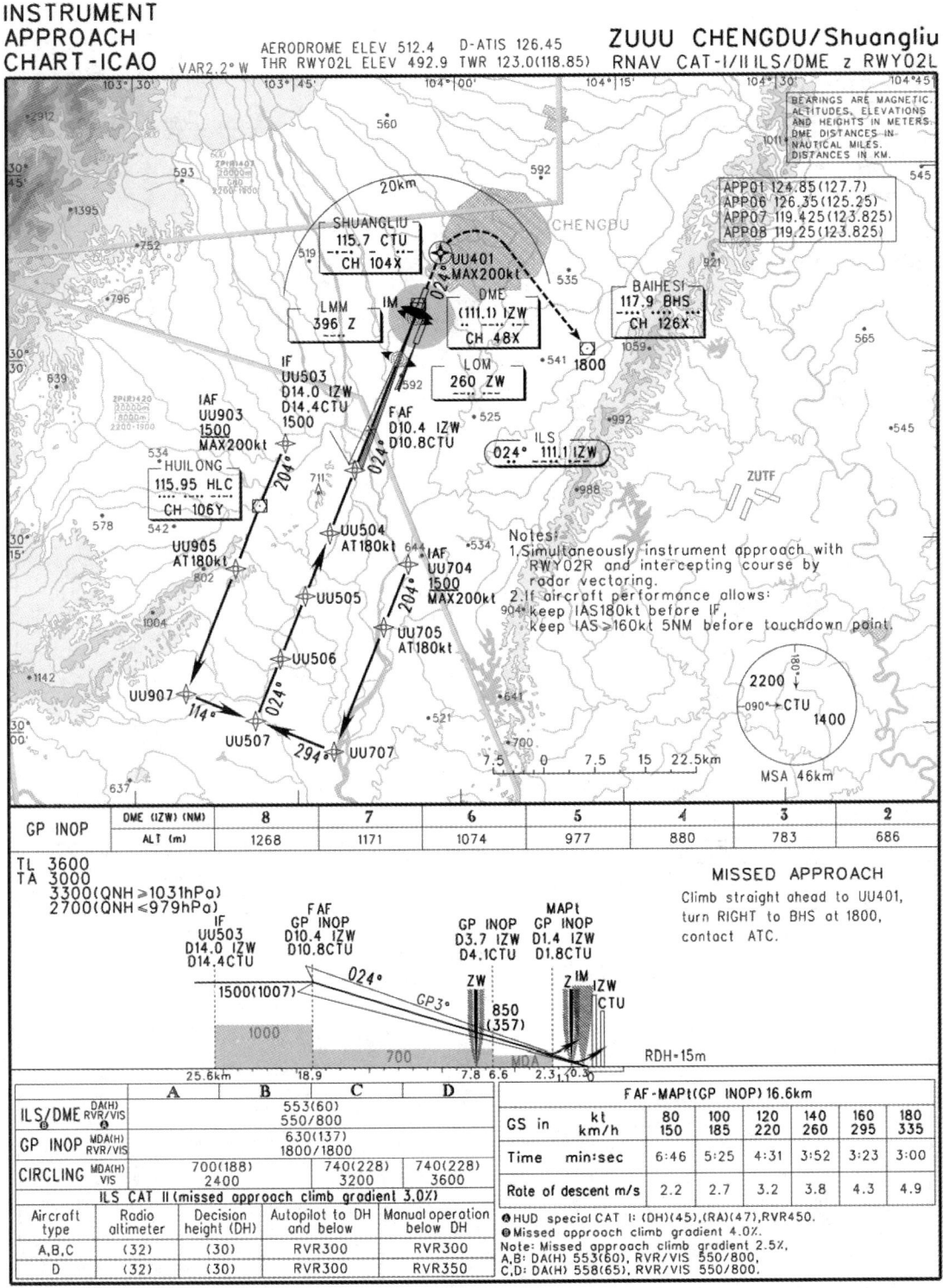

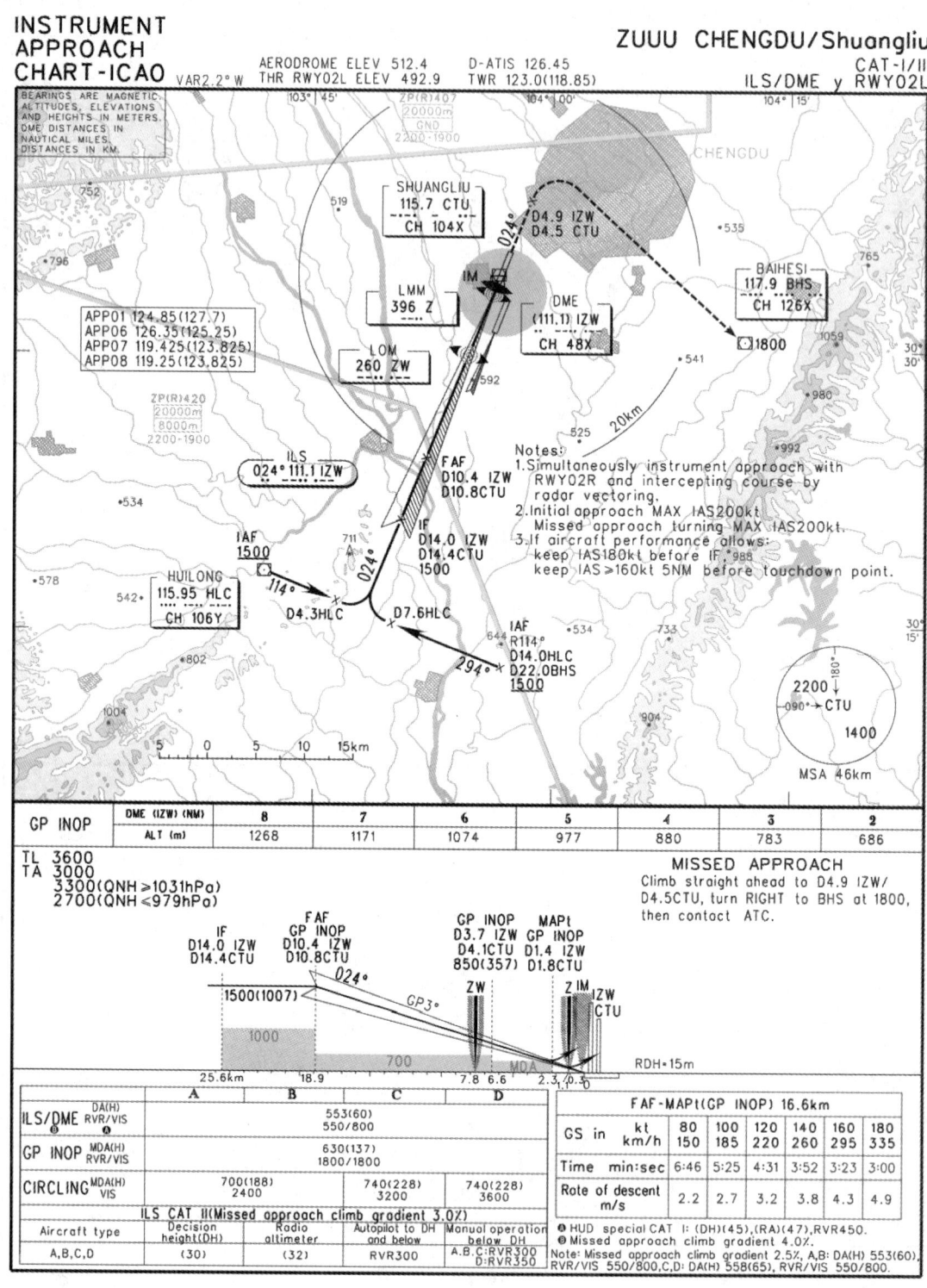

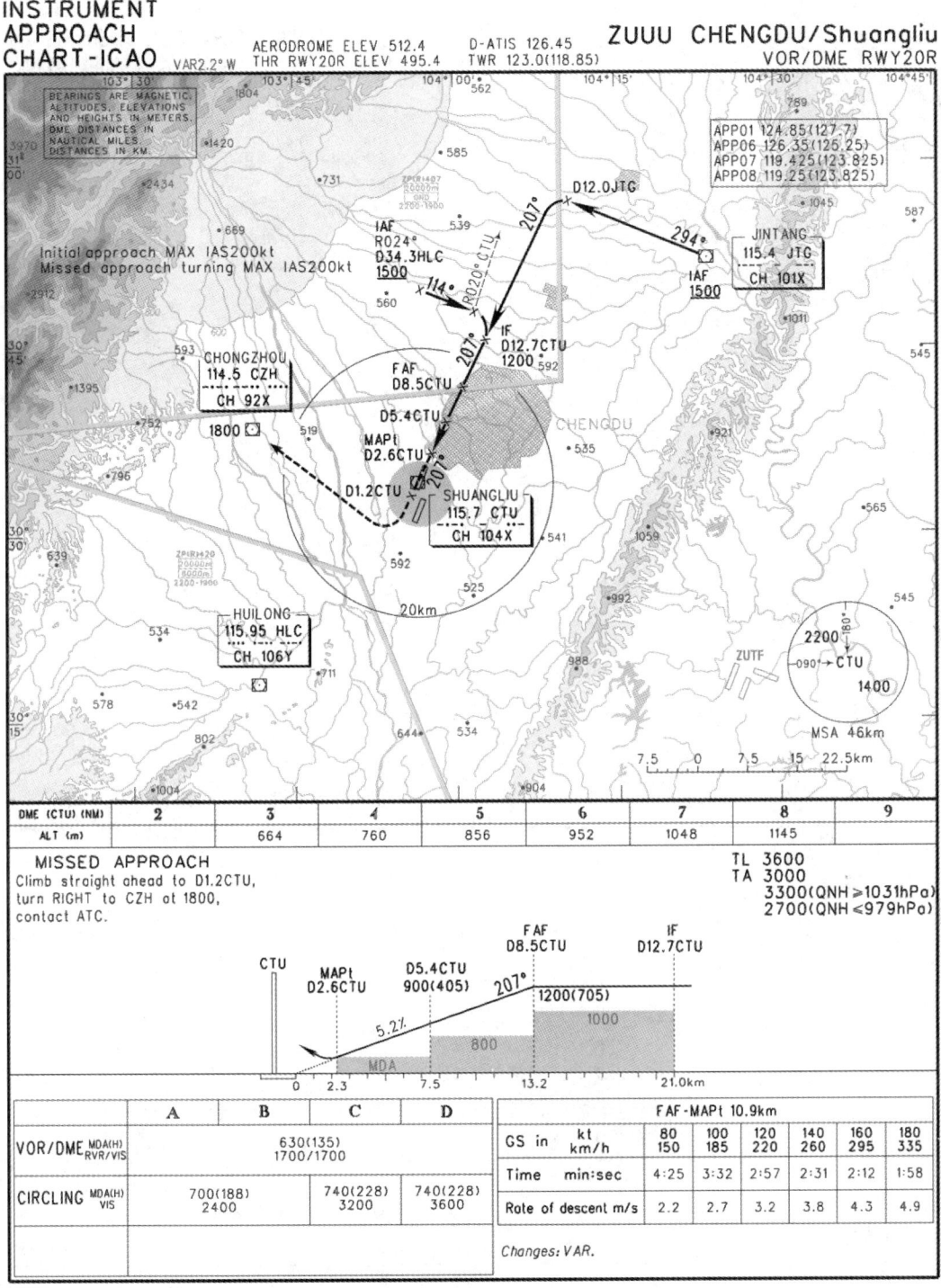

(d)

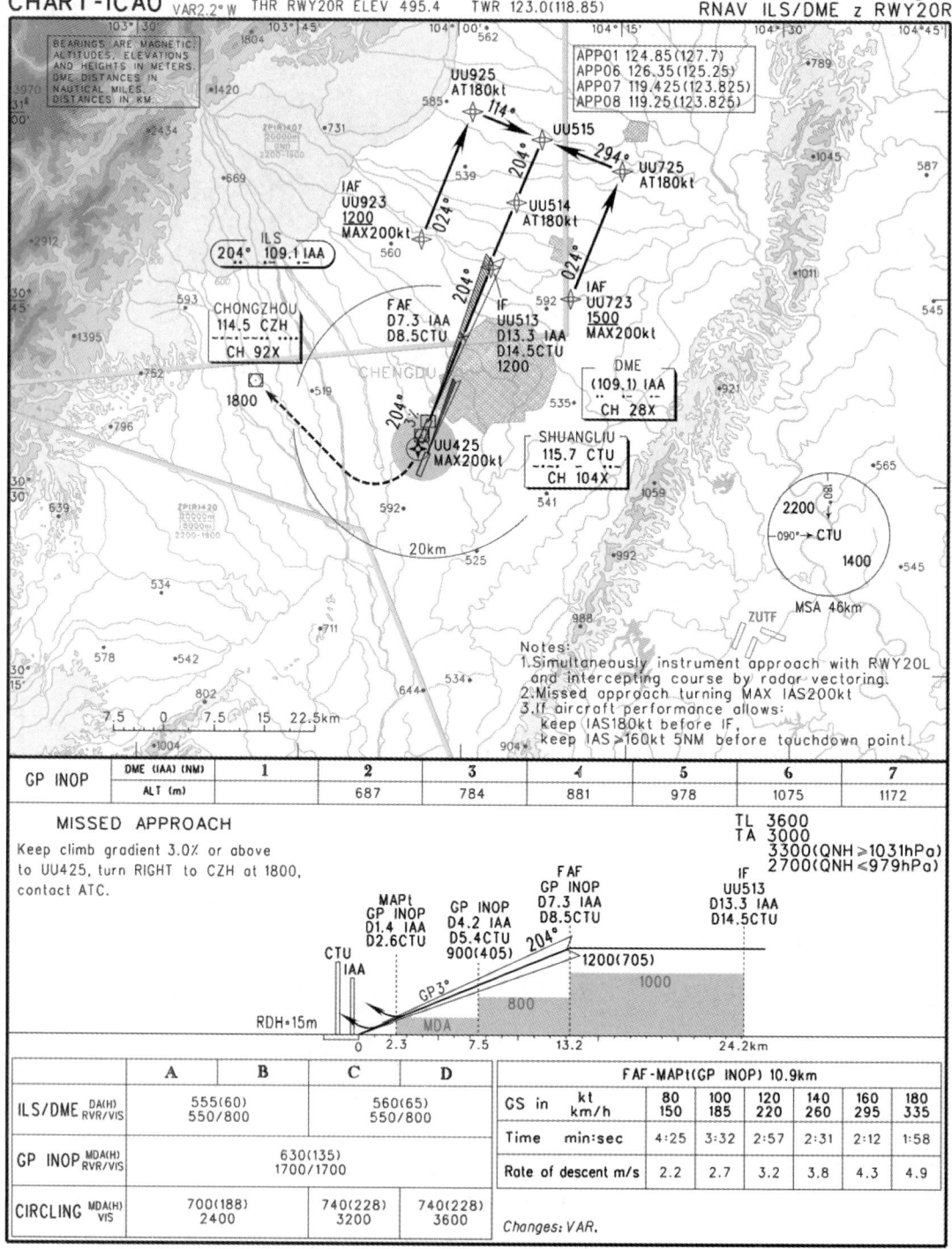

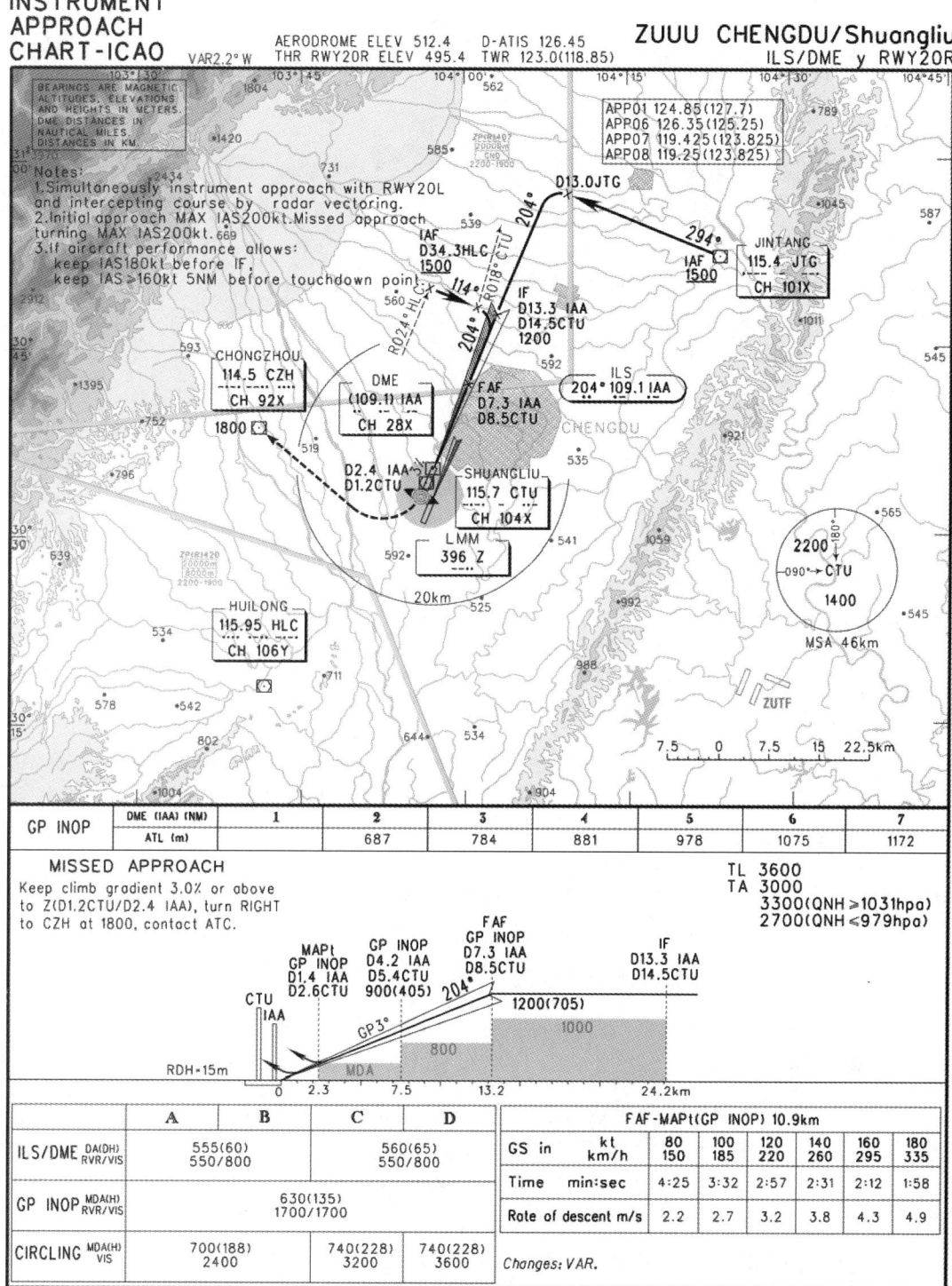

图 3-23 仪表进近图

思考题

1. 根据本节仪表进近图 3-23（b）平面图，描述飞机从 UU903 执行 CAT Ⅱ 仪表进近航段的全部飞行程序，包括：各进近航段下降梯度，有无限速，复飞爬升梯度等信息。

2. 根据本节仪表进近图 3-23（b）剖面图，描述灰色阴影区域中的高度数据代表什么意义。RDH 等于多少，代表的实际意义是什么。

3. 根据本节仪表进近图 3-23（b）最低运行标准部分，描述若飞机结合 HUD 执行 CAT Ⅰ 进近，所需最低着陆标准是什么，复飞爬升梯度是多少？

第七节　机场图

机场图是向飞行员及空管人员提供航空器在停机位置与跑道之间往返地面活动时所需的资料，使飞行员能安全操作航空器进行地面活动，也使空管员全面掌握机场布局，有条不紊地指挥航空器在场内正常运行，同时机场图还为飞行员提供航空器运行所必需的机场资料。

一、目的与要求

凡是供国际民用航空使用的机场，都应提供机场图。机场图的范围必须覆盖机场地面活动区以及进近灯光系统。但在制图时，图幅的大小应保持 A5 号纸的基本尺寸。机场图由平面图和起飞最低标准表格两部分组成。

二、机场图的图中要素

机场图主要是为了让飞行员和航管人员了解机场范围内各种道面的平面布局、机场内的灯光布局以及目视助航标志。它们包括：

1. 平面图资料

（1）跑道。应按比例尺绘制机场所有跑道的平面范围，注明跑道长度、宽度、道面材料、跑道的承重强度；跑道的两端需要注明跑道的磁向、跑道号以及跑道入口的标高。根据机场航空器运行需要，标注跑道入口的坐标。在平面图上用"×"符号标绘废弃的跑道。对于铺筑面和非铺筑面两种类型跑道，制图时应予以区别。

（2）停止道。按比例绘出停止道平面，并注明其长度、宽度以及道面材料。

（3）净空道。按比例绘出净空道平面，并注明其长度和宽度。

（4）升降带。按比例绘出升降带的范围，并注明其长度和宽度。

（5）机动区冲突多发地带。凡是有机动区冲突多发地带的机场，应标绘机动区冲突多发地带的位置及其编号并提供说明。

（6）滑行道。按比例绘制所有滑行道的平面，并注明其编号和滑行道的承重强度。在平面图上用"×"符号标绘废弃的滑行道。

（7）停机坪。按比例绘出所有停机坪，并注明其名称或编号和停机坪的承重强度。

（8）进近灯光系统。标绘所有跑道的进近灯光系统，并注明其类型。

（9）无线电导航设施。在图上标绘制图范围内的无线电导航设施，并注明导航设施的名称、类型、频率和识别。

（10）全向信标（VOR）校准点。标绘机场内的所有VOR校准点，并注明其识别和频率。

（11）跑道视程仪（RVR）。机场内的RVR应全部标绘在图上，并注明其编号。

（12）目视坡度指示系统。在图中标绘目视坡度指示系统，并注明其类型。

（13）建筑物。标绘候机楼、塔台、气象台、海关以及与航空器滑行有关的重要建筑物的平面，并加以注记。

（14）施工区域。标绘对航空器运行有影响的正在施工区域。

（15）"T"字布或"T"字灯。凡是有"T"字布或"T"字灯的机场，应标绘"T"字布或"T"字灯的位置，"T"字布和"T"字灯的符号应有所区别。

（16）风向袋。标绘各条跑道风向袋的安装位置。

（17）机场基准点。标绘机场基准点的位置。

（18）停机位置坐标。不制作停机位置图时，应注明停机位置坐标。

（19）标准滑行路线及等待位置。如停机位置图中无法完整标绘航空器的标准滑行路线及其代号和等待位置，应在本图中标绘。

（20）比例尺。通常采用1∶20 000～1∶50 000的比例尺，在图面的下方标绘线段比例尺。

（21）磁差。标绘出真北方向、磁北方向以及磁差，详细情况如图3-24所示。

2. 起飞最低标准

图中应以列表方式公布每条跑道对不同机型起飞所要求的起飞最低标准及每条起飞跑道拥有的灯光系统。

3. 本次修订的资料变化摘要

应在图框内起飞天气标准表的下方，用简练的语言提供本次修订数据、资料变更情况的摘要。

4. 图框外注记

在图框上方标注图名、机场基准点的坐标、机场标高、磁差、有关塔台管制、航站自动情报服务（ATIS）、地面管制和放行许可使用的无线电通信频率，以及机场所在城市的名称和机场的名称。在图框下方标注图的出版单位、注明图的出版日期和生效日期。

三、停机位置图

（一）概　述

停机位置图是一份补充图。当航站设施复杂，机场图无法把资料标绘得十分清楚时，应提供停机位置图，以便向飞行机组提供便于航空器在滑行道和停机位置以及停放/停靠之间进行地面活动的详细资料，如图3.25所示。

AERODROME CHART

ZUUU CHENGDU/Shuangliu
N30°34.8′ E103°56.9′ ELEV 512.4m

D-ATIS 128.6(DEP), 126.45(ARR)
TWR 123.0(118.85) for RWY02L/20R
130.35(118.85) for RWY02R/20L
GND 121.85(121.7) for RWY02L/20R
121.75(121.7) for RWY02R/20L
Delivery 121.6(121.7)(DCL AVBL)
APN01 121.9(121.8/121.65)
APN02 121.8(121.9/121.65)
APN03 121.65(121.9/121.9)

BEARINGS ARE MAGNETIC.
ALTITUDES, DISTANCES,
ELEVATIONS AND HEIGHTS
IN METERS.

Notes:
HP8, HP9 are compulsory reporting positions;
HP1-HP7, HP10-HP15 are reporting positions on request;
G1-G4 are holding positions.

RWY/Direction		Bearing strength(PCN)
02L/20R	024°/204°	TWY A1(BTN A&RWY02L/20R), A1(BTN A1&A2) 106/R/B/W/T
		TWY B(BTN A2&B1), A1(BTN A&C) 104/R/B/W/T
		TWY B(BTN A1&M), C(BTN A2&M), C1, D, D1-D5 98/R/B/W/T
		RWY 02R/20L 90/R/B/W/T
		TWY E, E1, E2, E8, E9, M, N 88/R/B/W/T
		RWY 02L/20R 86/R/B/W/T
		TWY B1(BTN A&B), RWY02L/20R 86/R/B/W/T
		TWY T1(BTN stands Nr. 355&360) 85/R/B/W/T
		TWY A(BTN A8&A9), A8(BTN A&B), A9, B(north of A8), B(BTN B1&B5), B3(BTN B6-B10), E(BTN E9&F), T2(BTN stands Nr. 313&319), T3-T9, T10(south of T1), K1, Z1, Z2 83/R/B/W/T
		TWY C3-C7, C(BTN A2&C7), C(BTN B&C), F, Z1, Z2 81/R/B/W/T
		TWY B1(BTN B&C), C2, 75/R/B/W/T
		TWY T1(BTN stands Nr. 360-365), V1, V2 68/R/B/W/T
20L/02R	204°/024°	TWY A2 62/R/B/W/T
		TWY A(BTN A2&A8), B3(BTN A&B), 60/R/B/W/T
		TWY A3-A6, A8(BTN A&RWY), B2, B4-B10 56/R/B/W/T
		TWY B(BTN A1&A2), B(BTN B5&A8), A7 55/R/B/W/T
		TWY T1(BTN stands Nr. 351&355), T10(north of stand Nr. 319&345), K3 54/R/B/W/T
		TWY C8, H1-H6
		TWY T1, T2(BTN stand Nr. 319&345), K3
		TWY H7
		TWY E5
		TWY C(BTN C7&B6)

Changes: VAR.

2021-10-1 EFF2111031600 中国民用航空局CAAC ZUUU AD2.24-1A

(a)

112

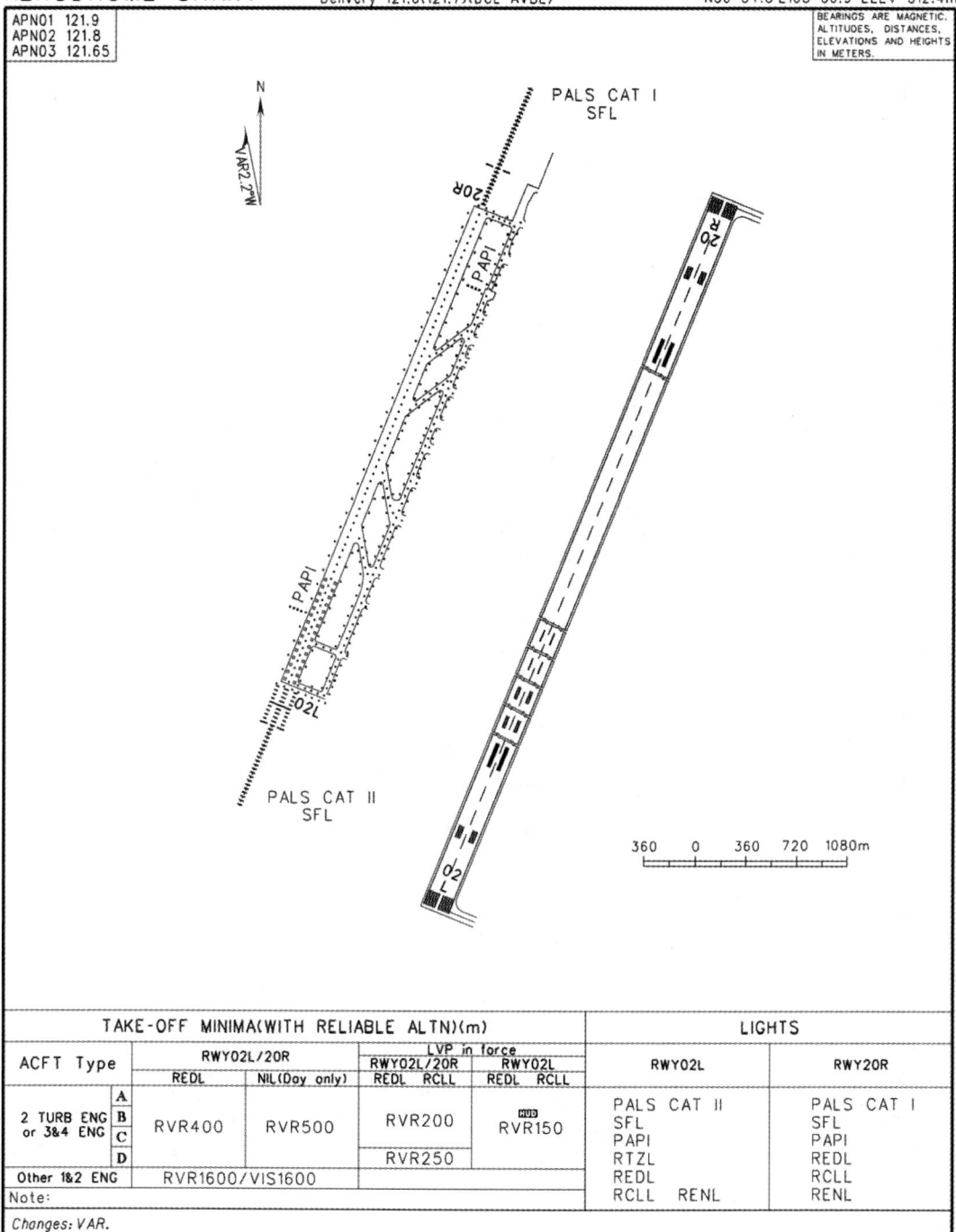

图 3-24 机场图

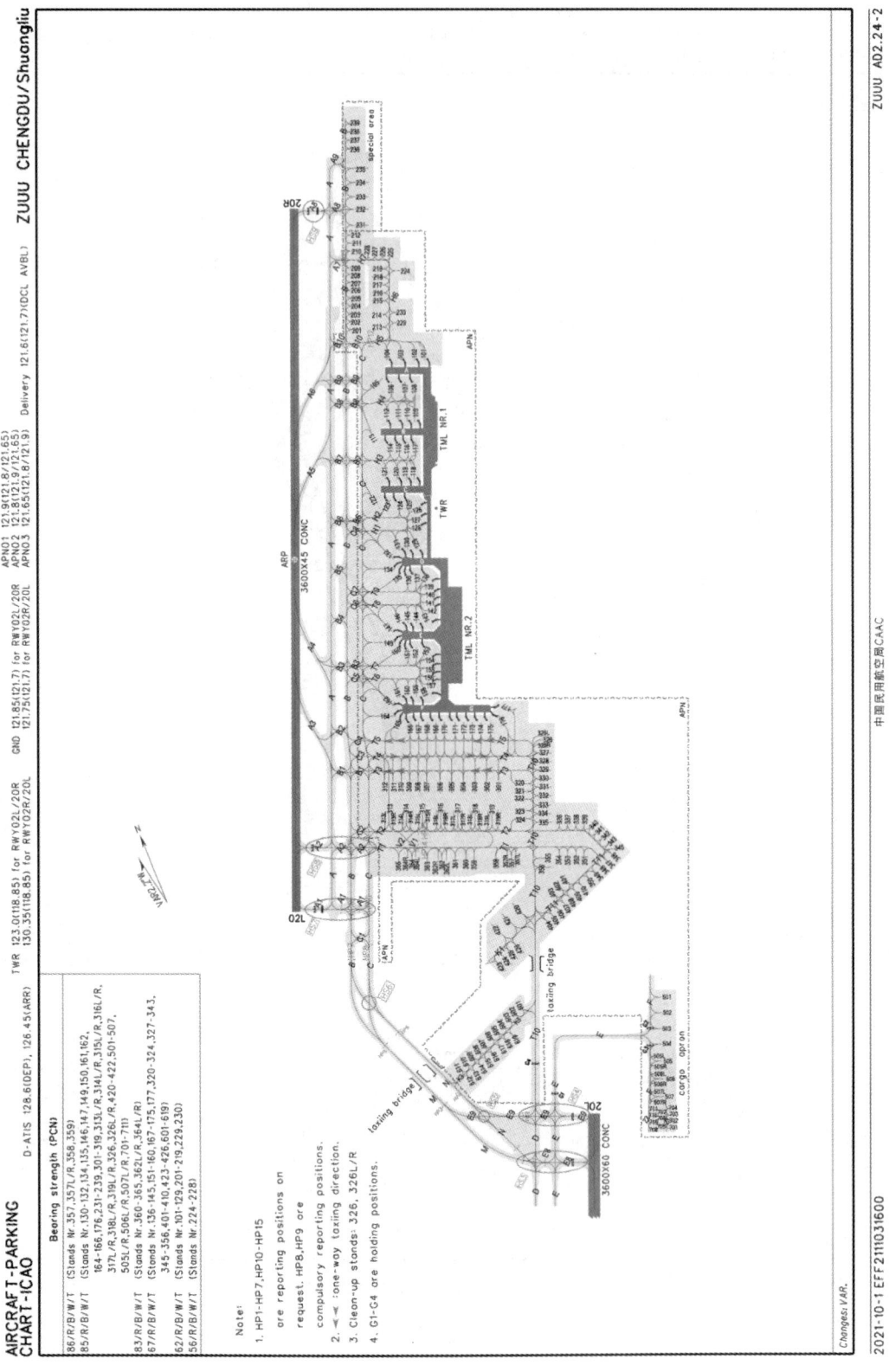

图 3-25 航空器停放/停靠图

本图主要用于补充机场图中未能详尽表示的停机坪及航空器停放/停靠位置的资料。本图图幅应覆盖所有停机坪、部分滑行道和与之相关的部分跑道。本图应采用 A5 尺寸制作，通常采用 1∶10 000～1∶50 000 的比例尺。

（二）图中要素

按比例绘出停机坪与滑行道的相应关系，并绘制出滑行的目视引导路线，注明停机坪和滑行道的承重强度，以及停机位置对航空器的型别限制。停机位置图包括以下的要素内容：

（1）停机坪：停机坪的资料应含有停机坪平面及其航空器停机位置、承载强度或对航空器型号的限制，灯光标志及其他目视引导和管制设施，以及运用的目视停机引导系统的位置和型号。注明停机坪和登机桥的名称或编号、目视停靠引导系统。在图上用"×"符号标绘废弃的停机坪。另外，在图廊外，还应注明停机坪标高。

（2）停机位置：标出停机位置及其编号和地理坐标。地理坐标用列表的形式公布，应精确到 0.1″。如果是简单的停机坪，可使用精确的经纬网格绘制，只注记停机位置的编号。

（3）滑行道入口及其代号、宽度、承载强度或对航空器型号的限制、滑行等待位置、停止排灯和其他目视引导设施。

（4）标绘航空器标准滑行路线及其代号和等待位置。

（5）在图框上方列表注明有关无线电通信设施及其频率。

（6）注明滑行中的重要障碍物。

（7）航空器维修区和对航空器运行有意义的建筑物。

（8）所有甚高频全向信标（VOR）校准点并注明其识别和频率。

（9）标示对航空器运航中有重要意义的建筑物，如候机楼、塔台、航空情报室、气象台、海关以及与航空器滑行有关的重要建筑物，应标绘其平面，并加以注记。

（10）如果风向袋位于该图中，应标绘风向袋的位置。

（11）如果机场基准点位于该图中，应标绘机场基准点的位置。

（12）图上应注明磁北方向、真北方向以及磁差。

（13）比例尺应以图解比例尺的形式公布。

（14）一些不易辨认的符号应在图例中加以注释。

停机位置图中有关本次修订的资料变化摘要和图框外注记与机场图一样。

思考题？

1. 描述机场图中的各项航行要素。
2. 找出本节机场图 3-23（a）中跑道 02L 的道面等级报告，并进行解读。
3. 根据本节机场图 3-23（b），详细描述 D 类飞机执行 02L 跑道起飞的最低标准。

第四章 航行通告

航空情报部门向各种飞行提供的服务主要是两个方面：一个是航行资料服务，另一个是航行通告服务。其中，航行通告服务是大量的、每时每刻都要做好的经常性工作。

航行通告是指以电信形式发布有关任何航空设施、服务、程序或危险的确立、状况或变化的情报通告，及时了解此类通告对与飞行活动有关航务人员至关重要。

航行通告的收集、发布和处理工作，分别由全国民用航空情报中心国际航行通告室、地区民用航空情报中心航行通告室和机场民用航空情报单位负责实施。常用的航行通告主要有航行通告、雪情通告和火山通告等。

第一节 签发航行通告的规定

航空情报部门，遇有下列情况之一的，航空情报服务机构应当及时发布航行通告：

（1）机场、跑道的设立、关闭或者运行的重要变化。

（2）机场、航空情报、空中交通、通信、气象、搜寻救援等航空服务的设立、撤销或者运行的重要变化。

（3）无线电导航和地空通信服务的设置、撤销及工作能力的重大变化，包括无线电导航和地空通信服务的中断或者恢复、频率的更改、服务时间的变化、识别信号的变化、方向性助航设施的方向调整、设施位置的改变、总发射功率 50% 以上的增减、广播时间或者内容的变化，以及任何无线电导航和地空通信发生异常或者不可靠的情况。

（4）目视助航设施的设置、撤销或者重要变动。

（5）机场灯光系统的主要组成部分的中断或者恢复。

（6）空中航行服务程序的设立、撤销或者重要变化。

（7）机动区内重大缺陷或者运行障碍的出现或者清除。

（8）燃油、滑油和氧气供应的限制和改变。

（9）可用搜寻援救设施和服务的重要改变。

（10）标志空中航行重要障碍物的危险灯标的设置、撤销和恢复。

（11）有关规定中出现更改或者变化而且需要立即执行的。

（12）超出公布范围的障碍物、军事活动、航空表演、航空竞赛、大型跳伞活动等影响空中航行的危险情况的出现。

（13）起飞、爬升、复飞、进近区和跑道升降带内影响空中航行的障碍物的设置、移除或者变动。

（14）禁区、限制区和危险区的设立或者中止，包括生效和停止时间及使用状况的变化。

（15）存在拦截可能并且需要在 VHF 紧急频率 121.5 MHz 长守的区域、航路或航段的设立或者中止。

（16）地名代码的分配、取消或者更改。

（17）机场救援和消防设施常规保障水平的重要变动。只有涉及改变保障等级时，方可签发航行通告，并说明变化的等级。

（18）活动区内因雪、雪浆、冰和积水导致危险情况的出现、消除或者重要变化。

（19）由于发生流行病而需要更改防疫注射和检疫要求。

（20）太阳宇宙射线预报。

（21）火山活动有关的动态重要变化，火山爆发的地点、日期和时间，火山灰云的水平范围、垂直范围，包括移动方向以及可能受影响的飞行高度层、航路或者航段。

（22）在核子或者化学活动中，向大气层释放辐射物质或者有毒物质的事发地点、日期、时间，受影响的飞行高度层、航路、航段以及活动方向。

（23）人道主义救援任务的实施以及由此受到影响的空中航行的各种程序或者限制。

（24）空中交通服务和有关支持服务中断或者部分中断所采取的短期紧急措施。

（25）发生可能影响航空器运行的其他情况。

遇有下列情况之一的，航空情报服务机构不得以航行通告形式发布，应在飞行前讲解或者通知驻地航空公司：

（1）停机坪和滑行道上的例行维修工作，不影响航空器安全活动的。

（2）施画跑道标志的工作，但航空器可以在其他可用跑道上安全运行，或者施工设备可以随时移开的。

（3）机场附近有临时障碍物，但不影响航空器运行的。

（4）机场灯光设施局部故障，但不直接影响航空器运行的。

（5）地空通信出现局部、暂时的故障，但有适当备用频率可用的。

（6）缺少停机坪信号指挥服务及道路交通管制的。

（7）机场活动区有关位置标记牌、目的地标记牌或者其他指令标记牌不适用时。

（8）其他类似的临时性情况。

第二节　航行通告的系列、电报等级和识别标志

一、航行通告系列

我国航行通告分为 A、C、D、E、F、G、K、L、U、W 及 Y 系列的航行通告，S 系列的雪情通告，以及 V 系列的火山通告。其中，A、E、F、G、L、U、W 及 Y 为国际系列；C、K 为国内系列，D 为地区系列；S 和 V 既是国际系列，也是国内系列。除雪情通告和火山通告外，可根据需要增加或更改相应的航行通告系列。

需要说明的是，A、E、F、G、L、U、W 及 Y 8 个国际系列航行通告用于国际分发，由全国民用航行情报服务中心（以下简称情报中心）负责对外发布，发送到同我国建立航行通告交换关系的外国国际航行通告室、各地区民用航空情报中心和需要国际系列航行通告的机场民用航空情报单位。其中，航行通告时间使用世界协调时，航行通告正文应当采用英文和航空资料汇编公布的英文简缩字（以下简称简缩字）编写。A、E、F、G、L、U、W 及 Y 8 个国际系列航行通告具体发布内容如下：

（1）A系列：发布内容包括法规、标准、服务和程序；航路/航线；仅与航路飞行有关的空域、导航设施和航空警告；以及 E、F、G、L、U、W 及 Y 系列航行通告未包含的其他航空情报。

（2）E系列：发布内容为北京飞行情报区内各国际或对外开放机场的相关航空情报。

（3）F系列：发布内容为上海飞行情报区内各国际或对外开放机场的相关航空情报。

（4）G系列：发布内容包括广州、武汉和三亚飞行情报区内各国际或对外开放机场的相关航空情报。

（5）L系列：发布内容为兰州飞行情报区内各国际或对外开放机场的相关航空情报。

（6）U系列：发布内容为昆明飞行情报区内各国际或对外开放机场的相关航空情报。

（7）W系列：发布内容为乌鲁木齐飞行情报区内各国际或对外开放机场的相关航空情报。

（8）Y系列：发布内容为沈阳飞行情报区内各国际或对外开放机场的相关航空情报。

国内系列航行通告包括 C、K 两个系列，用于向国内分发，发布内容为北京、广州、昆明、兰州、三亚、上海、沈阳、乌鲁木齐、武汉飞行情报区及机场的相关航空情报。C 系列航行通告用于国内分发，由全国民用航空情报中心、地区民用航空情报中心负责填写和拍发，仅限于发送到国内航空情报服务机构。K 系列仅供华东和西南地区民用航空情报中心发布时使用，其他地区民用航空情报中心暂不启用。国内系列和地区系列航行通告应使用中文编写，时间应使用北京时。

其中，华东和西南地区 C、K 两个系列发布的航空情报内容具体如下：

（1）华东地区 C 系列发布内容为：上海/虹桥（ZSSS）、上海/浦东（ZSPD）和南通/兴东（ZSNT）机场的相关航空情报；上海飞行情报区（ZSHA）相关航空情报；上海管制区所在飞行情报区（ZHWH、ZGZU）相关航空情报；以及 K 系列航行通告未包含的其他航空情报。

（2）华东地区 K 系列发布内容为除了上海/虹桥（ZSSS）、上海/浦东（ZSPD）和南通/兴东（ZSNT）机场以外的华东地区其他机场的相关航空情报。

（3）西南地区 C 系列发布内容为：昆明飞行情报区（ZPKM）相关航空情报；四川省和西藏自治区机场的相关航空情报；以及 K 系列航行通告未包含的其他航空情报。

（4）西南地区 K 系列发布内容为重庆市、云南省和贵州省机场的相关航空情报。

D 系列航行通告用于本地区内分发，由各机场民用航空情报单位填写并拍发至所在地的地区民用航空情报中心。地区系列航行通告应使用中文编写，时间应使用北京时。D 系列航行通告不应直接提供给用户使用。

二、航行通告系列的转换和拍发

地区民用航空情报中心负责将本区 D 系列航行通告转换为 C/K 系列航行通告，经审核并确认无误后，对外拍发。全国民用航空情报中心国际通告室负责将所需转发的 C/K 系列航行通告时间转换为世界协调时，将航行通告正文翻译为英文，确定相应的国际系列并对外拍发。

地区民用航空情报中心、机场民用航空情报单位在拍发航行通告后 30 min 之内未收到相应的转换系列通告时，应当主动与上级航空情报服务机构联系；对于需要转换系列且立即生效的航行通告，应当在拍发航行通告后立刻通知上级航空情报服务机构。

三、航行通告的系列编号

每一种系列的每一份航行通告都应由签发人分配一个顺序号，该顺序号是以日历年为基础的连续号，由 4 位数字及斜线和表述年份的两位数字组成，同时，在这 4 位数字前应用字母标明其所属的系列，如 A0031/16，E0031/16，C0103/03，D0135/03。

四、航行通告标志

航行通告的识别标志为 NOTAM，新航行通告为 NOTAMN，取消航行通告为 NOTAMC；代替航行通告为 NOTAMR。取消或代替以前的航行通告，还应当在识别标志后，注明被取消或者被代替的航行通告的系列编号。

五、航行通告的格式和填写方法

（一）航行通告格式

负责填写和发布航行通告的航空情报人员和其他有关人员必须按规定填写和拍发，具体格式见表 4-1。

表 4-1　航行通告格式

电报等级										→
收电单位										
										《≡
签发日期和时间										→
发报单位代码										《≡(
电报系列编号代码										
包括新资料的航行通告	（系列和编号/年）　　NOTAMN									
代管以前的航行通告	（系列和编号/年）　　NOTAMR									
	（被代替的航行通告系列和编号）									
取消以前的航行通告	（系列和编号/年）　　NOTAXC									
	（被取消的航行通告系列和编号）									《≡
限　定　行										
	飞行情报区	航行通告代码	飞行	目的	范围	下限	上限	坐标、半径		
Q）		Q）								《≡
设备空域或所报情况所在地 ICAO 地名代码			A）							→
有　效　时　间										
从（日时组）			B）							→
至（永久或日时组）			C）					EST* PERM		《≡
时间段			D）							→
										《≡
航行通告正文；明语填写（使用 ICAO 简字）										
E）										《≡
下限			F）							→
上限			G）							）《≡

注：《≡为换行，→为空一格不换行，*按需要删除。

（二）航行通告的填写和拍发规定

1. 电报报头部分

（1）电报等级：航行通告电报等级通常使用 GG，但是当航行通告内容十分紧急，需要特殊处理时，可以使用 DD 等级。

（2）收电地址：收电地址由 8 个英文字母组成，4 个字母为国际民航组织规定的 4 字地名代码，第 5 至第 7 个字母为部门代码，第 8 个字母为填充码，通常使用大写字母"X"，如 ZBBBYOYX ZGGGOIXX ZBAAOIXX。收电地址可填写多个，各项之间加一个空格。

（3）签发日时组：签发航行通告应填写日时组作为签发依据，日时组由 6 位数字组成，每两位数字分别表示日、时和分，如 011539 表示 1 日 15 时 39 分。国际系列 NOTAM 采用协调世界时（UTC）发布，C、D 系列 NOTAM 采用北京时发布。

（4）发电地址：发电地址的组成同收电地址，发电地址只能填写一个。

2. Q）项：限定行

限定行供查询和检索时使用，限定行应另起一行，以项目编号"Q）"开始，后接 8 个子项，每一个子项用斜线"/"隔开，表示为：Q）飞行情报区/航行通告代码/飞行类型/签发目的/影响范围/下限/上限/坐标和半径。如果某一子项无内容填写，不必保留斜线之间的空格，但斜线不可省略。各子项的定义如下：

（1）飞行情报区（FIR）。

该子项用国际民航组织规定的情报区 4 字地名代码填写。涉及多个飞行情报区时，应填写情报区组代码，并在 A 项中逐一列出飞行情报区的代码。中国的情报区组代码为"ZXXX"。

示例：Q）ZXXX/QWELW/……
　　　　A）ZBPE ZSHA ZGZU

（2）航行通告选择标准代码。

航行通告选择标准代码（简称 Q 码）是对航行通告所包含信息的概括性描述，由 5 个英文字母组成，第 1 个字母"Q"为识别码，第 2、3 个字母为主题代码，表示航行通告内容的主题，第 4、5 个字母为状况代码，表示该主题的状况。

Q 码的选择和使用应符合《航行通告选择标准代码》的规定。没有完全符合的 Q 码时，可选取最接近航行通告内容的 Q 码。例如，廊桥关闭无相应的 Q 码，可选用停机位关闭的 Q 码"QMPLC"。

如果航行通告的主题代码未列在《航行通告选择标准代码表》中，可填写"XX"作为第 2 和第 3 个字母，如"QXXAK"。如果航行通告的状况代码未列在《航行通告选择标准代码表》中，可填写"XX"作为第 4 和第 5 个字母，例如"QFAXX"。当通告的主题和主题的状况均无合适的代码可供使用时，航行通告代码应填写"QXXXX"，"飞行类型""签发目的"和"影响范围"等项应根据实际情况填写。

（3）飞行类型（TRAFFIC）。

填写本航行通告涉及的任意一种飞行种类和情况：

Ⅰ——对仪表飞行规则（IFR）的飞行有影响；

Ⅴ——对目视飞行规则（VFR）的飞行有影响；

Ⅳ——对仪表飞行规则和目视飞行规则（IFR/VFR）的飞行均有影响；

K——航行通告校核单。

（4）签发航行通告的目的（PURPOSE）。

按《航行通告选择标准代码表》中的选项填写代码。使用该标准以外的代码时，签发目的可选择下列情况中的一种或多种组合：

N——须立即引起航空器营运人注意的航行通告；

B——供选入飞行前资料公告的航行通告；

O——与飞行有关的航行通告；

M——其他航行通告，不包括在飞行前资料公告中，但可按申请提供；

K——航行通告校核单。

（5）影响范围（SCOPE）。

A——机场区域；

E——航路；

W——航行警告；

K——航行通告校核单。

无线电导航设施可用于航路飞行或机场区域飞行，有的既用于航路飞行又用于机场区域飞行，因此应根据情况填写代码。具体填写方法见表4-2。

表4-2 航行通告影响范围代码

影响范围填写内容	A项填写内容（四字地名代码）
A	机场
AE	机场
AW	机场
E	飞行情报区
W	飞行情报区
K	涉及的飞行情报区

注：当填写代码AE或AW时，代码A总是放在前面。

（6）下限和上限（LOWER/UPPER）。

当航行通告主题涉及空域结构或航空警告时，应填写下限和上限数值，且应与F）项和G）项的数值相匹配。例如，当F）项为600 m，G）项为11 000 m AMSL时，Q行中的下限和上限填写020/360。

当高度限制为地面至无限高时，应以数值000/999表示；当无高度限制时，应填写数值000/999作为缺省值。下限和上限数值应分别用3位数字表示飞行高度层，单位为百英尺但不必标注。

（7）坐标和半径（COORDINATES RADIUS）。

坐标表示航行通告所影响区域的（几何）中心，应采用经纬度表示。纬度在前，由表示度和分的4位数字以及表示北纬的字母"N"或南纬的字母"S"组成；经度在后，由表示度和分的5位数字以及表示东经的字母E或西经的字母W组成。经纬度数值应精确到分，分以下四舍五入。坐标取值方法见表4-3。半径表示航行通告所影响的范围。半径由3位数字组成，单位为海里但不标注。半径取值方法见表 4-4，表中未列出者，应依据实际情况填写。

例如，2630N08246E025 表示以北纬 26°30′、东经 82°46′为中心，半径 25 NM 的区域范围。坐标的纬度和经度以及半径之间不应有斜线"/"或空格。

表 4-3 坐标取值方法

航行通告内容和影响范围	坐标取值
影响范围为"A"	机场基准点（ARP）或适当的坐标
影响范围为"AE"或"AW"	机场 ARP 或适当的坐标或几何中心
已知点（如导航台、报告点等）且影响范围为"E"或"W"	该点坐标
特定空域（如危险区、限制区等）且影响范围为"E"或"W"	几何中心
特定空域以外的活动（如炮射、爆破和释放气球等）且影响范围为"W"	适当的坐标或几何中心
航路/航线或航段且影响范围为"E"	暂不填写
涉及整个飞行情报区	暂不填写

表 4-4 半径取值方法

航行通告选择标准代码	航行通告内容和影响范围	半径
Q...	涉及机场且影响范围只填写"A"；无法确定适当的半径且影响范围填写"AE"或"AW"	005
QN...	除远程导航系统以外的所有导航设施（如 VOR、DME 和 NDB 等）	025
QOB...	障碍物	005
QOL...	障碍物灯	005
QPH...	等待程序	025
QPX...	最低等待高度	025
QAP...、QAX...	报告点、交叉点	025

3. A）项：发生地

填写国际民航组织规定的机场或飞行情报区四字地名代码。一份航行通告只可填写一个机场，且该机场在地理划分上应归属于限定行中填写的飞行情报区。一份航行通告可填写一个或多个飞行情报区，且应与限定行中填写的飞行情报区或情报区组相对应，各飞行情报区四字地名代码之间应当加一个空格。当一份航行通告涉及的飞行情报区超过 7 个时，应发布多份航行通告。需要注意的是机场和飞行情报区不能在一份航行通告的 A）项中同时出现。

当航行通告内容涉及两个（含）以上机场时，应按机场发布多份航行通告。若影响范围为"AE"或"AW"，其中一份航行通告可填写"AE"或"AW"，其他航行通告可填写"A"。

如深圳/宝安和珠海/三灶机场均使用连胜围 VOR/DME,影响范围为"AE",当该台出现状况时,应发布以下两份航行通告:

1)(G0617/16 NOTAMN

Q)ZGZU/QNMAS/IV/BO/AE/000/999/2 200 N11323E025

A)ZGSZ

2)(G0618/16 NOTAMN

Q)ZGZU/QNMAS/IV/BO/A/000/999/2 200 N11323E025

A)ZGSD

4. B)项:生效时间

用 10 位数字的日时组填写生效时间,其中每两位数字分别表示年、月、日、时和分。当航行通告为立即生效时,应填写航行通告的签发时间,不应使用"WIE"或"WEF"等简缩字表示不确定时间。当生效时间为零点,应使用 0000 表示,不应使用 2400。例如,2016 年 8 月 18 日零时起生效,表示为 B)1608180000。

5. C)项:失效时间

失效时间在 B)项内容之后加一个空格,以项目编号"C)"开始,后接 10 位数字的日时组,每两位数字分别表示年、月、日、时和分。当航行通告失效时间无法准确设定时,应在估计的失效时间之后加上简缩字"EST"表示预计失效,之间没有空格。在该航行通告预计失效之前应发布代替或取消航行通告,否则该航行通告将继续有效。当航行通告的内容为永久性资料时,应在项目编号"C)"后面填写"PERM"表示"永久有效",之间没有空格。不能使用"APRX""DUR"或"UFN"等简缩字表示不确定的结束时间。当失效时间为零点时,应减 1 min 以"2359"表示,不应填写"0000"或"2400"。例如,2016 年 8 月 18 日 24 时起失效,表示为 C)1608182359。

6. D)项:分段时间

分段时间应另起一行,以项目编号"D)"开始,用明语说明航行通告生效期间的分段生效时间。D)项填写有时间跨度的时间段,不应使用时间点。一般情况下,D)项第一个时间段的起始时间和最后一个时间段的结束时间应与航行通告的 B)项生效时间和 C)项失效时间一致,即与 B)项和 C)项时间的后 4 位相符合。但当 D)项分段日期以星期表示,且 B)项和 C)项时间跨两个星期或以上时,会出现例外情况。例如,由于 B)项生效时间为 8 月 11 日星期三,所以并不是 D)项第一时间段的起始时间。

B)1608111400 C)1608271800

D)MON TUE 0800-1200 AND WED-FRI 1400-1800

如果分段时间比较复杂,可在 E)项中说明,但在 D)项中应注明"见报文"或"SEE TEXT"。

在 D)项中日期和时间可用的简缩字及数字:

(1)年份一般不出现在 D)项中,若时段跨年,可填写为 DEC,09 – JAN,10。

(2)月份可使用简缩字:JAN、FEB、MAR、APR、MAY、JUN、JUL、AUG、SEP、OCT、NOV、DEC。

(3)日期可使用两位数字表示:01,02,…,30,31。

（4）星期可使用简缩字：MON、TUE、WED、THU、FRI、SAT、SUN。

（5）时间可使用表示时分的4位数字表示：0001—1600。

在D）项中，时段可用的简缩字及含义：

（1）DLY：DAILY（每天）。

（2）EVERY：每个星期的固定某天，如EVERY MON。

（3）EXC：EXCEPT（除了）。

（4）H24：24 HOURS（全天24小时）。

（5）AND：最后两个时段之间的连接词。

7. E）项：航行通告正文

正文应另起一行，以项目编号"E）"开始，后接以明语和航空资料汇编公布的简缩语填写航行通告具体内容，明语中的文字应使用航空专业词汇和书面用语。E）项内容填写完成后，若不需要填写F）项和G）项，应在E）项内容之后加"）"作为结束符。

为了保证正文中的电报码能使用计算机自动翻译成汉字，填写和拍发时有以下要求：

（1）正文中可使用以下中、西文标点符号。

连接符"-"、冒号"："、括号"（）"、句号"。"和"."、逗号"，"、等于号"="、分隔符"/"、加号"+"、减号"-"、使用"（A）"替代"@"。

（2）汉字在航行通告传输过程中转换为4位数字的电报码，为保证电报码能准确翻译成汉字，电报码之间以及电报码和西文标点符号之间应加一个空格。例如，E）2 455 0 143 6 037 150 1653（4 318 2 455 0143）可翻译为"方位角150度（磁方位）"。

（3）为避免正文中的数据误翻译为汉字，数字应按以下方法填写。

① 以3位数分节的方法表示。例如，18，000、7，000。

② 4位数字表示的年份前后应加西文括号，之间没有空格。例如，（2008）年。

③ 凡有计量单位的数字应与计量单位合为一组，之间没有空格。例如，100 M、200KM、1200FT、3850KHZ等。

④ 表示时间时，应在时、分之间加冒号。例如，18:00。

（4）高度数据应注明计量单位和基准参照面，基准参照面应在高度数值后面用汉字或英文简缩字标注并加括号。不宜采用数字加括号表示场压或不加括号表示修正海压的高度标注方法。例如，1 200 M（场压）、1 800 M（修正海压）、80 M（AGL）或1 800 M（AMSL）。

（5）高度层由英文缩写"FL"加3位数字组成，单位为百英尺。例如，FL020等于2 000 ft（QNE）。

（6）距离和半径等数据应注明计量单位。公制计量单位可使用"米""千米"或"公里"等，英制计量单位可使用"英尺"或"海里"，或使用相应的英文缩写，如M（米）、KM（公里）、FT（英尺）和NM（海里）。

（7）角度和温度的标注方式。

① 航线角、导航设施的方位角或径向线应使用汉字或简缩字表示度，不应使用符号"°"，需要明确时可注明真方位或磁方位。例如，航迹角90度或方位角30 DEG（MAG）。

② 航向台的角度应使用中文或加、减符号注明正、负值，或以左、右标注。

示例："正020度以外……""-010度以外……"或"航向信标前航向道左侧20度以外……"。

③ 温度应使用汉字表示摄氏度或华氏度，不应使用符号"°C"或"°F"。

（8）空域范围的标注方式。

① 当空域水平范围为圆形时，应以圆心和半径方式标注，圆心应标明具体坐标或导航设施。

② 当空域水平范围为多边形时，应以各点坐标按顺（逆）时针方向标注成一个封闭的区域。坐标之间使用"－"连接，最后一个坐标应和第一个坐标相同。

③ 空域垂直范围的下限应标注基准参照面（SFC 或 GND）或具体数值，上限应标注具体数值或无限高（UNL）。

注：如果航空资料中已公布了空域的水平和垂直范围且没有变化，则不必在 E）项中重复。

（9）新辟航路或航段数据更改时，应注明航路代号、航段距离、磁航迹角、最低飞行高度、导航设施以及报告点等数据。

（10）跑道、滑行道和停机坪等场道面名称应使用汉字或英文缩写，并注明相应的编号。例如，RWY18L/26R、TWY NR.22 或 03 号跑道、T3 号滑行道。

（11）为避免产生歧义，以跑道两端为基准描述事件时，应明确"跑道入口"或"跑道末端"，不可使用"跑道端"的描述方式。

（12）导航设施的标注方。

① 导航设施的类型应使用航空资料汇编公布的简缩字。例如，NDB、VOR、DME、LLZ 和 OM 等。

② 呼号应加单引号标注，频率应注明频段，DME 台应注明波道，频率和波道之间加"/"。

示例：大王庄 VOR/DME'VYK' 112.7 MHZ/CH74X 不提供使用。

（13）坐标应统一使用"N182030E1202030"或"N4302.6E10813.0"的形式，纬度在前，经度在后，精确到秒或 1/10 分。当坐标精确到秒时，纬度为 6 位数字，经度为 7 位数字，缺位补零。度、分和秒不宜使用汉字或符号"°""'"和"""表示。

8. F）项和 G）项：下限和上限

下限和上限应另起一行，下限以项目编号"F）"开始，后接航行通告垂直影响范围的最小值；上限在下限之后加一个空格，以项目编号"G）"开始，后接航行通告垂直影响范围的最大值。航行通告的内容涉及有关航空警告和空域限制时，应填写 F）项和 G）项，且应在 G）项内容之后加"）"作为结束符。

F）项和 G）项的数据应与 Q）项限定行的上下限填写的高度层数据相对应，具体标注方法如下：

（1）应在具体数值后面无空格标注计量单位，之后空一格标注基准参照面。

（2）当下限为地面或海平面，即高（度）为零时，可使用英文缩写"GND"或"SFC"表示，当上限为无限高时，可使用"UNL"表示。

（3）可使用"FL"加 3 位数字组成的高度层数据表示，单位为百英尺但不必标注。

（4）不可使用"000"和"999"表示地（海平）面至无限高。

F）项和 G）项的填写格式见表 4-5，且只能用表中列出的一种方式填写。

表 4-5　下限和上限表示方法

F）项	G）项
SFC	UNL
GND	UNL
SFC	××××M AMSL
GND	××××M AGL
××××M AGL	××××M AGL
××××M AMSL	××××M AMSL
FL×××	FL×××

六、填写航行通告的其他规定

（一）航行通告代替报（NOTAMR）拍发程序

代替航行通告的生效时间应为立即生效，不应填写将来的时间。

代替航行通告不应代替尚未生效的航行通告，应先取消该通告，然后再发布一份。

NOTAMR 只能代替同一系列的一份航行通告，其 NOTAMR 的主题应与被代替的航行通告的主题一致，而且 A）项地址应相同。

NOTAMR 的生效时间应为立即生效，不得填写将来的时间。

NOTAMR 不得代替尚未生效的航行通告，应先取消该通告，然后再发一份新航行通告。

对于大部分的航行通告，NOTAMR 应全部代替，不得只代替其中的一部分或几部分。

（二）航行通告取消报（NOTAMC）拍发程序

取消航行通告应填写 E）项内容，并说明取消航行通告的原因；如果取消航行通告后需要立即签发新航行通告，取消航行通告应注明"见下一份通告"或"SEE NEXT NOTAM"。

NOTAMC 只能取消同一系列的一份 NOTAM，取消报的生效时间应为立即生效，不得填写将来的时间。对于大部分的航行通告，NOTAMC 应全部取消，不得只取消其中的一部分或几部分。

取消报的航行通告 Q）项选择代码的填写方法如下：

第 2、3 个字母必须与被取消的航行通告相一致。

第 4、5 个字母应选择下列与第 2、3 个字母对应的条目相组合：

　　Q..AK——恢复正常工作；

　　Q..AO——可工作；

　　Q..AL——恢复工作（或按从前公布的限制/情况工作）；

　　Q..CC——完成；

　　Q..CN——取消；

　　Q..HV——完工；

　　Q..XX——明语说明。

取消航行通告不必填写"飞行类型"和"影响范围"，仅在"签发目的"中填写代码"M"，如：

（E0830/16 NOTAMC E0519/16

Q）ZBPE/QNVAK/M//000/999/

A）ZBAA

B）1609250630

E）VOR'PEK'RESUMED NORMAL OPERATION。）

（三）触发性航行通告（trigger NOTAM）格式和内容

触发性航行通告是一种特殊形式的航行通告，由民用航空情报中心发布用于通知用户注意即将生效的航空资料汇编修订、航空资料汇编补充资料和航空资料通报。

触发性航行通告遵循一般航行通告的格式，并选择适当的航行通告系列发布。依据航空资料汇编修订或补充资料的修订内容，一份触发性航行通告可简要描述多个事件和有关这些事件的情况。触发性航行通告应进入飞行前资料公告。触发性航行通告的生效日期应当与航空资料汇编修订、航空资料汇编补充资料、航空资料通报的生效日期相同，并保持14天有效。

触发性航行通告Q）项的主题代码应从《航行通告选择标准代码》中选择。如果触发性航行通告包含多项主题内容，则应选取最重要内容的主题代码，"飞行类型""签发目的"和"影响范围"等项应当按照重要程度最高的内容进行组合。没有合适的主题代码时不应使用"XX"，应使用"FA"代表机场或"AF"代表情报区。状况代码应使用"TT"，且可与所有主题代码搭配使用。

A）项应填写涉及的所有飞行情报区四字地名代码，若内容仅涉及一个机场，则应填写该机场四字地名代码；B）项生效时间应与航空资料汇编修订或补充资料的生效时间一致。

C）项失效时间填写方法如下：

（1）当内容为航空资料汇编修订时，结束时间应为生效时间加上14天。

（2）当内容为航空资料汇编补充资料且结束时间可以确定时，应与补充资料的结束时间一致。

（3）当内容为航空资料汇编补充资料但结束时间不确定时，应以生效时间加上3个月作为预计结束时间（EST）。

E）项内容包括3部分：

（1）第一部分：关键词"TRIGGER NOTAM"应始终放在E）项内容的第一行。

（2）第二部分：相关航空资料汇编修订或补充资料的期号和生效时间。

（3）第三部分：相关航空资料汇编修订或补充资料内容重要变化的概述。

例如：

（A6672/10 NOTAMN

Q）ZXXX/QAFTT///E/000/999/

A）ZGZU ZLHW ZPKM ZSHA ZWUQ ZYSH

B）1009221600 C）1010071600

E）TRIGGER NOTAM

AIP CHINA AMENDMENT NR.10/2010（2010-8-15）WILL BE EFFECTIVE FROM 1600UTC ON 22 SEP 2010.

MAIN CHANGES AS FOLLOWS：
1. NEW STANDS ESTABLISHED IN SHENYANG/TAOXIAN（ZYTX）AIRPORT.
2. NEW APRONS ESTABLISHED IN CHONGQING/JIANGBEI（ZUCK）AIRPORT.
3. HOT SPOTS ESTABLISHED IN YICHUAN/HEDONG（ZLIC）AIRPORT.
4. HOT SPOT ESTABLISHED IN XI'AN/XIANYANG（ZLXY）AIRPORT.
5. HOT SPOT ESTABLISHED IN LANZHOU/ZHONGCHUAN（ZLLL）AIRPORT.
6. ENROUTE CHART EDITION 24TH（2010-8-15）PUBLISHED.
LOG ON AIS CHINA WEBSITE：WWW.AISCHINA.COM FOR PREVIEWING THE WHOLE INFORMATION.）

（四）航行通告校核单规定及要求

航行通告校核单是一种特殊形式的航行通告，用于帮助用户检查和校对现行航行通告的状况，以保证航行通告数据库数据的完整和正确，并且提醒用户注意最新发布的航空情报资料。

1. 航行通告校核单规定

每一个航行通告系列应按航行通告格式单独发布校核单。一个新系列航行通告的第一份校核单应以新航行通告形式发布，后续的校核单应以代替报形式发布，替代前一份校核单且立即生效。校核单一般在每个月的 1 日定期发布，有效期为 1 个月，预计结束时间为下一个月的 1 日。校核单不宜进入飞行前资料公告。航行通告不应以校核单取消，应发布取消航行通告。

2. 航行通告校核单格式和内容

Q）项应填写"QKKKK"，"飞行类型""签发目的"和"影响范围"应填写"K"，A）项应填写校核单发布单位所属的飞行情报区四字地名代码，民航局空管局航行情报服务中心国际通告室填写"ZBBB"。

E）项内容包括三部分：

（1）第一部分：关键词"CHECKLIST"应始终放在 E）项内容的第一行。

（2）第二部分：按公历年分组列出有效航行通告，由年份和有效航行通告序号组成。

① 年份由英文单词"YEAR"加上"="号再加上 4 位数字组成，中间没有空格，下一年应另起一行表示，例如："YEAR=2008"。

② 有效航行通告序号应在年份后空一格，由小到大依次排列，系列代码和年份应省略，仅填写 4 位数字的序号，序号之间加一个空格。

③ 序号之间不应以任何标点符号分隔，最后一个序号后面不应以"。"结束。

（3）第三部分：最新发布的航空情报资料期号，这部分仅限民航局空管局航行情报服务中心国际通告室发布。

① 最新的航空资料汇编修订期号。

② 最新的航空资料汇编补充资料期号。

③ 最新的航空资料通报期号。

例如：

（A6023/10 NOTAMR A5221/10

Q）ZBBB/QKKKK/K/K/K/000/999/
A）ZBBB B）1008010000 C）1009011000 EST
E）CHECKLIST
YEAR=20074567
YEAR=20088186
YEAR=200906740865……96759678
YEAR=201001190845…… 60216022
LATEST PUBLICATIONS
AIP-AMDT：NR.08/10（2010-7-1）
AIP-SUP：NR.03/10（2010-6-1）
AIC：NR.01/10（2010-6-1）.）

3．校核单纠错程序

如果校核单中包含了已失效的航行通告，则应发布一份新的校核单代替原校核单，不应发布校核单的更正报。

如果校核单遗漏了有效航行通告，则应：

（1）若遗漏的航行通告已经生效，应发布代替报替代漏失的航行通告，或发布新的校核单替代原校核单。

（2）若遗漏的航行通告还未生效，应先发布取消报取消漏失的航行通告，然后发布与被取消航行通告结束时间和内容相同的新航行通告；或发布新的校核单替代原校核单。

（五）填写航行通告的其他要求

（1）除了触发性航行通告外，一份航行通告只应处理一个事件或有关该事件的一种情况。

（2）航行通告应准确和完整地描述事件的具体情况，文字描述应简短和明确，数据应准确和完备，必要时宜说明事件发生的原因。

（3）作为一种快速分发航空情报的手段，航行通告内容的篇幅不宜过长，包括大量文字和/或图形的临时性资料，宜以航空资料汇编补充资料发布。

（4）航行通告发布的内容为航空情报资料变更时，不仅应发布变更后的情况，而且应将变更前的情况加以描述，以便用户不需要查阅航空资料即可获得相关信息，并对信息的变化情况进行比对。必要时，应注明需参阅的航空资料变更的相关条款，以便用户查询航空资料的变更内容。

（5）新航行通告在其发布时即为有效航行通告，生效时间可以为立即生效，也可以为将来生效。

（6）航行通告出现错误时，不应签发更正航行通告，应发布代替航行通告，或取消后签发一份新航行通告。

（7）有效的航行通告应根据飞行任务和提取方式，进入相应的飞行前资料公告中。

（8）永久性航行通告的内容应编入航空资料汇编，并应在航空资料汇编修订生效 15 日后，发布取消航行通告予以取消。

（9）一份航行通告超过规定长度时，应以同一系列编号分多部分发布。

（10）航行通告提供的数据宜使用公制计量单位，使用英制计量单位时应加以明确的标注。

（11）国际系列航行通告应使用大写的英文编写，时间应使用协调世界时；国内系列和地区系列航行通告应使用中文编写，时间应使用北京时。

（12）航行通告应在系列编号前以正括号"（"开始，在 E 项或 G 项（如需填写）内容之后以反括号"）"结束，A）项至 G）项代码之后的反括号"）"不应省略。

（六）航行通告项目填写检查一览表

不同类型航行通告需要填写的项目应按表 4-6 要求进行检查。

表 4-6　航行通告项目填写检查一览表

通告项目	NOTAMN	NOTAMR	NOTAMC	TRIGGER	CHECKLIST
航行通告标志	填写	填写	填写	填写	填写
被代替或取消的航行通告编号	不填写	填写	填写	不填写	填写
飞行情报区	填写	填写	填写	填写	填写
航行通告代码	填写	填写	填写	填写	填写
飞行种类	填写	填写	不填写	填写	填写
签发目的	填写	填写	填写"M"	填写	填写
影响范围	填写	填写	不填写	填写	填写
下限和上限	填写	填写	填写	填写	填写
坐标和半径	填写	填写	不填写	不填写	不填写
A）项	填写	填写	填写	填写	填写
B）项	填写	填写	填写	填写	填写
C）项	填写	填写	不填写	填写	填写
D）项	按实际情况填写	按实际情况填写	不填写	不填写	不填写
E）项	填写	填写	填写	填写	填写
F）项和 G 项）	按实际情况填写	按实际情况填写	不填写	不填写	不填写

七、航行通告举例

（一）新航行通告

1. 有关设施的航行通告

这类航行通告的内容涉及各类设施，包括灯光设施、机场设施和通信导航设施的工作状况，即通报某设施不提供使用/限制性使用/关闭或恢复使用或设施被拆除等情况，当通报设施不提供使用或关闭时其后通常会说明原因。

例如：

（C3649/21 NOTAMN

Q）RKRR/QISAS/I/NBO/A/000/999/3638N12821E005

A）RKTY B）2111050530 C）2111050730

E）ILS/DME RWY 28 U/S DUE TO MAINT）

类似的航行通告正文 E）项还有：

E）SSR NOT AVBL DUE MAINT（二次雷达不可用因维护）。

E）PAPI FOR RWY12 OUT OFSERVICE DUE MAINT（12号跑道 PAPI 灯不可用因维护）。

表示设施关闭的常用词有 CLSD（CLOSED），SHUT DOWN WITHDRAWN（拆除），美国发布的通告中还出现一词 DCMSN（decommissioned 停止使用）。

如：E）ILS IM RWY09 COMPLETELY WITHDRAWN（09号跑道 ILS 内指点标全部拆除）。

E）NDB'DJ 212KHZ'SHUTDOWN FOR MAINT（NDB 台'DJ/212KHZ'关闭因维护）。

2. 有关机场地面区域的航行通告

这类航行通告涉及内容多为运行区和着陆区，如停机坪/机位/跑道/滑行道等关闭/限用/施工，通报关闭/不提供使用（服务）。常用词有 CLSD/UNAVBL。

例如：

E）ACFT STANDS A10 CLSDDUE TECR（因技术原因，A10号停机位关闭。TECR =Technical Reason）。

E）TWY J WEST OF TWY A NOTAVBL（A 滑行道以西的 J 滑行道不可用）。

注意：航行英语中，为了避免造成误解，对字母的发音有着特别的规定，A-Alpha B-Bravo...K-Kilo... 有的国家/地区发布的关于滑行道的通告，也会有这样的用法，如：

E）TWY Kilo NOT AVBL（K 滑行道不可用）。

E）TWY WHISKEY BTN TWY CHARLIE AND RWY 06/24 RESTRICTED TO B737-200 AND BLW（C 滑行道与 06/24 号跑道之间的 W 滑行道限于 B737-200 及以下机型使用）。

场内施工或设立障碍物的航行通告，初看时会让人觉得不易认读，这是因为其中使用了较多的简缩字，和日常英语相比较，句子的省略部分较多，如：

（C3660/21 NOTAMN

Q）RKRR/QOBCE/IV/M/AE/000/999/3536N12921E003

A）RKPU B）2110300000 C）2112161500

E）TEMPO OBST ERECTED AS FLW：

1. PSN：3539174N 12920553E, 3539184N 12920581E

2. HGT：102.43M AMSL：174.93M

3. TYPE：2 TOWER CRANES

4. RMK：CRANE PENETRATE THE CONICAL SFC OF RKPUOBST LGT INSTL ON THE TOP OF CRANE）

3. 有关警告类的航行通告

有关警告类的航行通告包括空域限制，如危险区/禁区/限制等的划设，航行警报，如跳伞/航拍/航空表演/施放烟火/进行炮射活动，等等。

这类通告的正文内容有两种类型，一种是正文（E项）内容较长，文字较多。例如：

（1）Live firing/military/exercise/formationflight/aerial survey will takeplace within ××NM radius of position（×××N××××W）。

如：E）PYROTECHNIC DISPLAY WILL TAKE PLACE WITHIN 10NM RADIUS OF 011630N 1035150E（以 011630N 1035150E 为中心，半径 10 海里范围内燃放烟花）。

（2）×××will take place：areacentered on××× （coordinates）with radius×NM。

如：E）AIRDISPLAY WILL TAKEPLACE：AREACENTEREDON 400031N0261159E WITH RADIUS 5NM.（下列区域进行航空表演：以 400031N0261159E 为中心半径 5 海里范围内）。

（3）Temporary restricted area established bounded by the following coordinates：…

如： E）AREA ALPHA STATIONARYRESERVATION ESTABLISHED 4504N/07032W，4446N/07032W，4448N/07008W 4435N/07015W 4435N/07055W TO POINT OFORIGIN。（划设固定禁航空域 A，范围：以下六点连线内：……）

正文内容的另一种类型是正文（E 项）非常简单，或给出了 Q 代码，或没有给出 Q 代码。如：

（A1628/06 NOTAMN

　　Q）KZOA/QWELW/IV/BO/W/000/ 600/

　　A）KZOA B）0604301730 C）0604302130

　　E）QWELW WITHIN W-260）

这份通告的正文内容给出了 Q 代码"WELW"，意思指"进行空中加油"，"W-260"是空域编号，知道了 Q 码的意思就不难解读通告的内容了，"W-260 号空域有空中加油活动。"

（二）代替航行通告

（A6738/21 NOTAMR A6693/21

Q）MMFR/QNVAS/IV/BO/AE/000/999/2202N09848W150

A）MMTN

B）2110302203

C）2111022359

E）VOR IDENT /TMN/ FREQ 117.5 MHZ U/S）

（A4197/21 NOTAMR A3971/21

Q）LRBB/QSTAH/IV/BO /A/000/999/4740N02328E005

A）LRBM B）2110291318 C）2110311700

E）TEMPORARY CHANGE OF ATS COMMUNICATION FACILITIES HOURS OF OPS：

　　MON-FRI：0400-1600

　　SAT：1200-1430

　　SUN：1000-1330.）

（B4444/21 NOTAMR B3135/21

Q）LFMM/QMPLT/IV/M　/A /000/999/4130N00906E005

A）LFKF B）2110291318 C）2112312300

E）STANDS 1 TO 6 COMPULSORY HANDLING）

（三）取消航行通告

（A3206/21 NOTAMC A3205/21

Q）KZLC/QMXXX////000/999/4334N11613W005

A）KBOI

B）2110302321

E）TWY A BTN TXL N AND EAST DEICE PAD CLSD CANCELED

（E4787/21 NOTAMC E4786/21

Q）CZQM/QMRAK/IV/NBO/A/000/999/4453N06331W005

A）CYHZ B）2110302356

E）RWY 14/32 OPN）

（四）触发性航行通告举例

1. 例1

GG AAAAAAAA ZBBBCKXX

130604 ZBBBYNYX

（A2667/16 NOTAMN

Q）ZXXX/QAFTT/IV/BO/E/000/999/

A）ZBPE ZGZU ZHWH ZJSA ZLHW B）1611091600 C）1611231600

E）TRIGGER NOTAM

AIP CHINA AMENDMENT NR.12/2016（2016-10-15），NR.12A/2016（2016-11-1）WILL BE EFFECTIVE FROM 1600UTC ON 9 NOV 2016.

MAIN CHANGES AS FOLLOWS：

"1. NEW APP02 PUT INTO USE IN NANNING/WUXU（ZGNN）AIRPORT."

"2. NEW APP06 PUT INTO USE IN GUANGZHOU/BAIYUN（ZGGG）AIRPORT."

"3. TWR02 AND TWR03 FREQ ADJUSTED IN BEIJING/CAPITAL（ZBAA）AIRPORT."

"4. PROCEDURES ADJUSTED IN MANZHOULI/XIJIAO（ZBMZ）AIRPORT."

5. ERDOS/EJIN HORO（ZBDS）AIRPORT PUT INTO USE.

6. NEW RWY25 LOW VISIBILITY PROCEDURE IN FORCE，NEW RWY25 ILS/DME CAT-Ⅱ IAC AND NEW RWY25 PRECISION APPROACH TERRAIN CHART ESTABLISHED IN URUMQI/DIWOPU（ZWWW）AIRPORT.

7. APP FREQ ADJUSTED IN HEFEI/XINQIAO（ZSOF）AIRPORT.

8. APP FREQ ADJUSTED IN WENZHOU/LONGWAN（ZSWZ）AIRPORT.

9. APP FREQ ADJUSTED IN HANGZHOU/XIAOSHAN（ZSHC）AIRPORT.

10. NEW RNAV ARRIVAL IN HANGZHOU/XIAOSHAN（ZSHC）AIRPORT.

11. APRON AND STANDS ADJUSTED IN SHANGHAI/PUDONG（ZSPD）AIRPORT.

12. NEW PBN FLIGHT PROCEDURE OF CHONGQING/JIANGBEI（ZUCK）AIRPORT.

13. SUP07/16 AND SUP08/16 CANCELLED.

LOG ON AIS CHINA WEBSITE：WWW.EAIPCHINA.CN FOR PREVIEWING THE WHOLE INFORMATION.）

2. 例 2

GG ZBBBYEYX ZBBBCKXX DDDDDDDD

130559 ZBBBYOYX

（C1160/16 NOTAMN

Q）ZXXX/QAFTT/IV/BO/E/000/999/

A）ZPKM ZSHA ZWUQ ZYSH B）1611100000 C）1611242359

E）TRIGGER NOTAM

国内航空资料汇编（NAIP）修订 12/2016 期（2016-10-15）、12A/2016（2016-11-1）将于 2016-11-10 生效，请注意查收。12&12A/2016 期主要内容：白城新增 PBN 飞行程序；合肥、温州、杭州机场新增进近管制扇区及频率；杭州新增 RNAV 进场、RNAV 衔接 ILS/DME 进近（经 ATC 许可）；井冈山新增 PBN 飞行程序；满洲里机场飞行程序调整，新增 PBN 飞行程序；广州、南宁进近频率调整；吕梁机场飞行程序调整；重庆新增 RNAV 离场程序及机场障碍物 A 型图；乌鲁木齐新增 RWY25 低能见度起飞标准，新增 RWY25 ILS/DME CAT-Ⅱ类进近图，新增 RWY25 精密进近地形图。

相关内容参阅本期修订。）

3. 例 3

GG DDDDDDDD ZBBBCKXX ZBBBYEYX

020144 ZBBBYOYX

（C1235/16 NOTAMN

Q）ZXXX/QAFTT/IV/BO/E/000/999/

A）ZBPE ZGZU ZHWH ZJSA ZLHW ZPKM ZSHA B）1612080000 C）1612222359

E）TRIGGER NOTAM

国内航空资料汇编（NAIP）修订 13/2016 期（2016-11-15）将于 2016-12-8 生效，请注意查收。13/2016 期主要内容如下：东北地区局部空域调整；新辟扎兰屯/成吉思汗、沧源/佤山、海口/美兰机场进离场航线；上海区域管制扇区、南京进近管制区及扇区调整并增设报告点 RUPUD、SUBKU；福州进近管制扇区调整；部分航线补充实施 PBN 运行。新增扎兰屯/成吉思汗、沧源/佤山机场；海口/美兰进离场分流程序调整；阿尔山/伊尔施新辟进离场程序；乌兰浩特/依勒力特进离场程序编号调整；西昌/青山飞行程序调整；昆明/长水 RWY03 飞行程序增加 Ⅱ 类运行标准；重庆/江北新增停机坪。

新增航图手册补充资料 1610（广州/白云机场实施 CCO/CDO 试运行）和 1611（临沂/沭埠岭机场不停航施工程序调整）。

新增航空资料通报 1603（2017 年度 NAIP 资料修订计划表）。

相关内容参阅本期修订。）

（五）国内（C）系列航行通告与相应的国际系列航行通告

国内（C）系列航行通告与相应的国际系列航行通告见表 4-7。

表 4-7　国内（C）系列航行通告与相应的国际系列航行通告

	国内（C）系列航行通告	国际系列航行通告
1	C 3547/15 A）ZGNN B）2015/10/31/0001 C）2017/03/31/2359 E）机场施工，竖立塔吊．距 RWY05 入口以北 1179 米，跑道中心线以东 957 米，海拔高度 234.45 米，摆臂半径 51.2 米，已安装航空障碍物灯	G 0495/15 A）ZGNN B）2015/10/30/1601 C）2017/03/31/1559 E）NEW CRANE ERECTED AT PSN: 1179M NORTH OF RWY05 THR, 957M EAST OF RCL, ALT: 234.45M（AMSL）, LENGTH OF CRANE ARM 51.2M, MARKED WITH OBST LGTS
2	C 3548/15 A）ZGNN B）2015/10/31/0001 C）2017/03/31/2359 E）因受超高障碍物影响，临时提高 RWY05/23 A/B 类飞机目视盘旋标准，MDH 由（160）米提高至（200）米	G 0505/15 A）ZGNN B）2015/10/30/1601 C）2017/03/31/1559 E）DUE TO OBST, CIRCLING（RWY05/23 MDH）FOR ACFT TYPE A/B CHANGE FROM 160M TO 200M
3	C 4180/15 A）ZUUU B）2015/11/12/1630 C）PERM E）A 滑与 RWY02L/20R 之间的 A1 滑行道 PCN 值更改为：PCN 106/R/B/W/T	U 0852/15 A）ZUUU B）2015/12/11/2200 C）PERM E）PCN FOR TWY A BTN TWY A1 AND TWY A2 CHANGED TO 106/R/B/W/T
4	C 2284/16 A）ZPKM B）2016/06/01/1259 C）2016/12/08/2359 E）昆明区域管制室海事卫星电话 441204 不提供使用，因设备故障	A 1279/16 A）ZPKM B）2016/06/01/0458 C）2016/12/08/1559 E）INMARSAT PHONE: KUNMING ACC-441204 U/S DUE TO TROUBLE
5	C 1831/16 A）ZUUU B）2016/05/01/0000 C）2016/07/31/2359 E）成都进近和塔台管制范围 6000 米（含）以下空域实施目视间隔和目视进近试运行 F）GND G）6000M AMSL	U 1063/16 A）ZUUU B）2016/04/30/1600 C）2016/07/31/1559 E）CHENGDU APPROACH CONTROL AREA AND CHENGDU TOWER CONTROL AREA: VISUAL SEPARATION AND VISUAL APPROACH ARE TRAIL OPERATION AT 6000M AND BELOW. F）GND G）6000M AMSL

续表

	国内（C）系列航行通告	国际系列航行通告
6	C 0722/16 A）ZPKM B）2016/02/09/0000 C）PERM E）成都区域管制01号、10号扇区正式启用备用频率120.525MHZ	A 0170/16 A）ZPKM B）2016/02/08/1600 C）PERM E）SECONDARY FREQ 120.525MHZ FOR CHENGDU ACC ZUUU AR01 AND AR10 PUT INTO USE
7	C 1616/16 A）ZUUU B）2016/04/15/1133 C）PERM E）229机位机身限制调整为64米（含）以下	U 0918/16 A）ZUUU B）2016/04/15/0333 C）PERM E）PARKING STAND NR.229 ONLY AVBL FOR ACFT WITH FUSELAGE NOT EXCEEDING 64M
8	C 2089/16 A）ZUUU B）2016/05/15/0200 C）2016/06/21/0600 D）0200-0600 DLY E）C滑贯通施工，以下滑行道运行限制为： 1. B滑以东的B8滑行道只允许翼展36米及以下飞机运行； 2. B6滑与B10滑之间的B滑行道只允许翼展36米及以下飞机运行	U 1262/16 A）ZUUU B）2016/05/14/1800 C）2016/06/20/2200 D）1800-2200 DLY E）TWY B8（EAST OF TWY B）ONLY AVBL FOR ACFT WITH WING SPAN NOT EXCEEDING 36M. TWY B（BTN TWY B6 AND TWY B10）ONLY AVBL FOR ACFT WITH WING SPAN NOT EXCEEDING 36M
9	C 2023/16 A）ZUUU B）2016/05/13/0200 C）2016/07/02/0600 D）0200-0600 EVERY FRI AND SAT E）关闭A滑至RWY02L/20R之间的A1-A6，A8滑行道，因维护	U 1216/16 A）ZUUU B）2016/05/12/1800 C）2016/07/01/2200 D）1800-2200 EVERY THU AND FRI E）TWY A1-A6 AND TWY A8 CLSD BTN TWY A AND RWY02L/20R
10	C 2279/16 A）ZUUU B）2016/06/02/1000 C）2016/06/02/1700 E）RWY02L ILS不提供使用，因维护	U 1408/16 A）ZUUU B）2016/06/02/0200 C）2016/06/02/0900 E）ILS FOR RWY02L U/S DUE TO MAINT
11	C 2280/16 A）ZUUU B）2016/06/02/1000 C）2016/06/02/1700 E）RWY02L DME 'IZW' CH48X不提供使用，因维护	U 1409/16 A）ZUUU B）2016/06/02/0200 C）2016/06/02/0900 E）DME 'IZW'/CH48X FOR RWY02L U/S DUE TO MAINT

续表

	国内（C）系列航行通告	国际系列航行通告
12	C 0599/16 A）ZUGY B）2016/01/29/1036 C）PERM E）RWY19 GP 工作频率更改为 332.0MHZ	U 0336/16 A）ZUGY B）2016/01/29/0236 C）PERM E）FREQ FOR RWY19 GP CHANGED TO 332.0MHZ
13	C 0556/16 A）ZUGY B）2016/01/27/1409 C）PERM E）RWY19 LLZ 识别更改为：IGY，频率更改为：109.3MHZ	U 0320/16 A）ZUGY B）2016/01/27/0609 C）PERM E）LLZ FOR RWY19 CHANGED AS FOLLW：ID：IGY.FREQ：109.3MHZ
14	C 1387/16 A）ZPPP B）2016/04/01/1447 C）2016/10/06/0959 E）昆明长水机场 RWY03/04 RWY21/22 实施平行跑道独立平行仪表进近模式试运行	U 0772/16 A）ZPPP B）2016/04/01/0705 C）2016/10/06/0159 E）INDEPENDENT PARALLEL ILS APPROACH TRIAL OPERATION FOR RWY03/04 AND RWY21/22
15	C 0490/16 A）ZUCK B）2016/01/25/1852 C）2016/06/30/2359 E）RWY02L/20R NDB 进近程序不提供使用	U 0266/16 A）ZUCK B）2016/01/25/1052 C）2016/06/30/1559 E）NDB APPROACH PROCEDURE FOR RWY02L/20R U/S
16	C 2285/16 A）ZUGY B）2016/06/02/1400 C）2016/06/02/1500 E）RWY01 RVR 设备 A 不提供使用	U 1412/16 A）ZUGY B）2016/06/02/0600 C）2016/06/02/0700 E）RVR EQPT A FOR RWY01 U/S

（六）地区（D）系列航行通告举例

（D 1155/16

A）ZUDX

B）1603140903 C）1606192359

E）达州 VOR/DME 'DAX' 115.0MHZ/CH97X 不提供使用，因更新改造.）

（D 1145/16

A）ZUBD
B）1603111719 C）PERM
E）邦达 VOR/DME 'DCH' 113.3MHZ/CH80X 关闭.）
（D 0896/16
A）ZPMS
B）1603040001 C）1606042359
E）芒市 VOR/DME 'LUM'/114.1MHZ/CH88X 不提供使用，因原址更新.）

第三节　雪情通告

雪情通告是一种专门系列的航行通告，用标准的格式提供跑道表面状况报告，通知由于活动区内有雪、冰、雪浆、霜、积水或与雪、雪浆、冰或霜有关的水而存在的危险情况，或者这种险情的停止。雪情通告的识别标志为 SNOWTAM。机场民用航空情报单位应当根据跑道表面状况原始资料，按照规定的格式及时发布雪情通告。

一、雪情通告的有关规定

（1）雪情通告的电报等级宜使用"GG"（急报），紧急情况可使用"DD"（特急报），使用系列为 S。

（2）由各机场民用航空情报单位直接发至全国民用航空情报中心、地区民用航空情报中心以及与本场航班运行有关的机场民用航空情报单位。对外开放机场的雪情通告，由全国民用航空情报中心国际航行通告室向国外转发。国际分发的雪情通告正文使用英文和简缩字编写，时间使用协调世界时；国内分发的雪情通告正文使用中文编写，时间使用北京时。

（3）雪情通告自每年公历 7 月 1 日零时开始，第一次发布雪情通告的编号为 0001，顺序编号至第二年的 6 月 30 日 24 时止。国际分发的雪情通告全国统一编号，国内分发的雪情通告各机场单独编号。

（4）雪情通告的有效时间最长不超过 8 小时。

（5）在任何时候，一个机场只能存在一份有效的雪情通告，任何时候收到新的跑道状况报告时，应发布新的雪情通告，上一份雪情通告同时失效。雪情通告出现错误时应发布新的雪情通告，不应签发雪情通告更正报。

（6）多跑道运行的机场，当其中一条跑道的雪情发生变化时，也应发布新的雪情通告，可采用最新一次的观测时间，雪情未发生变化的其他跑道可按上一次公布的数据（值）发布。

（7）一份雪情通告发布两条（含）以上跑道的雪情时，应针对每条跑道重复 B）项至 H）项，即重复飞机性能计算部分的信息。

（8）有效的雪情通告应根据飞行任务和提取方式，进入相应的飞行前资料公告中。

（9）雪情通告出现错漏时，不应签发更正报，应发布新的雪情通告。

（10）所有公布的数据（值）应采用公制单位，除 T）项以外，其他各项仅填写数值，不应填写测量单位。

（11）雪情通告各项的项目编号仅供编制报文时作为参考使用，不应出现在正式发布的报文中。

（12）雪情通告中，A、B、C、D、G 项为强制性信息，E、F 项为条件性信息，其余各项均为选择性信息。其中，强制性信息是指应填写的信息，条件性信息是指满足一定触发条件后填写的信息，选择性信息是指根据报告的跑道状况而视情况填写的信息。

二、雪情通告的格式和填写方法

（一）雪情通告格式

雪情通告格式见表 4-8。

表 4-8 雪情通告格式

报头	电报等级		收电地址			《≡
	签发时间		发电地址			《≡
简化报头	（SW+国家代码**+序号）	（地名代码）	（观测时间）		（任选项）	
	S W * *					《≡
雪情通告--------（序号）						
飞机性能计算部分						
发生地（四字地名代码）				M	A）	《≡
观测日期和时间（测定结束时间，协调世界时）				M	B）	→
跑道号码				M	C）	→
跑道状况代码（RWYCC）				M	D）	→
跑道污染物覆盖范围				C	E）	→
跑道污染物深度（mm）				C	F）	→
跑道状况说明 压实的雪 干雪 压实的雪面上有干雪 冰面上有干雪 霜 冰 雪浆 积水 压实的雪上面有水 湿 湿冰 湿雪 压实的雪面上有湿雪 冰面上有湿雪 干				M	G）	→
跑道状况代码对应的跑道宽度				O	H）	《≡≡

续表

报头	电报等级	收电地址			≡
	签发时间	发电地址			≡
简化报头	(SW+国家代码**+序号)	(地名代码)	(观测时间)		(任选项)
	S W * *				≡
情景意识部分					
跑道长度变短（m）			O	I）	→
跑道上有吹积的雪堆			O	J）	→
跑道上有散沙			O	K）	→
跑道上的化学处理			O	L）	→
跑道上有雪堤			O	M）	→
滑行道上有雪堤			O	N）	→
跑道附近有雪堤			O	O）	→
滑行道状况			O	P）	→
停机坪状况			O	R）	→
测定的摩阻系数			O	S）	≡
明语说明			O	T）	）

（二）填写雪情通告方法

1. 电报报头

报头部分由两行组成，第一行为电报等级和收电地址，收电地址可填写多个，各项之间加一个空格；第二行为签发时间和发电地址，两项之间加一个空格，发电地址只能填写一个。其中，雪情通告宜使用电报等级"GG"（急报），紧急情况可使用"DD"（特急报）。收电地址和发电地址均由8个字母组成，前4个字母为地名代码，第5至第6或第7个字母为部门代码，不足位应由填充码补齐，填充码通常使用字母"X"。签发时间由6位数字组成，从前至后每两位数字分别表示日、时和分。

示例：GG ZGGGOIXX ZSSSOIXX ZUUUOIXX……
　　　060330 ZBAAOIXX

2. 简化报头

为了方便雪情通告的自动处理、检索和查询，雪情通告应采用简化报头。简化报头由3组代码组成"TTAAiiii CCCC MMYYGGgg"的形式，各组代码之间加一个空格，具体含义如下：

（1）TT：雪情通告的识别标志，由两个字母组成，填写"SW"。

（2）AA：国家或地区地理位置识别代码，由两个字母组成。对外发布的国际雪情通告应填写中国的国家代码为"ZX"；国内雪情通告应填写机场所属的地区代码。例如，ZB、ZL、ZW或ZY等。

（3）iiii：雪情通告编号，由4位数字组成。

（4）CCCC：发生雪情的机场4字地名代码。

（5）MMYYGGgg：观测日时组，由8位数字组成，其中MM表示月份，YY表示日期，GG表示时，gg表示分。应与B项中最新观测跑道的时间一致。

示例：北京/首都机场第一号雪情通告简化报头，观测日期为 11 月 8 日 16 时："SWZB0001 ZBAA 11081600"。

3. 雪情通告标志和序号

雪情通告标志和编号应另起一行，并在标志前加正括号"（"作为雪情通告的开始标志。雪情通告标志为"SNOWTAM"，之后加一个空格填写序号；序号由 4 位数字组成，应与简化报头中的序号一致。

示例：第二十号雪情通告的通告标志和序号为"SNOWTAM 0020"。

4. 飞机性能计算部分：A 项~H 项

A）项：发生地。

发生地应另起一行，以项目编号"A）"开始，后接发生雪情的机场四字地名代码，应与简化报头的四字地名代码一致。该项为强制性信息。

示例：ZBAA

注：《≡为换行，《≡≡为空一行，→为空一格，*填写 ICAO 文件 7910 中公布的国家代码，M 表示强制性信息，C 表示条件性信息，O 表示选择性信息。

B）项：观测时间。

观测时间应另起一行，填写 8 位数字的日时组，每两位数字分别表示观测的月、日、时和分。多跑道运行的机场在报告两条（含）以上跑道时，应分别填写每条跑道的观测时间。该项为强制性信息。

示例：09111357

C）项：跑道号码。

跑道代号应在 B）项内容之后加一个空格，以项目编号"C）"开始，后接跑道代号数字小的一端的代号。该项为强制性信息。

示例：09L

D）项：跑道状况代码。

跑道状况代码应在 C）项内容之后加 1 个空格。应从 C）项填写的跑道入口观测，依次填写跑道每 1/3 地段的状况代码，每段仅填写 1 个数值（0、1、2、3、4、5 或 6，具体意义见表 4-9），3 个数值之间用斜线"/"分开。该项为强制性信息。

示例：5/5/2

表 4-9　跑道状况代码

跑道状况代码	跑道表面状况说明
6	干
5	霜 湿[跑道表面覆盖有任何明显的湿气或深度不超过 3 mm（含）的水] 雪浆[深度不超过 3 mm（含）] 干雪[深度不超过 3 mm（含）] 湿雪[深度不超过 3 mm（含）]

续表

跑道状况代码	跑道表面状况说明
4	压实的雪（外面气温 −15 ℃ 或 5 ℉ 及以下）
3	湿（"湿滑"跑道）
	压实的雪面上有干雪（任何深度）
	压实的雪面上有湿雪（任何深度）
	干雪（深度超过 3 mm）
	湿雪（深度超过 3 mm）
	压实的雪（外面气温高于 −15 ℃ 或 5 ℉）
2	积水（深度超过 3 mm）
	雪浆（深度超过 3 mm）
1	冰
0	湿冰
	压实的雪面上有水
	冰面上有干雪或湿雪

E）项：跑道污染物覆盖范围。

此项内容应在 D）项内容之后加 1 个空格。应从 C）项填写的跑道入口观测，依次填写跑道每三分之一地段污染物覆盖的百分比 25、50、75 或 100（见表 4-10），每段仅填写 1 个数值且省略百分号，3 个数值之间用斜线"/"分开。

表 4-10　污染物覆盖百分比

报告的百分比	观测的百分比
无	小于 10%
25	10%～25%
50	26%～50%
75	51%～75%
100	76%～100%

该项为条件性信息。当跑道每三分之一段的 D）项跑道状况代码均为"6"，或 G）项跑道状况说明均为"干"时，不必提供该项信息。

如果跑道某三分之一地段道面干燥，或覆盖的污染物少于 10%时，应填写"NR"（无）。

示例 1：25/50/100

示例 2：NR/25/75

F）项：跑道污染物深度。

此项内容应在 E）项内容之后加一个空格。应从 C）项填写的跑道入口观测，依次填写跑道每三分之一地段松散污染物的深度值（单位为毫米），深度值至少为两位数字，不足两位数的在前面补 0。3 个深度值之间用斜线"/"分开。当没有状况可报告或污染物深度低于需报告的最低数值时，相应的跑道三分之一段应填写"NR"（无）。

该项为条件性信息，仅报告干雪、湿雪、雪浆和积水。当跑道污染物深度的变化达到重大变化阈值（见表 4-11）时，应发布新的雪情通告。

表 4-11 污染物深度报告的最低值及重大变化阈值

污染物	报告的最低数值	重大变化阈值
积水	04	03
雪浆	03	03
湿雪	03	05
干雪	03	20

示例：04/06/12

G）项：跑道状况说明。

此项内容应在 F）项内容之后加一个空格，应从 C）项填写的跑道入口观测，依次填跑道每三分之一地段污染物的类型，应从以下跑道污染物类型（见表 4-12）中选取并以斜线"/"分开。当没有状况可报告时，相应的跑道三分之一段应填写"NR"（无）。该项为强制性信息。

注："无"只表示不通报污染物，不表示无污染物。

示例：DRY SNOW ON TOP OF COMPACTED SNOW/WET SNOW ON TOP OF COMPACTED SNOW/WATER ON TOP OF COMPACTED SNOW

表 4-12 跑道污染物类型

COMPACTED SNOW	压实的雪
DRY SNOW	干雪
DRY SNOW ON TOP OF COMPACTED SNOW	压实的雪面上有干雪
DRY SNOW ON TOP OF ICE	冰面上有干雪
FROST	霜
ICE	冰
SLUSH	雪浆
STANDING WATER	积水
WATER ON TOP OF COMPACTED SNOW	压实的雪面上有水
WET	湿
WET ICE	湿冰
WET SNOW	湿雪
WET SNOW ON TOP OF COMPACTED SNOW	压实的雪面上有湿雪
WET SNOW ON TOP OF ICE	冰面上有湿雪
DRY	干，只在没有污染物时报告

H）项：跑道状况代码对应的跑道宽度。

此项内容应在 G）项内容之后加一个空格。当跑道状况代码对应的跑道宽度小于公布的跑道宽度时，应以两位数字（单位为米）表示该跑道的宽度。当已清理的跑道宽度沿中线不对称时，可在情景意识部分的 T）项进一步说明。

该项为选择性信息

示例：30

5. 情景意识部分：I 项～T 项

（1）情景意识部分与飞机性能计算部分应空一行。

（2）情景意识部分的每项内容都应以句号"."结束。

（3）情景意识中的各项均为选择性信息，如果不存在相关信息或者不满足发布条件，不必填写。

I）项：跑道长度变短。

该项应填入适用的跑道代号和可用跑道长度（单位为米）。

注：当航行通告发布了一组新的跑道公布距离后，该项将变为条件性信息。

示例：RWY 22L REDUCED TO 1450.

J）项：跑道上有吹积的雪堆。

当跑道上有吹积的雪堆时，应在该项填写"DRIFTING SNOW"。

示例：DRIFTING SNOW.

K）项：跑道上有散沙。

当跑道上有散沙时，应填写较小的跑道号码，并在空格后填写"LOOSE SAND"。

示例：RWY 02R LOOSE SAND.

L）项：跑道上的化学处理。

当在跑道上进行了化学处理时，应填写较小的跑道号码，并在空格后填入"CHEMICALLY TREATED"。

示例：RWY 06 CHEMICALLY TREATED.

M）项：跑道上有雪堆。

当跑道上有雪堆时，应填写较小的跑道号码，加空格后填写"SNOWBANK"；再加空格后填写左"L"或右"R"或左右两边"LR"，后接两位数字的距跑道中线距离（单位为米），再加空格后填写"FM CL"。

示例：RWY 06L SNOWBANK LR19 FM CL.

N）项：滑行道上有雪堆。

当滑行道上有雪堆时，填写滑行道号码，加空格后填写"SNOWBANK"。

示例：TWY A SNOWBANK.

O）项：跑道附近有雪堆。

当跑道附近有雪堆，且厚度穿过机场雪平面中的高度剖面，应填写较小的跑道号码，加空格后填写"ADJ SNOWBANK"。

示例：RWY 06R ADJ SNOWBANK.

R）项：滑行道状况。

当滑行道状况报告为差时，应填写滑行道号码，后加空格填写"POOR"。当所有滑行道状况报告均为差时，应填写"ALL TWY POOR"。

示例：TWY B POOR.

R）项：停机坪状况。

下次观测时间应在R）项内容之后加一个空格，以项目编号"S）"开始，后接8位数字的日时组，每两位数字分别表示月、日、时和分。

S）项：测定的摩阻系数。

当报告测定的摩阻系数时，应填写测定的摩阻系数和摩阻测定设备。

T）项：明语说明。

明语说明应另起一行，以明语和简缩字填写对机场运行具有重要意义的雪情状况，并在该项最后加反括号"）"作为雪情通告的结束符。明语说明中的数据应标注计量单位。

三、雪情通告格式填写举例

简化报头：国内分发的第151号雪情通告，天津滨海国际机场，观测时间为2月17日2时30（北京时）。

雪情通告标志和序号：SNOWTAM 0151

性能计算部分

A）发生地：	天津滨海国际机场		
B）观测时间：	2月17日1时55分		2月17日2时30分
C）跑道代号：	16L		16R
D）跑道状况代码：	2/5/3		2/5/5
E）跑道污染物覆盖范围：	100/50/75		75/100/100
F）跑道污染物深度：	04/03/04		04/03/无
G）跑道状况说明：	雪浆/干雪/湿雪		雪浆/雪浆/雪浆
H）跑道状况代码对应的跑道宽度：无			50

情景意识部分

I）跑道长度变短：	16L跑道长度变短至3 000米	无
J）跑道上有吹积的雪堆：	跑道上有吹积的雪堆	跑道上有吹积的雪堆
K）跑道上有散沙：	无	无
L）跑道上的化学处理：	16L跑道有化学处理	16R跑道有化学处理
M）跑道上有雪堤：	16L跑道中线右侧20米有雪堤	无
N）滑行道上有雪堤：	滑行道A和W有雪堤	
O）跑道附近有雪堤：	无	16R跑道附近有雪堤
P）滑行道状况：	所有滑行道状况差	所有滑行道状况差
R）停机坪状况：	除冰机坪状况差	
S）测定的摩阻系数：	无需填写	

明语说明：RWY16R可用宽度50米，跑道中线左侧20米，跑道中线侧30米。

雪情通告原文：
GG ZSSSOIXX
170239 ZBTJOIXX
SWZB0151 ZBTJ 02170230
（SNOWTAM 0151
ZBTJ
02170155 16L 2/5/3 100/50/75 04/03/04 SLUSH/DRY SONW/WET SNOW
02170230 16R 2/5/5 75/100/100 04/03/NR SLUSH/SLUSH/SLUSH 50
RWY 16L REDUCED TO 3000.DRIFTING SNOW.RWY 16L CHEMICALLY TREATED.RWY 16R CHEMICALLY
TREATED.RWY 16L SNOWBANK R20 FM CL.TWY A W SNOWBANK.RWY 16R ADJ SNOWBANKS.ALL TWY POOR.SOUTH DEICING APRON POOR.
RWY 16R WIDTH 50M AVBL，20M FM RCL LEFT，30M FM RCL RIGHT.）

雪情通告译文：
天津滨海国际机场第151号雪情通告，观测时间2月17日01时55分，从16号L跑道入口开始观测，跑道每三分之一地段的状况代码分别为 2/5/3，跑道每三分之一地段的污染物覆盖范围报告百分比分别为 100/50/75，跑道每三分之一地段的污染物深度分别为 4毫米/3毫米/4毫米，跑道每三分之一地段的污染物类型分别为雪浆/干雪/湿雪，观测时间2月17日02时30分，从16号R跑道入口开始观测，跑道每三分之一地段的状况代码分别为2/5/5，跑道每三分之一地段的污染物覆盖范围报告百分比分别为 75/100/100，跑道每三分之一地段的污染物深度分别为 4毫米/3毫米/无，跑道每三分之一地段的污染物类型均为雪浆，16R跑道可用宽度50米。16L跑道变短至3 000米，16L和16R跑道上均有吹积的雪堆，16L和16R均有化学处理，16L跑道中线右侧20米有雪堤，滑行道A和W有雪堤，16R跑道附近有雪堤，所有滑行状况差，南部除冰机坪状况差，RWY16R可用宽度50米，跑道中线左侧20米，右侧30米。

四、各类雪的定义

雪浆：一种含水量达到饱和的雪。在这种雪的地面上快步行走时，雪被挤开原来位置，雪浆四溅，密度0.5～0.8。

雪（地面上）：

①干雪：疏松时能被风吹动或用手压实但松手后重新散开的雪，密度大于0.35（不含）。

②湿雪：用手压实时，雪会粘在一起，易形成一个雪球；密度0.35～0.5，但不包含0.5。

③压实的雪：已压缩成一团牢固的雪而不能再压缩时，会保持在一起或被拾起来时，裂开成小块；密度在0.5（含）以上。

五、雪情通告举例

1. 例1

GG EADBZQZX EADNZQZX EADSZQZX
170229 EADDYNYX

SWEA0151

SNOWTAM

SWEA0151 EADD 02170225

（SNOWTAM 0151

EADD

02170055 09L 5/5/5 100/100/100 NR/NR/03 WET/WET/WET SNOW

02170135 09R 5/2/2 100/50/75 NR/06/06 WET/SLUSH/SLUSH

02170225 09C 2/3/3 75/100/100 06/12/12 SLUSH/WET SNOW/WET SNOW

RWY 09L SNOW BANK R20 FM CL. RWY 09R ADJ SNOW BANKS. TWY B POOR. APRON NORTH POOR）

2. 例2

GG EADBZQZX EADNZQZX EADSZQZX

170100 EADDYNYX

SWEA0149 EADD 02170055

（SNOWTAM 0149

EADD

02170055 09L 5/5/5 100/100/100 NR/NR/03 WET/WET/WET SNOW）

3. 例3

GG EADBZQZX EADNZQZX EADSZQZX

170140 EADDYNYX

SWEA0150 EADD 02170135

（SNOWTAM 0150

EADD

02170055 09L 5/5/5 100/100/100 NR/NR/03 WET/WET/WET SNOW

02170135 09R 5/2/2 100/50/75 NR/06/06 WET/SLUSH/SLUSH

）

4. 例4

GG EADBZQZX EADNZQZX EADSZQZX

170350 EADDYNYX

SWEA0152 EADD 02170345

（SNOWTAM 0152

EADD

02170345 09L 5/5/5 100/100/100 NR/NR/03 WET/WET/SLUSH

02170134 09R 5/2/2 100/50/75 NR/06/06 WET/SLUSH/SLUSH

02170225 09C 2/3/3 75/100/100 06/12/12 SLUSH/WET SNOW/WET SNOW 35

DRIFTING SNOW. RWY 09L LOOSE SAND. RWY 09R CHEMICALLY TREATED. RWY 09C CHEMICALLY TREATED.）

第四节 火山通告

　　火山通告是一种特殊系列的航行通告，以特殊格式通知对航空器飞行有重要影响的火山活动、火山爆发和/或火山灰云的变化情况。在火山爆发产生对飞行有重要影响的火山灰云时，火山通告就是给飞行人员和与飞行有关人员提供火山灰云的位置、范围和移动方向，以及受影响的航路和飞行高度层等信息。当火山活动发生变化或预计其活动对飞行有重要影响时，应发布火山通告提供有关火山活动状态的信息，这些信息可使用规定的火山告警色码等级发布。

　　V系列的火山通告，由火山所在地的地区民用航空情报中心或者机场民用航空情报单位，负责发至全国民用航空情报中心及有关机场民用航空情报单位，全国民用航空情报中心国际通告室负责对国外转发。

一、火山通告有关规定

　　（1）火山通告的最长有效时间为24小时；在任何时候，火山活动发生重要变化，或告警色码等级发生变化，应立即发布新的火山通告。

　　（2）火山通告从每年公历1月1日零时开始，第一次发布火山通告的编号为0001，顺序编号至当年的12月31日24时止。

　　（3）国际分发的火山通告正文使用英文编写，时间使用协调世界时；国内分发的火山通告正文使用中文编写，时间使用北京时。

　　（4）有效的火山通告应根据飞行任务和提取方式，进入相应的飞行前资料公告中。

　　（5）火山通告出现错漏时，不应签发更正报，应发布新的火山通告。

　　（6）火山通告的数据应使用公制计量单位，但发布时不必填写计量单位。

　　（7）火山通告应在火山通告标志前以正括号"（"开始，在T）项内容之后以反括号"）"结束，A）项至T）项代码之后的反括号"）"不应省略。

　　此外，为保证使用火山通告能够及时发布有关火山爆发的信息，即使没有全部获得A）项至K）项的内容，也应立即签发火山通告及时发布以下信息：

　　① 火山已经爆发或预计爆发的信息。

　　② 已经存在或预计出现对飞行有重要影响的火山活动状况的某种变化。

　　③ 已获得火山灰云的报告。

　　④ 当预计火山爆发而在预计时间并未出现火山灰云时，应填写A）项至E）项内容，而在F）项至I）项中填写"不适用"。

　　⑤ 当已获得火山灰云的报告（如根据"特殊空中报告"），而未获得火山源方面的情况时，应在A）项至E）项中填写"UNKNOWN"（未知），仅填写F）项至K）项内容，必要时，可根据"特殊空中报告"填写，直到获得新的信息。

　　⑥ 在其他情况下，当A）项至K）项没有内容时，应填写"NIL"（无）。

二、火山通告格式和内容

　　火山通告格式如表4-13所示。

1. 电报报头

火山通告电报报头的格式与航行通告相同。

2. 简化报头

为了便于火山通告的自动处理、检索和查询，火山通告采用简化报头。简化报头应另起一行，由3组代码组成"TTAAiiii CCCC MMYYGGgg"的形式，各组代码之间加一个空格，具体含义如下：

（1）TT：火山通告的识别标志，由两个字母组成，填写"VA"。

（2）AA：国家或地区地理位置识别代码，由两个字母组成。对外发布的国际火山通告应填写中国的国家代码为"ZX"；国内火山通告应填写地区代码，如 ZB、ZL、ZW 或 ZY 等。

（3）iiii：火山通告编号，由4位数字组成，从明年公历1月1日零时开始，第一次发布的火山通告的编号为0001，顺序编号至当年的12月31日24时止。

表 4-13 火山通告格式

报头	电报等级	收电单位		
	签发日期和时间	发电单位（代号）		
简化报头	（VA＋国家代码**＋顺序号）	（地名代码）	（观测日期时间）	（任选项）
	V A * *			
	ASHTAM（顺序号）			
	受影响的飞行情报区（四字地名代码）			A）
	第一次火山爆发的时间			B）
	火山名称和火山编号			C）
	火山位置的经纬度（整度）或距导航设施的方位及距离			D）
	火山活动的告警色码等级，包括以前的告警色码等级			E）
	火山灰云活动以及水平和垂直范围			F）
	火山灰云的移动方向			G）
	受影响的航路、航段和飞行高度层			H）
	关闭的空域、航路或航段，以及可用的备份航路			I）
	信息来源			J）
	明语说明			K）

（4）CCCC：受火山影响的飞行情报区四字地名代码。

（5）MMYYGGgg：观测日时组，由8位数字组成，其中 MM 表示月份，YY 表示日期，GGgg 表示时和分；示例：乌鲁木齐情报区第一号火山通告简化报头，观测日期为6月18日12时："VAZW0001 ZWUQ 06181200"。

3. 火山通告标志和编号

火山通告标志和编号应另起一行，并在标志前加正括号"（"作为火山通告的开始标志。火山通告标志为"ASHTAM"，之后加一个空格填写编号；编号由4位数字组成（年份省略），应与简化报头中的编号一致。

A）项：影响区域。

影响区域应另起一行，以项目编号"A）"开始，后接用明语表示的受火山影响的飞行情报区，应与简化报头中地名代码对应同一区域。例如：简化报头中为"ZYSH"，该项填写"沈阳飞行情报区（SHENYANG FIR）"。

B）项：火山第一次爆发日时组。

日时组应另起一行，以项目编号"B）"开始，后接8位数字的日时组，每两位数字分别表示火山第一次爆发的月、日、时和分。

C）项：火山名称和编号。

火山名称和编号应另起一行，以项目编号"C）"开始，后接火山名称和编号（参阅ICAO文件DOC 9691《火山灰云、放射性物质和有毒化学云手册》附录H和《世界火山图及重要航空地貌》）。

D）项：火山位置。

火山位置应另起一行，以项目编号"D）"开始，后接火山的坐标（整度）或距导航设施的方位及距离。

E项：告警色码等级。

告警色码等级应另起一行，以项目编号"E）"开始，后接表示火山活动状况的告警色码等级，包括红（RED）、橙（ORANGE）、黄（YELLOW）、绿（GREEN）4个等级，具体见表4-14。

表 4-14　火山活动告警色码等级

告警色码等级	火山活动状况
红色告警	火山正在爆发。观测到的火山灰柱/云高于FL250；或火山存在危险，有可能爆发，预计火山灰柱/云高于FL250
橙色告警	火山正在爆发。火山灰柱/云没有达到FL250，且预计不会达到FL250；或火山存在危险，有可能爆发，预计火山灰柱/云不会达到FL250
黄色告警	火山活动频繁而且近期明显加强，据观察当前无爆发的危险，但应密切观测；或（火山爆发一次之后，即从红色或橙色告警变成黄色告警）火山活动明显减弱，据认为当前无爆发的危险，但应密切观测
绿色告警	据观测火山活动已停止，火山恢复正常状态

F）项：火山灰云状况。

火山灰云状况应另起一行，以项目编号"F）"开始，填写对飞行有重要影响的火山灰云水平范围、云底和云顶高度以及目前移动的方向和速度等信息，用坐标或相对火山源的方位、距离和高度表示。火山灰云最初的信息可能只能够从"特殊空中报告"中获得，但其后应从气象观测部门或火山灰云咨询中心尽可能获得更详细的信息。

G）项：火山灰云移动趋势。

火山灰云移动趋势应另起一行，以项目编号"G）"开始，填写火山灰云在选定高度层上预测的移动方向以及风速。

H）项：影响的航路。

影响的航路应另起一行，以项目编号"H）"开始，填写正在受到影响或预计会受到影响的航路、航段和飞行高度层。

I）项：关闭的空域/航路。

关闭的空域航路应另起一行，以项目编号"I）"开始，填写关闭的空域、航路或航段，以及可用的备份航路。

J）项：信息来源。

信息来源应另起一行，以项目编号"J）"开始，填写信息的来源，无论火山是否已经爆发或是否有火山灰云的报告都应说明，例如"特殊空中报告""卫星观测"或"火山观测机构"等。

K）项：火山通告正文。

火山通告正文应另起一行，以项目编号"K）"开始，用明语和简缩字补充说明除了上述内容以外对飞行有重要意义的火山信息。

示例：

VAWR0051 WAAF 07200100

（ASHTAM 0051

A）WAAF

B）07100237

C）GAMKONORA 0608-04

D）N0123 E12731 HALMAHERA INDONESIA

E）ORANGE

F）SFC/FL080 N0120 E12730 - N0110 E12840 - N0035 E12825 - N0120 E12730 MOV E/NE 05KT

G）ASH NOT IDENTIFIABLE FROM SATELLITE DATA，WINDS FL100/185 070/10KT

H）ROUTE W61 W67 B472

I）ROUTE W60 W68 B471

J）MTSAT-1R，CVGHM

K）ERUPTION DETAILS：ASH CLOUD OBSERVED UP TO 5000FT ABV SUMMIT AT 20/0100 REMARKS：FCST ASH CLD +6HR：20/0700 SFC/FL080 N0120 E12730 - N0255 E12720 - N0235 E12845 - N0120 E12730 FCST ASH CLD +12HR：20/1300 SFC/FL080 N0120 E12730 - N0300 E12720 - N0235 E12845 - N0120 E12730 FCST ASH CLD +18HR：20/1900 SFC/FL080 N0120 E12730 - N0300 E12720 - N0235 E12845 - N0120 E12730 NEXT ADVISORY：NO LATER THAN 20/0700 COLOUR CODE BASED ON CVGHM ADVICE. PLUME VISIBLE ON 10/0030 MTSAT-IR IMAGE. THICK PLUME OBSERVED FROM OBSERVATORY. AIR REPORTED ASH CLOUD OBSERVED OVER VOLCANO ON EASTERN TIP OF GAMKONORA. PLUME UP TO 5000FT ABOVE SUMMIT. ASH NOT SEEN ON LATEST SATELLITE PASS DUE CLOUD.）

印度尼西亚第 51 号火山通告，观测时间：7月20日1时整。

受影响的情报区：WAAF。

火山第一次爆发时间：7月10日2时37分。

火山名称：GAMKONORA，火山编号：0608-04。

火山位于印度尼西亚的哈马黑拉岛，坐标：N0123E12731。

告警等级色码：橙色。

火山灰云影响的水平范围在 N0120E12730 - N0110E12840 - N0035E12825 -N0120E12730 四点连线范围内，垂直范围从地面至高度层 FL080，移动方向预计向东或东北方向，速度为5节。

暂时无法通过卫星数据确认火山灰云的移动方向，高度层 FL100 上风速为 70 节，高度层 FL185 上风速为 10 节。

受影响的航路为 W61、W67 和 B472。

关闭的航路为 W60、W68 和 B471。

信息来源为气象观测卫星 MTSAT-1R，CVGHM 卫星地面观测站。

火山爆发详细情况：在 20 日 1 时整观测到的火山灰云的云顶高度达到 5 000 英尺。

注意：

预测火山灰云在未来 6 小时内，即 20 日 7 时整，将移动至 N0120E12730 - N0255E12720- N0235E12845 -N0120E12730 四点连线范围内，垂直范围从地面至高度层 FL080。

预测火山灰云在未来 12 小时内，即 20 日 13 时整，将移动至 N0120E12730 - N0300E12720- N0235E12845 -N0120E12730 四点连线范围内，垂直范围从地面至高度层 FL080。

预测火山灰云在未来 18 小时内，即 20 日 19 时整，将移动至 N0120E12730 - N0300E12720- N0235E12845 -N0120E12730 四点连线范围内，垂直范围从地面至高度层 FL080。

下次通报火山活动情况的时间将会在 20 日 7 时整之前。

根据 CVGHM 卫星地面观测站的通知获得告警色码等级；20 日 0 时 30 分，通过气象观测卫星 MTSAT-1R 的图像可看见火山灰柱；通过天文台观测到粗大浓密的火山灰柱。

空中报告在 GAMKONORA 火山顶端东侧可看见火山灰云，火山灰云的云顶高度达到 5 000 英尺；由于有云雾遮挡，最新的卫星观测无法看见火山灰云。

三、火山通告举例

1. 例 1

GG ZGGGOIXX
200044 WRRRYNYX
VAWR0139 WAAF 05200025
（ASHTAM 0139/09
A）WAAF
B）0905200025
C）BATU TARA 0604-26
D）S0747 E12335
E）ORANGE
F）SFC/FL100

G）SFC/FL100

S0755E12330-S0715E12215 - S0630E12325 -S0750 -E12340 -S0755E12330 MOV NW10KT

H）W69，W37

J）MTSAT-1R VIS

K）ERUPTION DETAILS：VA PLUME TO FL100　OBSERVED APPROX 35NM TO NW AT 19/2330Z

RMK：GPAPHIC AT（LOWER CASE）

HTTP：//WWW.BOM.GOV.AU/INFO/VAAC/ADVISORIES.SHTML

NXT ADVISORY：NO LATER THAN 20090520/0615Z.）

2. 例2

062005 SAVFYNYX

VASA0073 08061805

（ASHTAM 0073/09

A）SAVF

B）0908061805

C）CHAITEN 1508-41

D）4250S/07239W

E）NIL

F）NOAA 17 SATELLITE IMAGERY 1251Z AND WEBCAM OBS AT 1130Z TOP 070

G）MOV ENE

H）FCST ASH CLD + 06HR 08180-0Z：SECTOR OESTE TMA ESQUEL FCST ASH CLD + 12HR 09000-0Z：SECTOR OESTE TMA ESQUEL FCST ASH CLD + 18HR 09060-0Z：SECTOR OESTE TMA ESQUEL

I）NIL

J）VA ADVISORYCENTRE BUENOS AIRES

K）FCST ASH CLD + 06HR：08/1800Z S4245/W07230-S4300/W07130- S4300/W07230-S4245/ W07230

FL200/350 NO ASH EXP，

FL350/550 NO ASH EXP

FCST ASH CLD + 12HR：09/0000Z

S4245/W07230-S4245/W07200-S4300/W07200 -S4300/W07230 -S4245/W07230

FL200/350 NO ASH EXP，

FL350/550 NO ASH EXP

FCST ASH CLD + 18HR：09/0600Z

S4245/W07230-S4245/07130-S4245/W07230 -S4300/W07230 -S4245/W07230

FL200/350 NO ASH EXP，

FL350/550 NO ASH EXP

REMARKS：NEXT ADVISORY：FURTHER INFORMATION WILL BE ISSUED IF ANY ASH CLD IS DETECTED/OBSERVED）

第五节 飞行前资料公告

飞行前资料公告（Pre-flight Information Bulletin，PIB）指在飞行前准备的、对运行有重要意义的有效航行通告资料。飞行前资料公告（PIB）主要由起飞机场通告、情报区通告、降落机场通告、备降机场通告等四部分组成。PIB 格式如表 4-15 所示。

表 4-15　PIB 格式

飞行前资料公告
航 行 情 报 服 务
中 国 民 用 航 空 局

AFTN：ZBBBYNYT　　民航局空管局　　SITA：BJSOICA
公布日期：　　　　　　　　　　　　　　　　　　有效时段：
公告类型　　　　　　　　　　　　　　　　　　　飞行种类：
航班号：　　　　　　　　　　　　　　　　　　　城市对：
起飞机场：　　　　　　目的机场：　　　　　　　备降机场：
飞行情报区：　　M　　　　　　　　　　　　　　航路宽度：
选择内容：通用内容（机场、航路、航行警告）/重要活动（机场、航路、航行警告）

所有时间为北京时

ZBBB（中国民航局 FIR）

起飞机场：

途经情报区

目的机场：

备降机场：

备降情报区：

** SNOWTAMS **

End of PIB

机场民用航空情报单位应当提供飞行前资料公告,提供飞行前资料公告应当遵守以下规定:

(1)飞行前资料公告至少包括制作时间、发布单位、有效期、起飞站、第一降落站及其备降场、航路以及与本次飞行有关的航行通告和其他紧急资料。

(2)提供的飞行前资料公告不得早于预计起飞前90分钟从航行通告处理系统中提取。

(3)飞行前资料公告的提供情况应有相应记录。

PIB举例:

飞行前资料公告

航 行 情 报 服 务

中 国 民 用 航 空 局

| **AFTN:ZBBBYNYT** | 民航局空管局 | **SITA: BJSOICA** |

公布日期:2022/06/02/0747　　　　　　　有效时段:2022/06/02/0745--2022/06/03/0745
公告类型:窄航路 PIB　　　　　　　　　　飞行种类:IFR/VFR
航班号　:ZGNNZUUU　　　　　　　　　　城市对:NANNING/CHENDU
起飞机场:ZGNN　　　　目的机场:ZUUU　　备降机场:ZUCK ZUGY
飞行情报区:ZGZU ZPKM　　　　　　　　　航路宽度:5 海里
选择内容:通用内容(机场、航路、航行警告)/重要活动(机场、航路、航行警告)

所有时间为北京时

ZGNNZUUU

ZBBB(中国民航局 FIR)

C 0278/22	B)2022/05/26/0000 C)2022/06/09/2359
ZSHA	E)TRIGGER　NOTAM
ZWUQ	国内航空资料汇编(NAIP)修订 06/2022 期(2022-4-15)将于 2022-5-26 生效,请注意查收。06/2022 期主要内容:新增琼海/博鳌机场并新辟 J195、J196、X223、X164、X165 航线,调整 G221 航路部分航段数据;永州/零陵新增 PBN 飞行程序;长沙/黄花新增最低监视引导高度图;
ZYSH	

张家界 VOR 迁址调整 H35、H78、W138、W139、W140、W141、A581、H10 航路航线部分航段数据，涉及的张家界/荷花、恩施/许家坪、常德/桃花源机场程序调整；连胜围 VOR 改造涉及的深圳/宝安、珠海/金湾、珠海/九洲机场增加备份飞行程序；保山下滑台加装 DME 设备；广元/盘龙新增 PBN 飞行程序；攀枝花/保安营新增 PBN 飞行程序。

相关内容参阅本期修订。

C0277/22	B）2022/05/26/0000 C）2022/06/09/2359
ZBPE	E）TRIGGER NOTAM
ZGZU	国内航空资料汇编（NAIP）修订 06/2022 期（2022-4-15）将于 2022-5-26 生效，
ZHWH	请注意查收。06/2022 期主要内容：新增琼海/博鳌机场并新辟 J195、J196、X163、
ZJSA	X164、X165 航线，调整 G221 航路部分航段数据；永州/零陵新增 PBN 飞行程序；
ZLHW	长沙/黄花新增最低监视引导高度图；
ZPKM	张家界 VOR 迁址调整 H35、H78、W138、W139、W140、W141、A581、H10 航路航线部分航段数据，涉及的张家界/荷花、恩施/许家坪、常德/桃花源机场程序调整；连胜围 VOR 改造涉及的深圳/宝安、珠海/金湾、珠海/九洲机场增加备份飞行程序；保山下滑台加装 DME 设备；广元/盘龙新增 PBN 飞行程序；攀枝花/保安营新增 PBN 飞行程序。

相关内容参阅本期修订。

起飞机场：ZGNN（南宁/吴圩）

C0791/22　B）2022/03/26/0205 C）2022/07/14/0630
ZGNN　　D）0205-0630 DLY
　　　　E）备降航班提前 45 分钟联系，因跑道、滑行道维护.

C3548/15　B）2015/10/31/0001 C）2017/03/31/2359
ZGNN　　E）因受超高障碍物影响，临时提高 RWY05/23 A/B 类飞机目视盘旋标准，MDH 由（160）米提高至（200）米.

途经情报区 ZGZU（广州情报区）

C0828/20　B）2020/03/27/1539 C）PERM
ZGZU　　E）下列航段范围内的航空器由桂林区域管制室实施管制指挥：
　　　　1.R343 航路从 ONEMI 至 P246（切零陵）航段，高度 7 800 M（含）至 3 900 M（不含）范围内飞行的航空器.
　　　　2. 切柳州以北，H83 航路至 P158，W2 航路至 MOTOM，R343 航路和 X98 临时航线至 ENKUS，高度 3 900 M（含）至 5 700 M（含）范围内飞行的航空器.

C1347/20 ZGZU	B）2020/08/10/1544 C）PERM E）将经 NOLON-CON-SAREX 航段至深圳，珠海和澳门机场的航线走向调整为 NOLON-TEPID-POU-SAREX.

途经情报区 ZPKM（昆明情报区）

C2284/22 ZPKM	B）2022/06/01/1259 C）2022/12/08/2359 E）昆明区域管制室海事卫星电话 441204 不提供使用，因设备故障.
C1831/22 ZUUU	B）2022/05/01/0000 C）2022/07/31/2359 E）成都进近和塔台管制范围 6,000 米（含）以下空域实施目视间隔和目视进近试运行. F）GND G）6 000 M AMSL
C0722/22 ZPKM	B）2022/02/09/0000 C）PERM E）成都区域管制 01 号，10 号扇区正式启用备用频率 120.525 MHZ.

目的机场：ZUUU（成都/双流）

C0073/22 ZUUU	B）2022/02/29/1152 C）PERM E）参阅国内航空资料汇编航图手册 ZUUU-5 M（2015-10-15），剖面图 IF 至 FAF 之间程序高度 1200（1003）改为 1200（705），其余不变.
C2280/22 ZUUU	B）2022/06/02/1000 C）2022/06/02/1700 E）RWY02L DME 'IZW' CH48X 不提供使用，因维护.
C2279/22 ZUUU	B）2022/06/02/1000 C）2022/06/02/1700 E）RWY02L ILS 不提供使用，因维护.

备降机场：ZUCK（重庆/江北）

C2290/22 ZUCK	B）2022/06/03/0300 C）2022/06/06/0600 D）0300-0600 DLY E）RWY02L/20R 禁止起降，航空器从 B5，B7，A6，A9 滑行道穿越该跑道不受限
C2276/22 ZUCK	B）2022/06/01/0156 C）2022/09/30/2359 E）本场施工，范围： 1.RWY02L/20R 跑道中心线以西 250 米至 280 m，RWY02L 入口以南 235 米至 RWY02L 入口以北 795 米. 2.RWY02L/20R 跑道中心线以西 150 米至 250 m，RWY02L 入口以南 140 米至 235 米. 3.RWY02R/20L 跑道中心线以西 230 米至 RWY02R/20L 跑道中心线以东 55 米，RWY02R 内移入口以南 500 米至 520 米.

备降情报区：ZPKM（昆明情报区）

C 0213/22　　B）2022/04/28/0000 C）PERM
ZPPP　　　　E）参阅国内航空资料汇编 ZPPP AD2-3（2022-3-15），2.6-2 滑行道宽度、道面和强度 PCN106/R/B/W/T 中 E（除 Q 与 D4 之间）改为 E（Q 以南）.

C 2236/22　　B）2022/05/30/1311 C）PERM
ZPZT　　　　E）昭通 DME 'ZAT' CH102X 限制性使用：053 度径向线顺时针至 057 度径向线之间不可用.

备降机场：ZUGY（贵阳/龙洞堡）

C 2285/22　　B）2022/06/02/1400 C）2022/06/02/1500
ZUGY　　　　E）RWY01 RVR 设备 A 不提供使用.

C 2165/22　　B）2022/05/23/1640 C）PERM
ZUGY　　　　E）105 号停机位只允许停放翼展 35.8 米（含）以下且机身长度 39.5 米（含）以下的航空器，滑出方式为自滑进顶推出.

备降情报区 ZPKM（昆明情报区）

（详情见上面）

ZGNNZUUU

** 没有 SNOWTAMS **

End of PIB

思考题

1. 航行通告属于哪种航空情报产品？以哪种形式发布？在我国有谁负责收集、发布和处理航行通告？
2. 我国航行通告分为哪些系列，分别用哪些字母代表系列号？
3. 航行通告校核单的作用是什么？
4. 雪情通告可分为哪两个部分，分别由哪些项组成？
5. 哪些情况下必须签发雪情通告？
6. 请概括火山通告中包括了哪些对飞行人员有用的信息？
7. 飞行前资料公告（PIB）由哪些部分组成？提供 PIB 应遵守哪些规定？

第五章　航空情报服务产品

民用航空情报服务产品分为基本服务产品和非基本服务产品。基本服务产品包括《中华人民共和国航空资料汇编》《中国民航国内航空资料汇编》和《军用备降机场手册》及其修订，航空资料汇编补充资料和航空资料通报。非基本服务产品是指根据民航发展和用户需要制作或者发布的专用航空资料。

航空情报服务产品由全国民用航空情报中心编印发行。航空情报服务产品应当综合配套，并保证准确和完整。

第一节　航空资料定期颁发制介绍

一、国际民航组织航空资料定期颁发制简介

航空资料定期颁发制（Aeronautical Information Regulation and Control，AIRAC），是国际民航组织（ICAO）在附件 15《航空情报服务》中提出的一项措施，为各成员国公布航空资料规定了共同的生效日期。实施航空资料定期颁发制的目的就是要求各成员国要遵循统一标准，通过保证航空资料的及时性和准确性，从而保证民航飞行安全。

按照定期颁发制的要求，航空资料的发布间隔是 28 天，近几年的生效日是以包括 2018 年 11 月 8 日在内的一系列共同生效日期为基准推算出来的，生效日期都是星期四。按照定期颁发制发布的航空资料（属临时性且持续时间不够 28 天的资料除外），至少在生效日期后的 28 天内不得再行更改，若必须修改，可先使用航行通告（NOTAM）作为补充发布。

各国依据 AIRAC 制度提供的航空资料，要由航行情报服务机构按有关生效日期至少提前 42 天交付邮递，以便收件人能于生效日期 28 天前收到。由于采用邮递形式分发，因此在邮递日期和收到日期之间预留了 2 周时间。当航空资料有重大变更（如新建机场、新建跑道、重大飞行程序调整、重大空域调整和航路航线走向调整等），有必要尽早将此种情况通知有关各方，且实际可行时，交付邮递日期应该在生效日期前至少 56 天。

在 ICAO 的航空情报服务手册（Doc.8126）和中国民航《民用航空情报工作规则》（CCAR-175TM-R1）中都阐明了航空资料从原始数据上报到最终生效的时间节点，我国从原始资料收集到航空情报产品发布的时间节点如图 5-1 所示。

机载导航数据库在保证飞行安全方面发挥着重要的作用。在每个周期的航空资料生效日期之前，机载导航数据提供商都有一个确定的截止日期，在此日期之后，不再接收任何数据的变更。其主要原因是机载导航数据提供商和飞行管理计算机（FMS）的硬件生产厂商，至少需要 20 天的时间来进行数据编码、校验、打包并分发到航空公司手中，否则难以保证数据质量，以至于影响飞行安全。

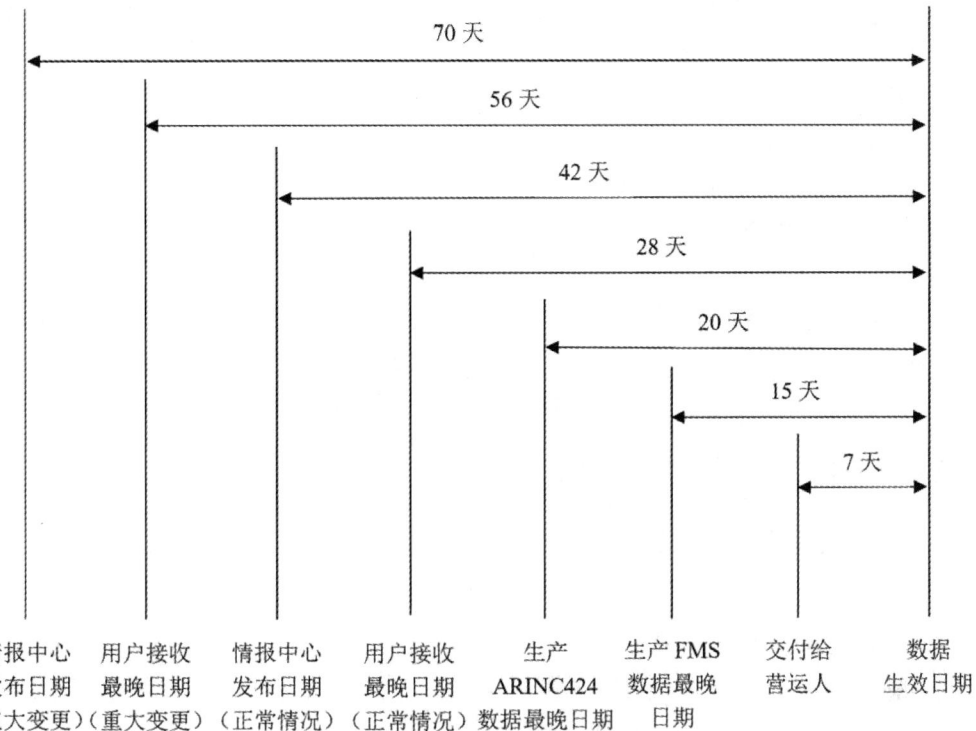

图 5-1 我国航空资料发布与接收各关键时间节点

二、需要按照定期颁发制发布的资料内容

按照国际民航组织附件 15 的要求，需要按照定期颁发制发布的航空资料分为 3 类：第一类是必须提前 28 天送达航空用户手中的航空数据和信息变更；第二类是建议提前 28 天送达航空用户手中的航空数据和信息变更；第三类是建议提前 56 天送达航空用户手中的航空数据和信息变更。

1. 必须提前 28 天送达航空用户手中的航空数据和信息变更

包括下列各项的设置、撤销和预定的重要变更，含运行试验：

（1）涉及下列各项水平和垂直界限、规章和程序的资料。

① 飞行情报区。
② 管制区。
③ 管制地带。
④ 咨询区。
⑤ 空中交通服务航路。
⑥ 永久性危险区、禁区和限制区（包括已知活动的类别和期限）和防空识别区。
⑦ 存在拦截可能的永久性区域或者航路、航段。

（2）无线电助航设施和通信设施的位置、频率、呼号、已知不正常情况和维修期。

（3）等待和进近程序、进场和离场程序、减噪程序以及有关空中交通服务的其他程序。

（4）过渡高度层、过渡高度和最低扇区高度。
（5）气象服务程序和设备，包括气象广播。
（6）跑道、停止道。
（7）滑行道和停机坪。
（8）机场地面运行程序，包括低能见度程序。
（9）进近灯光和跑道灯光。
（10）机场最低运行标准。

2. 建议提前28天送达航空用户手中的航空数据和信息变更

包括有关下列各项的设置、撤销和预定的重要变更的资料：
（1）航行障碍物的位置、高度和灯光。
（2）机场、设施和服务的时间。
（3）海关、移民和卫生服务。
（4）临时性危险区、禁区和限制区；影响航行的险情、军事演习和航空器大规模活动。
（5）存在拦截可能的临时性区域或航路、航段。

3. 建议提前56天送达航空用户手中的航空数据和信息变更

包括有关下列各项的设置和预定的重要变更：
（1）新开放的IFR运行国际机场。
（2）国际机场新开放的IFR运行跑道。
（3）航路网络的设计和结构。
（4）一套终端区程序的设计和结构（包括由于磁差变化导致程序改变）。
（5）整个国家或其任何重要部分受到影响或者需要跨界协调，在第一类中所列的情况。

采用航空资料定期颁发制颁发的航空资料，其执行日期应当从航空资料定期颁发制的共同生效日期表中选定，见附录一。

第二节 航空资料汇编（AIP）

按照国际民航组织对各缔约国的规定和要求，每一个缔约国都应当出版航行资料汇编。这是根据国际民用航空公约（1944年于芝加哥）第37条，理事会于1953年5月15日首次通过了关于航行情报服务的标准和建议措施，并定为公约的附件15。公约规定各缔约国必须提供航行情报服务：提供及时、准确、完整的航行情报，是每个缔约国的应尽责任和义务。公约还要求各缔约国必须按照一体化航行情报系列资料的要求公布航行情报，这是保障飞行实施的依据。由此我国民用航空局于1986年6月1日代表国家首次发布航行资料汇编，包括国家的航空法规和海关、卫生检疫、边防等出入境联检规章，还包括空中交通、通信导航、气象、航行情报服务，飞行规则和飞行程序，空域、航路机场数据和航图等技术资料。

航空资料汇编（Aeronautical information publication，AIP）指由国家或国家授权发行、载有航行所必需的持久性航行资料的出版物。AIP是航空信息产品的基本组成部分。它包含永久性的航空数据和航空信息,以及对这些长期信息的临时更改。航空资料汇编的目的主要是为了满足在国际交换航行所必需的持久性航行资料的要求。

航空资料汇编(AIP)如图 5-2 所示,分为 3 个部分:

第 1 部分——总则(GEN)由 5 个部分组成,包含行政和解释性质的信息,包括前言、国家法规和要求、表格和代码、服务(航行情报服务)、机场和航行服务收费等内容。

第 2 部分——EN-ROUTE(ENR),由 7 个部分组成,包含有关空域、航路及其使用的信息,包括前言、总则和程序、ATS 空域、ATS 航路、无线电导航设施/系统、航行警告、航路图等内容。

第 3 部分——AERODROMES(AD),由 4 部分组成,包含有关机场/直升机场及其使用的信息,包含前言、机场介绍、机场、直升机场等内容。

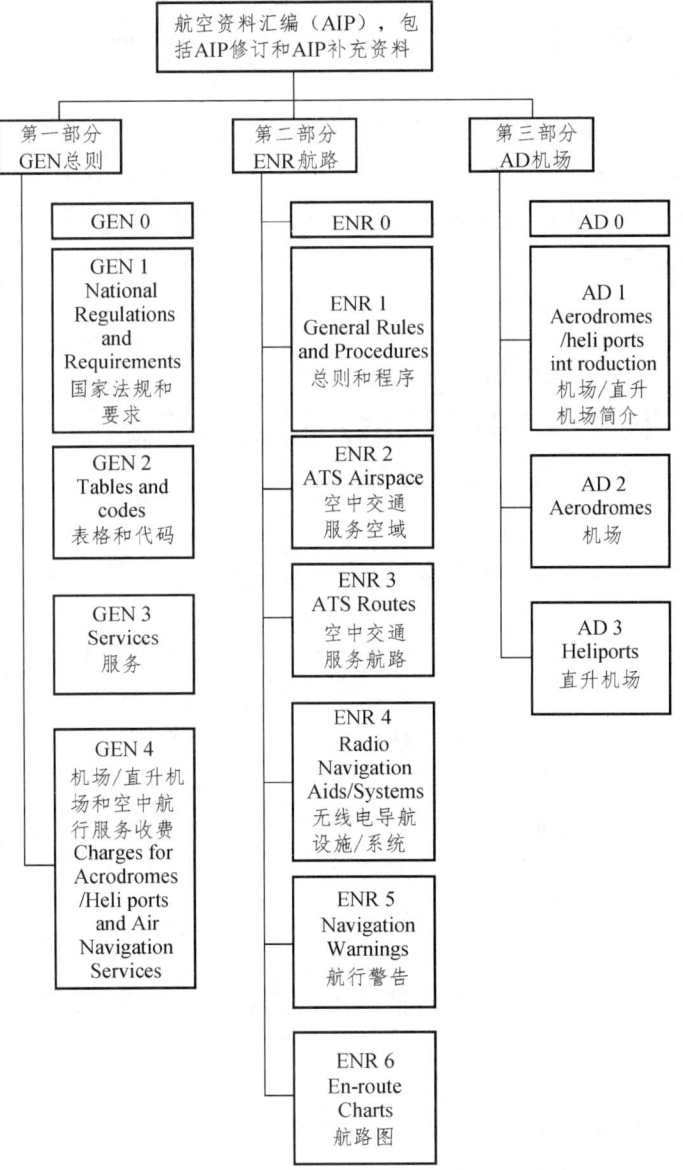

图 5-2 国际民航组织建议的航空资料汇编格式

航行资料汇编必须：
（1）说明负责航行资料汇编涉及的导航设施、服务或程序的主管当局。
（2）说明有关服务或设施提供国际使用的一般条件。
（3）列出本国规章和做法与国际民航组织的有关标准、建议措施和程序的重要差异，其格式必须能使用户对国家的要求与国际民航组织有关规定之间的差异一目了然。
（4）国际民航组织的标准、建议措施和程序中有两种做法可供选择的，则说明本国在每一个重要问题上所做的选择。

AIP 修订（AIP Amendment）是在新信息需要永久更改或增加 AIP 中已包含的信息时发布的。ICAO DOC8126 中规定：必须为每个 AIP 修正分配一个必须连续的序列号。手动修正或注释必须保持在最低限度。通常的修改方法必须是更换页面。必要时必须定期修订或重新发布 AIP，以确保 AIP 中包含的信息是完整和最新的。AIP 的任何实际重大变化必须根据 AIRAC 程序公布并明确标明。

长期（超过三个月）的临时变更或需要发布影响 AIP 内容的大量文本和/或图形的变更作为 AIP 补充（AIP Supplement）文件发布和分发。ICAO DOC 8126 中规定：必须为 AIP 补充分配序列号，该序列号必须是连续的并且基于日历年（例如 2/03）。页面应印在彩色纸（最好是黄色）上，以便显眼。

第三节　中华人民共和国航空资料汇编

一、中华人民共和国航空资料汇编有关要求

《中华人民共和国航空资料汇编》是外国民用航空器在我国境内飞行必备的综合性资料。《中华人民共和国航空资料汇编》根据我国民用航空法律、法规和规章，并参照国际民用航空组织有关文件的规定和要求，对外国民用航空器提供经批准的国际机场及其他对外开放机场、航路、设施以及有关的规章制度等资料，用中、英两种文字编辑出版。每页资料上印有易于查找的页码标志，并且在资料下方注明出版日期、生效日期。如果需要对外提供未编入《中华人民共和国航空资料汇编》的资料，应由民航局报经国家有关主管部门批准。

二、中华人民共和国航空资料汇编格式及主要内容

1. 中华人民共和国航空资料汇编格式

中华人民共和国航空资料汇编格式如图 5-3 所示。

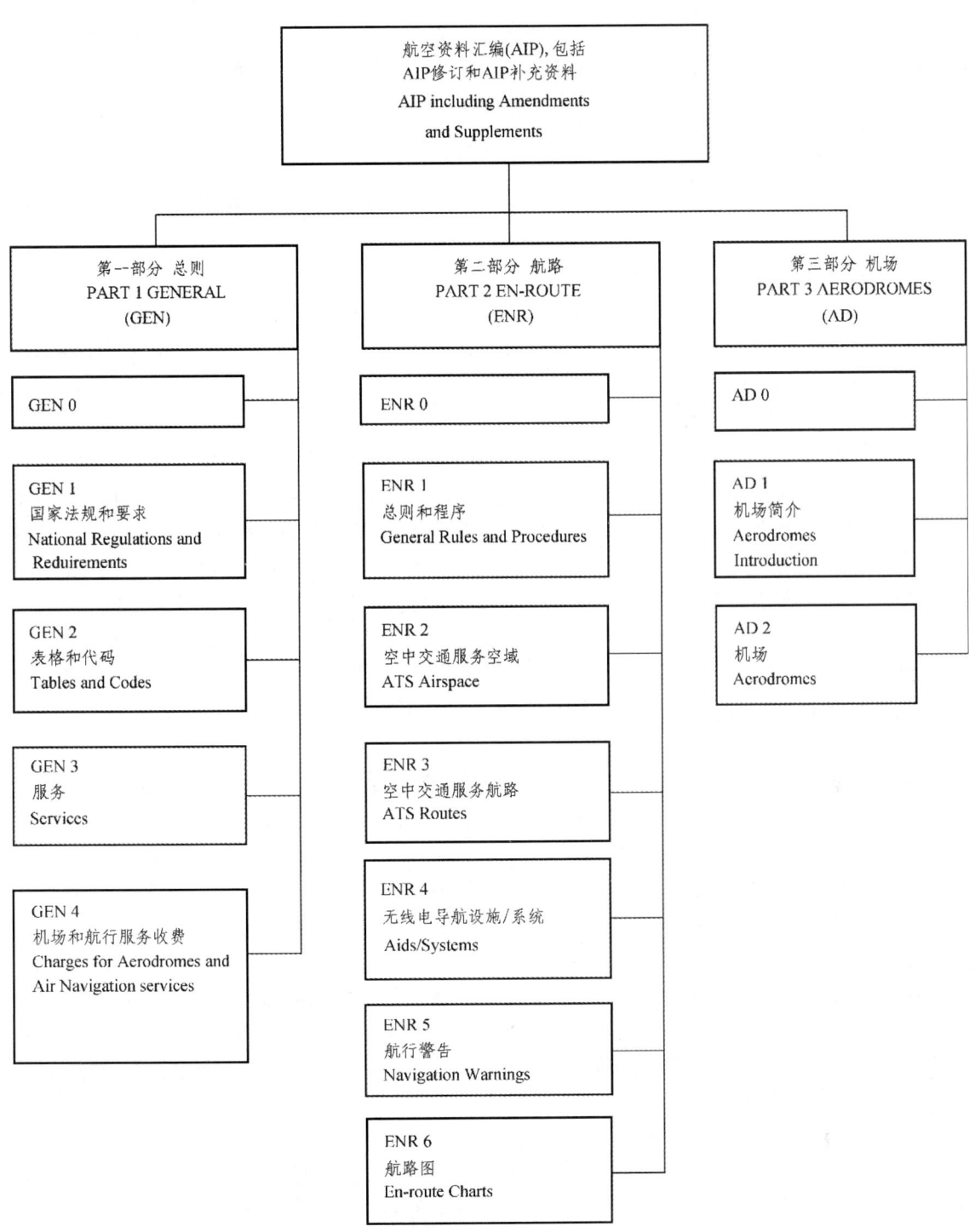

图 5-3 中华人民共和国航空资料汇编格式

2. 中华人民共和国航空资料汇编主要内容

中华人民共和国航空资料汇编的依据是国际民用航空公约附件15、DOC 8126文件。AIP包含对外开放可使用的机场,并将现行有效的航行资料通报(AIC)和航行资料汇编补充资料(SUP)重新予以编号编入《AIP》。自2017年开始,我国为响应国际民航组织绿色民航的倡议,采用eAIP形式以光盘和网络浏览版提供AIP服务。我国出版的《AIP》基本上与国际民用航空公约附件15要求相同,但个别地方依据国情未提供或稍有变化,如直升机机场就未提供。

第一册 总则、航路(GEN、ENR)

AIP第一册的第一页为黄页,为航行资料汇编补充资料(SUP),第二页白页是航行资料通报(AIC)。

第一部分 总则(GEN)

总则(GEN)部分由5个章节组成,前言章节介绍了AIP结构,以及什么是一体化航行情报系列资料,AIP修订记录、AIP补充资料记录、AIP页码校核单、AIP手改记录和第一部分目录表。

第一章 国家法规和要求

依据《中华人民共和国民用航空法》《中华人民共和国飞行基本规则》,明确规定中华人民共和国民用航空业务,由中国民用航空局负责,而中国民用航空局空中交通管理局负责管理航行情报服务、空中交通服务、通信导航服务和气象服务。海关、边防检疫、卫生检疫、航路和机场收费、农业检疫、航空器事故调查等都有专门管理机构。外国航空器与中华人民共和国政府签订有协议的均可按我国民用航空规定,在境内飞行、过境和出境,对旅客和机组人员的出、入境,货物的出、入境,也都依有关法律、法规和规章办理。从事商业运输的民用航空器,必须遵守国际民用航空公约附件6(航空器运行),并配有相应的机载设备和携带相关文件,取得中国民用航空局认可的外籍飞行人员执照,方能从事飞行。

在国家规定和要求中也阐述了我国与ICAO标准、建议措施和程序方面的差异,如附件2《空中规则》、附件3《国际航空气象服务》、附件4《航图》、附件6《航空器的运行》、附件9《简化手续》、附件11《空中交通服务》、附件14《机场》、附件15《航行情报服务》(第10版)、空中航行服务程序—航空器运行(DOC8168)中均有部分差异,都予以一一列出,提醒机组注意。

第二章 表格和代码

对我国民航目前使用的计量单位、时制、航空器国籍和登记标志、公共节假日作了规定,并列举了航行情报服务出版物中所使用的简缩字,航图符号(机场、灯光、无线电设施、空中交通服务),地名代码,无线电导航设施一览表,海里与千米和英尺与米换算表,机场的日出/日落时间表,供查阅使用。

第三章 服务

服务指的是航空情报服务(AIS),由中国民用航空局空中交通管理局航行情报中心负责组织航行情报资料的收集和发布。其负责的范围为在中华人民共和国飞行情报区和责任区内,服务以一体化航行情报系列资料的形式提供,包含中华人民共和国航空资料汇编(AIP);航行资料汇编修订(AIPAMDT);航行资料汇编补充资料(AIP SUP);航行通告和飞行前资料公告（NTM、PIB）；航行资料通报（AIC）；航行通告校核单和航行通告明语摘要。对飞行前和飞行后的情报服务作出了具体规定。根据 ICAO 附件 4 和 8697—航图手册，我国提供的可用航图为机场图、停机位置图、标准仪表进场图、仪表进近图、标准仪表离场图、机场障碍物 A 型图、精密进近地形图、航路图、区域图 9 种。而空中交通服务（ATS）则包括机场（塔台）、区域、进近管制和空中交通服务报告室的多种服务，从飞行的最低安全高度和巡航表速给予限制。

通信服务（COM）则利用现有的无线电设备、无方向性导航台、仪表着陆系统、甚高频全向信标、测距设备、指点信标，使用汉语和英语两种语言，采用航空固定和航空移动服务方式。气象服务（MET）则提供飞行前计划和飞行中重新计划使用的气象情报、起飞前提供的气象情报和服务，供飞行中航空器使用的气象情报、供空中交通服务单位使用的气象情报、供搜寻和援救服务单位使用的气象情报。

凡在中华人民共和国搜寻救援区内遇险、失事的航空器，不论其属于何国国籍，中国的搜寻援救部门可以动用消防救护队、中短程飞机、直升机、救生船艇及其他设备进行搜寻援救（SAR）工作，并提供通信、医疗等保障服务。

第四章 机场和航行服务收费

对国外航空器在中华人民共和国境内（不包括我国香港、澳门特别行政区和台湾地区）的所有机场的起降费、停场费、机场管理建设费、保安费和航路航行服务收费，付款方式均作了具体数据的规定，使外国航空公司一目了然，便于结算。

第二部分 航路（ENR）

第一章 总则和程序

航空器在中华人民共和国飞行情报区、责任区内飞行，应遵守国际民用航空公约附件 2、附件 11 和 4444 文件中的有关规定和程序，同时还必须遵守《中华人民共和国民用航空法》《中华人民共和国飞行基本规则》，以及《中国民用航空空中交通管理规则》等法规。并从目视飞行规则、仪表飞行规则、空中交通服务（ATS）空域和分类，等待、进近和离场程序，雷达服务和程序、高度表拨正程序、地区补充程序、空中交通流量管理、飞行计划、飞行计划报收电地址、民用航空器的拦截、非法干扰、空中交通事件报告 13 个方面程序予以阐述，以确保航空器安全进、出中华人民共和国境内的安全。

第二章 空中交通服务空域

空中交通服务空域分为两个部分，第一部分为中国境内的 10 个飞行情报区和管制区划分及范围。这 9 个飞行情报区分别为北京、广州、武汉、昆明、兰州、三亚、上海、沈阳、乌鲁木齐。并将提供服务的单位、呼号、语言、频率（备用频率）、服务时间，以表格的形式一一说明，方便用户使用。

第二部分也是以坐标点划定进近管制区和一个终端管制区，分别是北京、长春、成都、重庆、福州、广州、海口、杭州、昆明、南京、上海、汕头、天津和珠海终端管制区。对北京管制区、北京进近管制区和天津进近管制区飞行规定，广州管制区、广州进近管制区和珠海终端管制区飞行规定，上海管制区、上海进近管制区和杭州进近管制区飞行规定专门予以详细阐述，还附有北京、上海、广州等地区区域图。

第三章 空中交通服务航路

本章从总则、国际航路、区域导航航路、直升机航路、其他航路、航路等待 6 个方面进行阐述。首先规定航路的宽度最大为 20km，最小为 8km，要求航空器必须沿规定的航路飞行，禁止偏离航路。

区域导航航路主要介绍了航路的使用方法和注意事项。

第四章 无线电导航设施/系统

此章节将航路无线电导航设施点的具体导航台名、设施类别（NDB、VOR、DME）识别标志、频率、工作时间、坐标、标高等都给予列出，对于航路上重要点的名称代码、坐标、具体航路都给予标明。有关特殊导航系统、航路上的航行地面灯光有待进一步酌定。

第五章 航行警告

本章提醒所有航空器在飞行中，无论在任何情况下，均不准飞入划定的空中禁区、危险区，必须遵守限制区的各项限制，以免发生危险影响飞行安全。对我国境内具体的危险区、限制区识别标志、名称和侧向界限、上限和下限、附注（限制空域类别、活动时间）都详细给予列出，为的是引起航空器驾驶人员的高度重视，确保飞行安全。

第二、第三册 机场

《AIP》机场部分包括全部对外开放机场。在查阅使用各机场前，机场又分两部分予以介绍。

第一部分 机场——简介

这部分首先介绍的是机场的可用性，从机场及相关设施使用的一般条件，采用的 ICAO 文件及与 ICAO 文件的差异，军民合用机场，机场Ⅱ、Ⅲ类运行，使用的摩擦测量装置和在湿滑跑道情况下道面湿滑等级的报告，其他类似情况的信息 6 个方面进行说明。采用的文件为 ICAO 附件 14 - 机场，与此有差异的将在 GEN1.7 中详细说明。凡包含允许外国民用航空器使用的军民合用机场，非本国注册的航空器均应遵守当地军事管制区的有关规定。可实施仪表着陆系统Ⅱ类运行的机场，其设施和服务符合国际民用航空公约的附件 10、附件 14 和 9365 文件《全天候运行手册》的要求。但航空营运人在实施前必须事先提出申请，获得批准后方可实施Ⅱ类运行。

其次介绍的是援救、消防服务和除雪计划。《AIP》中所包含的机场，其消防保障设备和消防人员的配置基本符合国际民用航空公约附件 14 中第一卷 9.2 的有关规定。

最后为机场索引。将公布机场名称、地面代码、机场准许飞行类型（仪表-目视、定期-不定期）、放行情况、工作时间，均告知航空器运营人，由此选择最佳有利时机进行飞行。

第二部分 机场

这部分是介绍机场的功能和作用。从机场的地面代码和名称开始至机场有关航图结束。

第四节 中国民航国内航空资料汇编（NAIP）

《中国民航国内航空资料汇编》（National aeronautical information publication，NAIP）是我国民用航空器进行境内飞行必备的综合性资料，使用中文编辑出版。

一、《中国民航国内航空资料汇编》组成部分及要求

《中国民航国内航空资料汇编》包括民用机场和军民合用机场的民用部分、航路、设施以及有关的规章制度等内容，分为总则、航路和机场三部分，如图 5-4 所示。

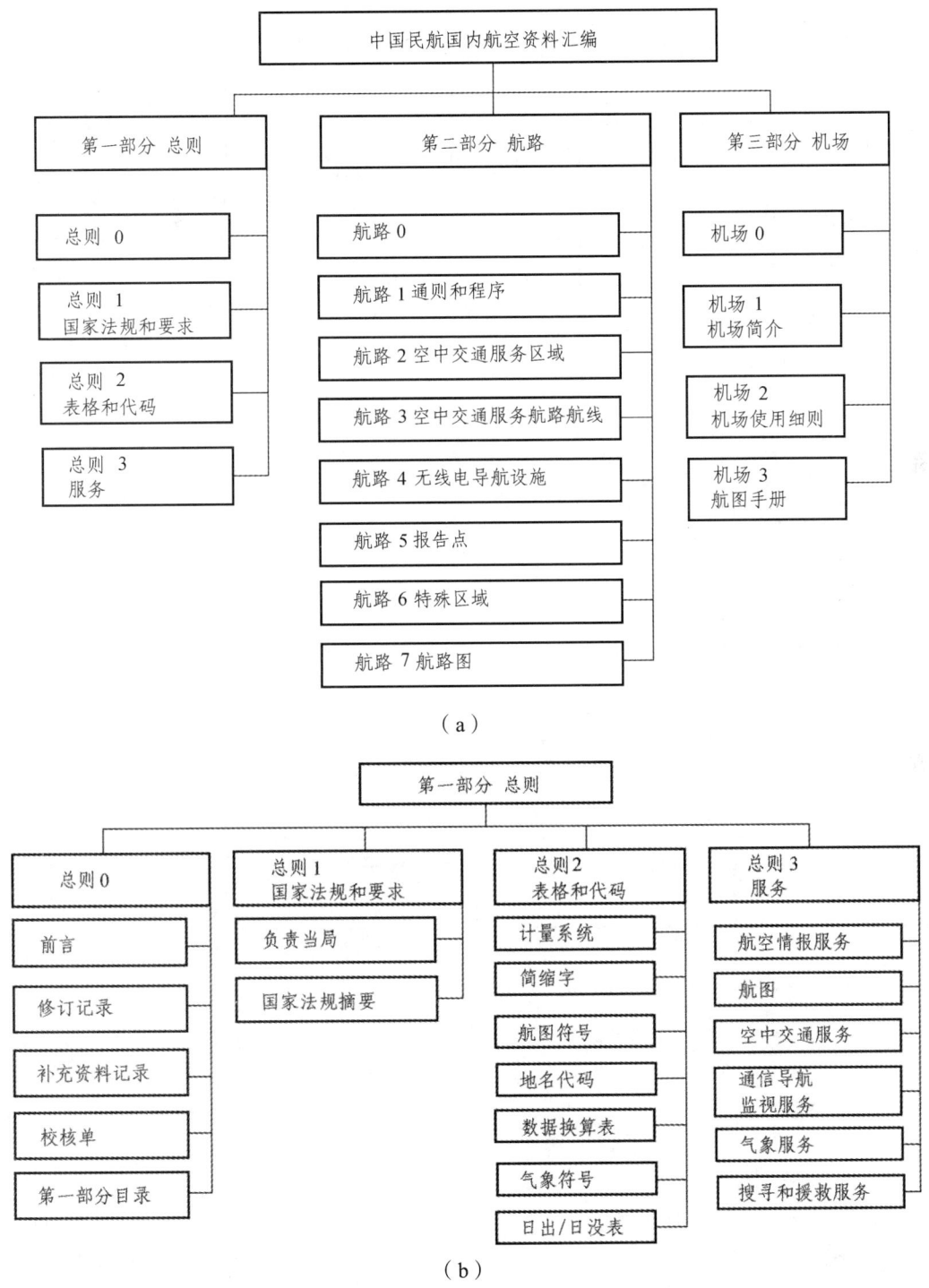

（a）

（b）

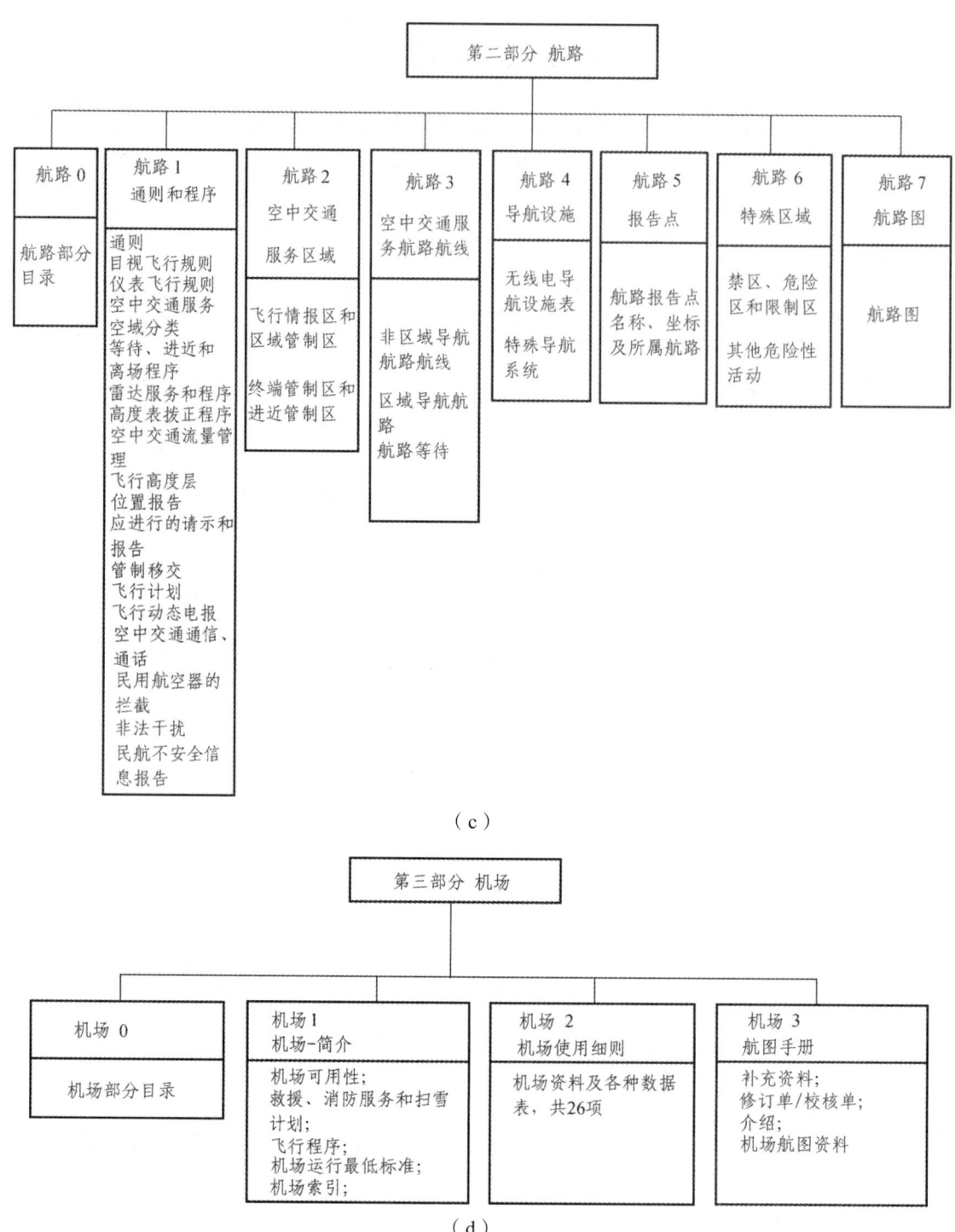

图 5-4 中国民航国内航空资料汇编格式

《中国民航国内航空资料汇编》分成若干分册出版，采用活页资料形式。每页资料印有易于查找的页码标志、资料的出版日期和生效日期。此外，为保证我国民用航空器在军用机场备降的需要，应当出版《军用备降机场手册》，作为《中国民航国内航空资料汇编》的补充。编入《军用备降机场手册》的军用机场资料应当经有关军事单位批准。

仅用于通用航空的民用机场航空资料可以由地区民用航空情报中心根据需要参照《中国民航国内航空资料汇编》的要求编辑、分发，并向全国民用航空情报中心备案。

需要注意的是，《中国民航国内航空资料汇编》《军用备降机场手册》不得向外国任何单位或者个人提供。

二、民用航空机场使用细则

机场使用细则在《中国民航国内航空资料汇编》第三部分机场 2 中，是机场开放的必备文件之一，是各有关单位组织机场运行的基本依据。机场管理机构、空中交通管理部门及其他相关部门负责为机场使用细则的编制提供所需资料。民航地区空中交通管理局负责机场使用细则的收集、编制和上报工作。民航局负责民用国际机场使用细则的批准，民航地区管理局负责本辖区内其他民用机场使用细则的批准。

机场使用细则包括机场资料及各种数据表，具体内容如下：

1. 机场地名代码和名称

列出规定的机场地名代码和机场名称。

2. 机场地理位置和管理资料

（1）机场基准点坐标及其在机场的位置。以度、分、秒表示基准点地理坐标，以距机场显著位置点的距离和方向确定基准点位置，精确至1″。

（2）与城市的位置关系。方位为真方位，精确至1°，距离精确至0.1 km。

（3）标高/参考气温。标高为跑道最高点标高，精确至 0.1 m/1 ft；参考气温为一年中最高的月平均气温，以摄氏度表示，并注明月份。

（4）磁差/年变率。磁差应注明测定的年份，磁差用度、分表示，精确至1′，年变率用分、秒表示，精确至1″。

（5）机场开放时间。应填写具体开放时间段（UTC 时间），或 H24——全天开放，HS-按航班时间开放，HO——按飞行需要开放，O/R——按申请开放，以及上述两者的综合如 HS 或 O/R。

（6）机场管理部门、地址、电话、传真、AFS、电子邮件或网址。

（7）允许飞行种类。仅允许仪表飞行填 IFR，仅允许目视飞行填 VFR，二者都允许填 IFR/VFR。

（8）备注。对上述项需要特殊说明的补充项。

3. 地勤服务和设施

（1）货物装卸设施。当办理货物的设施有限时，设备的种类和数量及搬运能力应一一注明。如果设备足以满足预计的要求时，应简要说明。

（2）燃油/滑油牌号。

（3）加油设施/能力。注明可提供的加油设备的种类和服务项目，以及加油设备的喷射能力。如果没有什么限制，应注明"无限制"。加油能力单位为升/秒（L/s）。

（4）除冰设施。

（5）过站航空器机库。说明可接收多少架某种机型，或者列出可提供的机库及其面积。注明机库是否有供暖设备及其他重要情况。

（6）过站航空器的维修设施。可提供的维修种类（如大修还是小修）；能维修的机型；可提供的零部件；换发动机时使用的设备情况。

（7）备注。注明本分节没有涵盖的任何其他信息。

4. 援救与消防服务

（1）机场消防等级。说明根据国际民航组织（ICAO）附件14第一卷第九章9.2节，根据机场的消防等级可提供的消防保护规模。

（2）援救设备。说明可提供的救援和消防车辆、设备，是否符合上述（1）项的机场消防等级。

（3）搬移受损航空器的能力。说明如果航空器在活动区或其附近抛锚，是否有搬动能力。搬动能力应以能搬动最大的机型为准。参见ICAO附件14第一卷第二章2.10节和第九章9.3节。

（4）备注。注明本分节没有涵盖的任何其他信息。

5. 可用季节——扫雪

（1）扫雪设备类型。需注明机场是否一年四季均可用。如不是四季可用，应注明哪些时间段不能使用或使用时需特别注意，注明不能使用的原因和应采取的防范措施。如有扫雪设备，注明设备类型；如无扫雪设备但冬天可能会下雪，注明"无扫雪设备"；若冬天不会下雪，不需扫雪设备，注明"扫雪设备不适用"。

（2）扫雪顺序。如需扫雪，注明跑道、滑行道和停机坪的优先顺序。

（3）备注。注明本分节没有涵盖的任何其他信息。

6. 停机坪、滑行道及校正位置数据

（1）停机坪道面和强度。注明道面的种类和采用ACN-PCN方法表示的停机坪强度。参见ICAO附件14第一卷第二章2.6节。

（2）滑行道宽度、道面和强度。注明滑行道宽度、道面的种类和采用ACN-PCN方法表示的强度。

（3）高度表校正点的位置及其标高。标高精确至0.1 m/1 ft。

（4）VOR/INS校正点。VOR校正点应描述其所在位置。如果所有的停机位都是INS校正点，注明"全部停机位，坐标参见《航图手册》"；如果部分停机位是INS校正点，填写停机位编号；坐标精确至0.01″。

（5）备注。如果检查位置在航图上有注明，则应在此处说明。

7. 地面活动引导和管制系统与标识

（1）航空器停放位置识别符号、滑行道引导线、航空器目视停靠/停放位置引导系统的使用。注明滑行引导标志牌、滑行引导线、停机位标志牌、目视停靠引导系统的设置情况，及相关特殊情况的说明。

（2）跑道和滑行道标志及灯光。列出标志和灯光的名称，特征不须说明。

（3）停止排灯。如有停止排灯，注明位置。

（4）备注。

8. 地形特征和障碍物

（1）地形特征。机场周围地形的描述。

（2）半径 15 km 内主要障碍物。

（3）半径 15～50 km 内主要障碍物。

障碍物表中包括以下内容：

① 障碍物序号。按相对位置基准的磁方位由小到大排序。

② 障碍物名称。如有障碍物等，名称前加注"*"。

③ 相对位置。需注明相对位置基准，磁方位精确至 1°，距离精确至 1 m。

④ 坐标。15 km 内主要障碍物精确至 0.1″，15～50 km 内主要障碍物精确至 1″。

⑤ 海拔高度或场压高。精确至 0.1 m。

⑥ 控制障碍物及涉及航段/起飞航径区重要障碍物。若是控制障碍物，需注明，并说明涉及的程序和航段名称；若是 A 型图上的重要障碍物，需注明"××号跑道起飞航径区重要障碍物"。

⑦ 备注。若跑道两端的起飞航径区内无重要障碍物，不需公布 A 型图，在此注明"××/××号跑道起飞航径区无重要障碍物"。

9. 气象特征和气象资料

（1）气象特征。

（2）气象资料。需注明资料参考年份。

气象资料表中包括以下内容：

① 月份。

② 月平均气温。包括最高月平均气温和最低月平均气温，精确至 0.1 ℃。

③ 平均相对湿度。精确至 1%。

④ 平均气压。应注明是 QNH 还是 QFE，精确至 0.1 hPa。

10. 机场天气观测和报告

（1）观测站名称/地名代码。

（2）观测类型与频率/自动观测设备。观测类型包括整点和半点例行观测、整点例行观测、特殊观测，按实际情况填写；自动观测设备按实际情况填写"有自动观测系统"或"有气象自动站"或"无自动观测设备"。

（3）气象报告类型及是否有趋势预报。气象报告类型包括 METAR、SPECI，按实际情况填写；按实际情况填写"有趋势预报"或"无趋势预报"。

（4）观测系统及位置。按实际情况填写 RVR 设备、测风仪、云高仪的位置。

（5）工作时间。应填写具体工作时间段或 H24——全天开放，HO——按飞行需要开放。

（6）气候资料。按实际情况填写"有气候资料表"或"无气候资料表"及相关说明。

11. 提供的气象信息

（1）相关气象室的名称。

（2）气象服务时间；服务时间以外的责任气象室。填写具体服务时间，若不是 H24 开放，如果有的话，公布在本气象室关闭期间能代为提供气象信息的气象室名称。

（3）负责编发 TAF 的办公室；有效期。

（4）趋势预报；发布间隔。

（5）所提供的讲解/咨询服务。

（6）飞行文件及其使用语言。

（7）讲解/咨询服务时可利用的图表和其他信息。

（8）提供信息的辅助设备。

（9）接收气象信息的空中交通服务单位。

（10）其他信息。

12. 跑道物理特征

（1）跑道号码。

（2）真方位和磁方位。真方位精确至 0.01°，磁方位精确至 1°。

（3）跑道长宽。

（4）跑道强度（PCN），跑道/停止道道面。

（5）跑道入口坐标。若有入口内移，同时给出内移入口的坐标，入口坐标前注明 THR，内移入口前注明 DTHR；精确至 0.01″。

（6）跑道入口标高，精密进近跑道接地带最高标高（m/ft）。精确至 0.1 m/1 ft；若有入口内移，同时给出内移入口的标高，前面注明 DTHR。

（7）跑道坡度。如有 A 型图，在 A 型图上公布变坡点的标高及分段坡度，此处填写"见 AOC"；若无 A 型图，则在备注中详细描述分段坡度，此处填写"见备注"。

（8）停止道长宽。

（9）净空道长宽。

（10）升降带长宽。所有跑道都应该设置升降带。即使不满足附件 14 规定的标准，也需提供实际的尺寸。

（11）无障碍物地带。

（12）备注。若无 A 型图，此处公布详细的跑道分段坡度及相对应的分段距离，沿跑道方向高度上升坡度为正，反之为负，括号中为分段距离；需说明跑道入口内移及部分跑道长度不能用于起飞或着陆的情况；跑道道肩宽度在此说明；跑道刻槽情况在此说明；迫降地带在此说明。

13. 公布距离

（1）跑道号码。

（2）可用起飞滑跑距离。

（3）可用起飞距离。

（4）可用加速停止距离。

（5）可用着陆距离。

（6）备注。如某条跑道不能用于起飞或着陆，则在备注里说明情况，在相应的起飞或着陆距离表格内填写"不能使用"。

14. 进近和跑道灯光

（1）跑道号码。
（2）进近灯类型，有否 SFL，长度，强度。
（3）入口灯颜色，翼排灯。
（4）VASIS，PAPI，位置，仰角，MEHT。
（5）接地带灯长度。
（6）跑道中心线灯长度、间隔、颜色、强度。颜色为沿本跑道方向看到的灯光颜色；强度若可变，注明"可变高强度"。
（7）跑道边灯长度、间隔、颜色、强度。颜色为沿本跑道方向看到的灯光颜色；强度若可变，注明"可变高强度"。
（8）跑道端灯颜色。
（9）停止道灯长度，颜色。
（10）备注。注明进近灯布局，包括中线灯类型（单灯或是短排灯），横排灯位置，SFL 的位置等。若与 ICAO 附件 14 中规定的标准布局一致，注明"同 ICAO 附件 14 中规定的标准布局，中线灯符合附件 14 第×××条×××项规定"。

15. 其他灯光，备份电源

（1）机场灯标/识别灯标位置、特性和工作时间。
（2）着陆方向指示器位置和灯光。
（3）滑行道边灯和中线灯。
（4）备份电源/转换时间。
（5）备注。

16. 直升机着陆区域

（1）TLOF 坐标或 FATO 入口坐标。精确至 0.01″。
（2）TLOF 和/或 FATO 标高。精确至 0.1 m/1 ft。
（3）TLOF 和 FATO 区域范围、道面、强度和标志。
（4）FATO 的真方位和磁方位。
（5）公布距离。
（6）进近灯光和 FATO 灯光。
（7）备注。

17. 空中交通服务空域

（1）名称。此处所列的空域是指与终端区飞行有关的空域，包括机场管制地带、塔台管制区、航站区域、放油区、特殊空域（如训练空域、试飞空域等）、使用机场 QNH（或 QFE）区域及过渡高度层/过渡高度（或过渡高）等，进近管制区不需在此公布。
（2）横向界限。
（3）垂直界限。对使用机场 QNH（或 QFE）区域及过渡高度层/过渡高度（或过渡高）而言，此处公布过渡高度层/过渡高度（或过渡高）的数值。

（4）备注。对使用机场 QNH（或 QFE）区域及过渡高度层/过渡高度（或过渡高）而言，有关本机场高度表拨正程序的特殊规定在此公布，通用的高度表拨正程序不需公布。

18. 空中交通服务通信设施

（1）服务名称。根据实际情况，按顺序公布 ATIS、APP、ARR、DEP、TWR、GND、OP-CTL、EMG。

（2）呼号。应有中、英文。

（3）频率。OP-CTL 只公布公用频率，若只限个别航空公司使用，不须在此公布。

（4）工作时间。应为 UTC 时间。

（5）备注。

19. 无线电导航和着陆设施

（1）设施类型。公布和终端区飞行有关的导航设施，远、近台、指点标和 LLZ、GP，同时需注明跑道号。

（2）识别。

（3）频率。

（4）坐标。精确至 0.1″。

（5）相对位置。远、近台和指点标须以跑道入口为基准，LLZ 以跑道末端为基准，GP 以跑道入口和中心线为基准，其他台以跑道中心为基准。

（6）DME 发射天线标高。精确至 1 m。

（7）备注。覆盖范围在此注明，GP 需注明下滑角度和 RDH 数值。

20. 主要邻近机场

（1）机场名称。

（2）与本机场相对位置。需填入邻近机场 ARP 与本机场 ARP 的相对位置，包括相对磁方向和距离，磁方位精确至 1°，距离精确至 1 km。

（3）机场坐标。精确至 1″。

（4）标高。精确至 0.1 m。

（5）跑道磁方位，跑道长宽，跑道强度（PCN）及道面。

21. 本场飞行规定

（1）机场使用规定。

（2）跑道和滑行道的使用。

（3）机坪和机位的使用。

（4）机场的Ⅱ/Ⅲ类运行。公布实施Ⅱ/Ⅲ类运行时本机场的特殊规定，通用规定不用在此叙述。

（5）警告。

（6）直升机飞行限制，直升机停靠区。

22. 噪声限制规定及减噪程序

（1）噪声限制规定。

（2）减噪程序。

23. 飞行程序

（1）总则。

（2）起落航线。

（3）仪表飞行程序。公布仪表飞行时的等待，进、离场程序，进近程序的规定，优先着陆程序的说明在进近程序中公布。

（4）雷达程序。

（5）无线电通信失效程序。

（6）目视飞行规定。公布目视飞行时的等待，进、离场程序，进近程序的规定。

（7）目视飞行航线。

（8）飞越规定。

24. 其他资料

列出机场的其他情况，例如在机场鸟群的集结情况，以及尽可能详细地介绍鸟群在栖息地和觅食区之间每日的重要活动情况。

25. 机场有关航图列表

ZXXX-1 区域图、放油区图和空域图

ZXXX-12 机场图、停机位置图、停机位坐标、目视停靠引导系统飞行员指南

ZXXX-3 标准仪表离场图

ZXXX-4 标准仪表进场图、航路点坐标/数据库编码表

ZXXX-5 仪表进近图（ILS）

ZXXX-6 仪表进近图（VOR\VOR\DME）

ZXXX-7 仪表进近图（NDB\NDB\DME）

ZXXX-8 目视进近图

ZXXX-9 仪表进近图（RNAV\RNP）

ZXXXX-AD2.26A机场障碍物A型图

ZXXXX-AD2.26D精密进近地形图

地区管理局负责监督、检查机场管理机构、航空运营人和空管部门对本辖区机场使用细则的执行情况。机场管理机构和空管部门应密切关注机场设施、程序和服务的运行情况，如有变化应及时上报；需发布航行通告的应按规定及时发布航行通告。

第五节 航空资料通报

涉及法律法规、空中航行、技术与管理、飞行安全等方面内容，但不适宜以航空资料汇编或者航行通告形式公布的，应当以航空资料通报方式公布。航空资料通报（Aeronautical

Information Circular，AIC）是指按规定不需要签发航行通告或者编入航空资料汇编，但涉及安全、航行、技术、管理或者法律问题的资料通报。

航空资料通报（AIC）主要包括：① 有关法律、法规、程序、设施的任何重大变更的长期预报；② 有关可能影响飞行安全的解释性和咨询性资料；③ 有关技术、法律、行政性事务的解释性和咨询性资料或者通知。

航空资料通报（AIC）按日历年连续编号，不定期印发，每年至少发布一次现行有效的航空资料通报校核单。

一、航空资料通报（AIC）内容

以航空资料通报方式发布的内容包括：
（1）所提供的航行程序、服务和设施的重大变更的预报。
（2）实施新导航系统的预报。
（3）涉及飞行安全的航空器事故或者事故征候调查的重要资料。
（4）有关防止对国际民用航空进行非法干扰行为的规定。
（5）与驾驶员有特殊关系的医疗问题的通知。
（6）驾驶员提出的有关避免健康受到危害的告警。
（7）某些天气现象对航空器飞行的影响。
（8）影响航空器操作技术的新险情资料。
（9）有关航空禁运物品的规章。
（10）国家法令要求以及国家公布变更法令的情况。
（11）空勤人员执照要求。
（12）航空人员培训。
（13）国家法律规定的适用或者豁免。
（14）特定型号设备的使用与维护的建议。
（15）实际或者计划可用的新版或者修订版航图。
（16）机载通信设备。
（17）减少噪声的说明性资料。
（18）选定的适航指令。
（19）航行通告系列或者其分发范围的变更，新版航空资料汇编或者其内容、范围和格式的重大变更。
（20）有关除雪计划的先期情报。
（21）类似情况的其他资料。

二、航空资料通报（AIC）实例

我国航空资料通报（AIC）实例如图 5-5 所示。

TELEGRAPHIC ADDRESS AFTN: ZBBBYOYX COMM: CIVIL AIR BEIJING FAX: 8610 57803650	**PEOPLE'S REPUBLIC OF CHINA** *CIVIL AVIATION ADMINISTRATION OF CHINA* **AERONAUTICAL INFORMATION SERVICE** *No.9 Xiedao West Road, Chaoyang District, Beijing*	**AIP CHINA** **AIC** Nr.10/23 *Dec. 25, 2023*

国家和地区间民航空中交通管理专项应急预案
CAAC ATM CONTINGENCY ARRANGEMENTS FOR AIR TRAFFIC ACROSS COUNTRIES AND ADMINISTRATIONS

1. 总则	1. General
1.1 目的 　　根据国际民航组织附件 11，为确保与周边国家和地区相邻的空域内，在空中交通服务和/或相关支持服务被中断或可能被中断时，空中交通服务单位能够及时妥善处置，确保国际空中交通持续不中断安全运行，同时有效衔接国内空中交通管理应急预案体系，制定了《国家和地区间民航空中交通管理专项应急预案》。	**1.1 Purpose** 　　According to Annex 11 of ICAO, in order to ensure that in the airspace adjacent to neighboring countries and administrations, when air traffic services and/or related support services are disrupted or may be disrupted, air traffic service units can promptly and properly handle the situation and maintain the continuous safe operation of international air traffic, and that an effective connection with the domestic air traffic management contingency plan system is provided, "CAAC ATM CONTINGENCY ARRANGEMENTS FOR AIR TRAFFIC ACROSS COUNTRIES AND ADMINISTRATIONS" is formulated.
1.2 依据 　　该预案依据《中国民用航空局应对突发事件总体预案》《中国民用航空应急管理规定》《民航空中交通服务应急计划管理规范（暂行）》等制定，主要参考资料包括： 　　• 《空中交通服务》（ICAO Annex 11） 　　• 《空中交通管理》（ICAO Doc4444） 　　• 《空中交通服务规划手册》（ICAO Doc 9426） 　　• 《空中交通管理安保手册》（ICAO Doc 9985） 　　• 《火山灰，放射性物质和有毒化学烟云手册》（ICAO Doc 9691） 　　• 《飞行安全和火山灰》（ICAO Doc9974） 　　• 《亚太地区航行规划》（ICAO Doc 9673） 　　• 《亚太地区空管应急计划》	**1.2 Relevant documents** 　　The plan is formulated according to the General Plan for Emergency Response of the CAAC, the Emergency Management Regulations of the CAAC, and the Management Standards for Emergency Plans of Civil Aviation Air Traffic Services (Provisional). The main reference materials include: 　　• Air Traffic Services (ICAO Annex 11) 　　• Air Traffic Management (ICAO Doc4444) 　　• Air Traffic Service Planning Manual (ICAO Doc 9426) 　　• Air Traffic Management Security Manual (ICAO Doc 9985) 　　• Manual on Volcanic Ash, Radioactive Material and Toxic Chemical Clouds (ICAO Doc 9691) 　　• Flight Safety and Volcanic Ash (ICAO Doc9974)

图 5-5　航空资料通报案例

第六节　飞行前和飞行后航空情报服务

一、飞行前航空情报服务

机场民用航空情报单位的飞行前航空情报服务主要包括：飞行前资料公告、讲解服务及资料查询。

机场民用航空情报单位的航空情报员，应当于每日本机场飞行活动开始前 90 min，完成提供飞行前航空情报服务的各项准备工作，主要包括：

（1）了解当日的飞行计划和动态。
（2）检查处理航行通告。
（3）了解机场、航路、设施的变化情况和有关的气象资料。
（4）检查必备的各种资料、规章是否完整、准确。
（5）检查本单位设备的工作情况。

机场民用航空情报单位提供的飞行前资料公告（PIB）要遵守以下规定：

（1）飞行前资料公告至少包括制作时间、发布单位、有效期、起飞站、第一降落站及其备降场、航路以及与本次飞行有关的航行通告和其他紧急资料。
（2）提供的飞行前资料公告不得早于预计起飞前 90 min 从航行通告处理系统中提取。
（3）飞行前资料公告的提供情况应有相应记录。

航空情报员认为有必要或者机组有要求时，应当提供讲解服务。航空情报员在提供讲解服务时，按照讲解服务清单，逐项进行提示或者检查，结合不同飞行的要求，对有关项目进行重点讲解。讲解服务清单的内容应当包括：

（1）法规与程序，包括航空资料及其修订、航空资料补充资料、空域使用的程序、空中交通服务程序、高度表拨正程序。
（2）气象服务简况，包括气象设施、预报和报告的可用情况以及其他获得有效气象情报的规定。
（3）航路及目的地信息，包括可用航路的建议，保证航路安全高度的航迹、距离、地理和地形特征，机场和机场设施的可用性，导航设施的可用性，搜寻援救的组织、程序和设施。
（4）通信设施和程序，包括地空通信设施的可用性、通信程序、无线电频率和工作时间。
（5）航行中的危险情况。
（6）其他影响飞行的重要信息。

为我国机组提供飞行前航空情报服务时，航空情报员应当讲解和受理查询与该机组飞行任务有关的资料。为外国机组提供飞行前航空情报服务时，航空情报员只能讲解和受理查询《中华人民共和国航空资料汇编》、批准对外提供的航行规定以及国际航行规定和资料。

向机组提供自我准备所需要的规定和资料，包括：

（1）设立地图板，张挂航空地图。航空地图上，应当标绘飞行情报区、管制区界线和航路、机场的有关数据。对外开放机场，还应当张挂或者展示适当比例尺的、标有国际航路、国际机场的世界挂图或者世界区域图。

（2）备有供机组查阅的航空资料，包括《中华人民共和国航空资料汇编》《中国民用航空国内航空资料汇编》《军用备降机场手册》、通信和导航资料以及其他与飞行有关的资料。对外开放机场，还应当备有供国际飞行机组查阅的其他资料。

（3）备有供机组查阅的规章、文件。对外开放机场，还应当备有国际民航组织的有关文件。

二、飞行后航空情报收集

机场民用航空情报单位，应当收集机组飞行后对有关飞行保障设施工作情况的意见、鸟群活动等信息，以及机组填写的《空中交通服务设施服务状况及鸟情状况报告单》，具体内容见附录二。

机场民用航空情报单位收集到《空中交通服务设施服务状况及鸟情状况报告单》或者其他相关信息后，应当根据信息内容及时转告有关部门处理。收到《空中交通服务设施服务状况及鸟情状况报告单》或者其他相关信息的有关部门，应当及时核实有关情况，并将处理情况反馈机场民用航空情报单位。

思考题？

1. 实施定期颁发制的目的是什么？定期颁发制的三个关键时间节点分别是什么？
2. 按照国际民航组织附件15的要求，需要按照定期颁发制发布的航空资料分为哪3类？
3. 请简述国际民航组织建议的航空资料汇编AIP结构，以及各部分主要内容？
4. 请简述中国航空资料汇编（AIP China）与国内航空资料汇编（NAIP）的差异？

附 录

附录一　2023—2029年航空资料定期颁发制的共同生效日期表

期　数	2023	2024	2025	2026	2027	2028	2029
1	2023-01-26	2024-01-25	2025-01-23	2026-01-22	2027-01-21	2028-01-20	2029-01-18
2	2023-02-23	2024-02-22	2025-02-20	2026-02-19	2027-02-18	2028-02-17	2029-02-15
3	2023-03-23	2024-03-21	2025-03-20	2026-03-19	2027-03-18	2028-03-16	2029-03-15
4	2023-04-20	2024-04-18	2025-04-17	2026-04-16	2027-04-15	2028-04-13	2029-04-12
5	2023-05-18	2024-05-16	2025-05-15	2026-05-14	2027-05-13	2028-05-11	2029-05-10
6	2023-06-15	2024-06-13	2025-06-12	2026-06-11	2027-06-10	2028-06-08	2029-06-07
7	2023-07-13	2024-07-11	2025-07-10	2026-07-09	2027-07-08	2028-07-06	2029-07-05
8	2023-08-10	2024-08-08	2025-08-07	2026-08-06	2027-08-05	2028-08-03	2029-08-02
9	2023-09-07	2024-09-05	2025-09-04	2026-09-03	2027-09-02	2028-08-31	2029-08-30
10	2023-10-05	2024-10-03	2025-10-02	2026-10-01	2027-09-30	2028-09-28	2029-09-27
11	2023-11-02	2024-10-31	2025-10-30	2026-10-29	2027-10-28	2028-10-26	2029-10-25
12	2023-11-30	2024-11-28	2025-11-27	2026-11-26	2027-11-25	2028-11-23	2029-11-22
13	2023-12-28	2024-12-26	2025-12-25	2026-12-24	2027-12-23	2028-12-21	2029-12-20

注：近几年的生效日是以包括2011年1月14日在内的一系列共同生效日期为基准推算出来的，生效日期都是星期四。

附录二　空中交通服务设施服务状况及鸟情状况报告单

航空器国籍及注册标记：				
营运人及航班号：				
起飞机场：		起飞时间（UTC）：		
着陆机场：		着陆时间（UTC）：		
设　施	位　置	缺陷的详细情况		观察时间
鸟　情	位　置	详细情况		观察时间
日期：＿＿＿年＿＿月＿＿日　　机组签字：＿＿＿＿＿＿＿				

附录三 简缩字

ABBREVIATIONS

（说明：* 为非ICAO简缩字Non-ICAO abbreviation）

A

A	Amber 琥珀色	ACCID	Notification of an aircraft accident 航空器失事通知
A/A	Air-to-air 空对空	ACFT	Aircraft 航空器
AAA	（Or AAB, AAC…etc, in sequence） Amended meteorological message（Message type designator）（或AAB, AAC……，按顺序）订正气象电报（电报种类代号）	ACK	Acknowledge 收悉、确认
		ACL	Altimeter check location 高度表校准位置
		ACN	Aircraft Classification Number 航空器等级序号
AAD	Assigned altitude deviation 指定高度偏差	ACP	Acceptance（message type designator）接受电报（电报种类代号）
AAIM	Aircraft autonomous integrity monitoring 航空器自主完好性监控	ACPT	Accept or accepted 接受，已收到
		ACT	Active or activated or activity 使用中的，被激活的，活动
AAL	Above aerodrome level 高出机场场面	AD	Aerodrome 机场
AAR	Air to air refueling 空中加油	ADA	Advisory area 咨询区
ABI	Advance boundary information 前方边界信息	ADC	Aerodrome chart 机场图
		ADDN	Addition or additional 增加、附加
ABM	Abeam 正切	ADF	Automatic direction-finding equipment 自动定向仪
ABN	Aerodrome beacon 机场灯标		
ABT	About 大约、关于	ADIZ	Air defence identification zone（to be pronounced 'AY-DIZ'）防空识别区（发音为"AY-DIZ"）
ABV	Above 在……之上		
AC	Altocumulus 高积云		
A/C*	Aircraft 航空器	ADJ	Adjacent 邻近
ACARS	Aircraft communication addressing and reporting system（to be pronounced 'AY-CARS'）航空器寻址通信和报告系统（发音为"AY-CARS"）	ADO	Aerodrome office（specify service）机场部门（注明服务）
		ADR	Advisory route 咨询航路
ACAS	Airborne collision avoidance system（to be pronounced "AY-CAS"）机载防撞系统（发音为"AY-CAS"）	ADS	Address（when this abbreviation is used to request repetition, the question mark（IMI）precedes the abbreviation, e.g. IMI ADS）（to be used in AFS as a procedure signal）. 地址（当该缩
ACC	Area control center or area control 区域管制中心或区域管制		

	略语被用于要求重复时，问号（IMI）位于该缩略语之前，例如，IMI ADS）（在航空固定服务中用作一个程序信号）	AIP	Aeronautical information publication 航行资料汇编
ADS-B	Automatic dependent surveillance-broadcast 广播式自动相关监视	AIRAC	Aeronautical information regulation and control 定期制航行资料
ADS-C	Automatic dependent surveillance-contract 合约式自动相关监视	AIREP	Air-report 空中报告
ADSU	Automatic dependent surveillance unit 自动相关监视单元	AIRMET	Information concerning en-route weather phenomena which may affect the safety of low-level aircraft operations 影响航空器低空飞行安全的航路天气现象情报
ADVS	Advisory service 咨询服务	AIS	Aeronautical information services 航行情报服务
ADZ	Advise 通知、告知	ALA	Alighting area 着陆（水）区、降落区
AES	Aircraft earth station 航空器地球站	ALERFA	Alert phase 警戒阶段
AFIL	Flight plan filed in the air 空中申报飞行计划	ALR	Alerting (message type designator) 告警、警戒（电报种类代号）
AFIS	Aerodrome flight information service 机场飞行情报服务	ALRS	Alerting service 告警服务
AFM	Yes or affirm or affirmative or that is correct 是、肯定、正确	ALS	Approach lighting system 进近灯光系统
AFS	Aeronautical fixed service 航空固定服务	ALSTG*	Altimeter setting 高度表拨正
AFT	After … (time or place) ……在（时间或地点）以后	ALT	Altitude 高度
		ALTN	Alternate or alternating (light alternates in colour) 交替，变换的（灯光颜色交替变换）
AFTN	Aeronautical fixed telecommunication network 航空固定电信网	ALTN	Alternate (aerodrome) 备降（机场）
A/G	Air-to-ground 空对地	AMA	Area minimum altitude 区域最低高度
AGA	Aerodromes, air routes and ground aids 机场、航路和地面设备	AMD	Amend or amended (used to indicate amended meteorological message; message type designator) 订正，经订正（用以表示修改的气象电报，电报种类代号）
AGC*	Aerodrome ground movement chartt (followed by type and name/title) 机场地面活动图（后随名称/标题）	AMDT	Amendment (AIP Amendment) 修订（航行资料汇编修订）
AGL	Above ground level 高出地面	AMS	Aeronautical mobile service 航空移动服务
AGN	Again 再次、重新		
AIC	Aeronautical information circular 航行资料通报	AMSL	Above mean sea level 高于平均海平面
AIDC	Air traffic services inter-facility data communication 空中交通服务内设数据通信	AMSS	Aeronautical mobile satellite service

	航空移动卫星服务	ARC	Area chart 区域图
ANC	Aeronautical chart — 1：500 000（followed by name/title）航图－1：500 000（后随名称/标题）	ARNG	Arrange 安排
		ARO	Air traffic services reporting office 空中交通服务报告室
ANCS	Aeronautical navigation chart—small scale（followed by name/title and scale）领航图－小比例尺（后随名称/标题和比例尺）	ARP	Aerodrome reference point 机场基准点
		ARP	Air-report（message type designator）空中报告（电报种类代号）
ANS	Answer 应答	ARQ	Automatic error correction 自动纠错
AO*	Aircraft operator 航空器运营人	ARR	Arrive or arrival 到达
AOC...	Aerodrome obstacle chart（followed by type and name/title）机场障碍物图（后随种类和名称/标题）	ARR	Arrival（message type designator）到达（电报种类代号）
		ARS	Special air-report（message type designator）特别空中报告（电报种类代号）
AOR*	Area of responsibility 责任区		
AORC*	Air corridor chart 空中走廊图	ARST	Arresting（specify（part of）aircraft arresting equipment）拦阻（注明航空器拦阻设备）
AP	Airport 航空站、机场		
APAPI	Abbreviated precision approach path indicator（to be pronounced 'AY-PAPI'）简式精密进近航道指示器（发音为"AYPAPI"）	AS	Altostratus 高层云
		ASAP*	As soon as possible 尽快
		ASC	Ascent to or ascending to 上升至
APCH	Approach 进近	ASDA	Accelerate-stop distance available 可用加速停止距离
APDC...	Aircraft parking/docking chart（followed by name/title）航空器停放/停靠图（后随名称/标题）		
		ASE	Altimetry system error 测高系统误差
APN	Apron 停机坪	ASHTAM	Special series NOTAM notifying, by means of a specific format, change in activity of a volcano, a volcano eruption and/or volcanic ash cloud that is of significance to aircraft operations 火山灰通告：种特殊系列航行通告，以专门格式通告可能影响到航空器运行的火山活动变化、火山爆发和/或火山烟云
APP	Approach control office or approach control or approach control service 进近管制室、进近管制，进近管制服务		
APR	April 四月		
APRX	Approximate or approximately 近似，大约		
APSG	After passing 过……后	ASPEEDG*	Airspeed gain 空速加大
APU*	Auxiliary power unit 辅助动力装置	ASPEEDL*	Airspeed loss 空速减小
APV	Approve or approved or approval 批准、同意或认可	ASPH	Asphalt 沥青
		AT	...At（followed by time at which weather change is forecast to occur）在……（后
APV*	Approach procedure with vertical guidance 垂直引导进近程序		

	随预报天气出现变化的时间）	AVG	Average 平均
ATA	Actual time of arrival 实际到达时间	AVGAS	Aviation gasoline 航空汽油
ATC	Air traffic control（in general）空中交通管制（通称）	AVTUR*	Aviation turbine fuel 航空涡轮燃油
ATCSMAC	Air traffic control surveillance minimum altitude chart（*followed by name/title*）最低监视引导高度图（后接名称/标题）	AWOS	Automated weather observation system 自动天气观测系统
		AWTA	Advise at what time able 告知可能时间
ATD	Actual time of departure 实际离场时间	AVTUR*	Aviation turbine fuel 航空涡轮燃油
ATFM	Air traffic flow management 空中交通流量管理	AWY	Airway 航路
		AZM	Azimuth 方位、方位角
ATIS	Automatic terminal information service（to be pronounced "AY-TIS"）自动终端情报服务（发音为"AY-TIS"）	**B**	
		B	Blue 蓝色
		BA	Braking action 制动作用
ATM	Air traffic management 空中交通管理	BARO-VNAV	Barometric vertical navigation（*to be pronounced "BAA-RO-VEE-NAV"*）气压式垂直导航（发音为"BAA-RO-VEE-NAV"）
ATMB*	Air Traffic Management Bureau 空中交通管理局		
ATN	Aeronautical telecommunication network 航空电信网	BASE	Cloud base 云底
		BCFG	Fog patches 雾块
ATP...	At...（time or place）在……（后接时间或地点）	BCN	Beacon（aeronautical ground light）灯标（航空地面灯）
		BCST	Broadcast 广播
ATS	Air traffic services 空中交通服务	BDRY	Boundary 边界
ATTN	Attention 注意、承办	BEC*	Because 因为
AT-VASIS	Abbreviated T visual approach slope indicator system（to be pronounced "AY-TEE-VASIS"）简化T式目视进近坡度指示系统（发音为"AY-TEE-VASIS"）	BECMG	Becoming 变得、转为
		BFR	Before 在……之前
		BKN	Broken 多云
		BL...	Blowing（*followed by DU=dust, SA=sand or SN=snow*）吹、刮（后随DU为尘，SA为沙或SN为雪）
ATZ	Aerodrome traffic zone 机场交通地带		
AUG	August 八月	BLDG	Building 建筑物
AUTH	Authorized or authorization 授权、批准	BLO	Below clouds 云下
		BLW	Below...在……以下
AUTO*	Automatic 自动	BOMB	Bombing 轰炸、爆炸
AUW	All up weight 起飞全重	BR	Mist 轻雾
AUX	Auxiliary 辅助	BRF	Short（used to indicate the type of approach desired or required）小起
AVBL	Available or availability 可供使用、备有、可用性		

	落航线（用于说明希望或要求的进近方式）	CC	Cirrocumulus 卷积云
BRG	Bearing 方位	CCA	（or CCB，CCC…etc, in sequence）Corrected meteorological message（message type designator）（或CCB，CCC……，按顺序）更正气象电报（电报种类代号）
BRKG	Braking 刹车		
BS	Commercial broadcasting station 商用电台		
BTL	Between layers 云层中	CCO*	Continuous climb operation 连续爬升运行
BTN	Between 在……之间		
BUFR	Binary universal form for the representation of meteorological data. 用于表示气象数据的通用二进制格式	CD	Candela 国际烛光（发光强度单位）
		CDFA*	Continuous descent final approach 连续下降运行
		CDN	Coordination（message type designator）协调（电报种类代号）
C			
…C	Center（preceded by runway designation number to identify a parallel runway）中心（前面放置表示某一平行跑道的跑道编号）	CDO*	Continuous descent operation 连续下降运行
		CDR*	Conditional route 条件性航路
		CF	Change frequency to …频率改为……
		CF	Course to a fix 保持航线角至一定位点（航段）
C	Degrees Celsius（centigrade）摄氏度（摄氏温度）		
CA	Course to an altitude 保持航线角至一高度（航段）	CFM	Confirm or I confirm（to be used in AFS as a procedure signal）确认，或我确认（在航空固定服务中用作程序信号）
CAA*	Civil aviation autority or civil aviation administration 民用航空当局，民用航空管理局		
		CGL	Circling guidance light（s）盘旋引导灯
CAAC*	Civil Aviation Administration of China 中国民用航空局	CH	Channel 波道
CAT	Clear air turbulence 晴空颠簸	CH	This is a channel-continuity-check of transmission to permit comparison of your record of channel-sequence numbers of messages received on the channel（to be used in AFS as a procedure signal）这是一种对传输信道通断检查，以便可比较你记录的在信道上接收的电报的信道顺序号（在航空固定服务中用作程序信号）
CAT	Category 分类		
CAVOK	Visibility, cloud and present weather better than prescribed values or conditions（to be pronounced 'KAV-OH-KAY'）能见度、云和现在天气高于规定数值或条件（发音为"KAV-OH-KAY"）		
CB	Cumulonimbus（to be pronounced 'CEE BEE'）积雨云（发音为"CEE BEE"）	CHEM	Chemical 化学的
		CHG	Modification（message type designator）修改、更改（电报种类代号）
		CI	Cirrus 卷云

CIDIN	Common ICAO data interchange network 国际民用航空组织公用数据交换网		连续的
		COOP*	Cooperation 合作、协作
CIG*	Ceiling 云幕	COOR	Coordinate or coordination 协调
CIT	Near or over large towns 城镇附近，上空	COORD	Coordinates 坐标
		COP	Change-over point 转换点
CIV	Civil 民用	COR	Correct or correction or corrected (used to indicate corrected meteorological message, message type designator) 更正，经更正的（用以表示经更正的气象电报；电报种类代号）
CK	Check 检查、校核		
CL	Center line 中心线		
CLA	Clear type of ice formation 明冰		
CLBR	Calibration 校准、校正		
CLD	Cloud 云	CORR*	Corridor 走廊
CLG	Calling 呼叫	COT	At the coast 在海岸
CLIMB-OUT	Climb-out area 爬升离场区	COV	Cover or covered or covering 覆盖，飞过（航线），管辖
CLR	Clear(s) or cleared to …or clearance 放行、准许……放行许可	CPDLC	Controller-pilot data-link communications 管制员－驾驶员数据链通信
CLRD	Runway(s) cleared (used in METAR/SPECI) 跑道已清（用于METAR/SPECI）	CPL	Current flight plan (message type designator) 现行飞行计划（电报种类代号）
CLSD	Close or closed or closing 关闭，关闭的，关闭中	CRC	Cyclic redundancy check 循环冗余校验
CM	Centimeter 厘米	CRM	Collision risk model 碰撞风险模型
CMB	Climb to or climbing to 爬升至	CRP*	Compulsory reporting point 强制报高点
CMPL	Completion or completed or complete 完成，完成的		
CNL	Cancel or cancelled 取消，取消的	CRS*	Course 航线、航道、路线
CNL	Flight plan cancellation (message type designator) 飞行计划取消电报（电报种类代号）	CRZ	Cruise 巡航
		CS	Call sign 呼号
		CS	Cirrostratus 卷层云
		CTA	Control area 管制区
CNS	Communications, navigation and surveillance 通信、导航、监视	CTAM	Climb to and maintain 爬升至并保持
		CTC	Contact 联络
COM	Communications 通信	CTL	Control 管制、控制
CONC	Concrete 混凝土	CTN	Caution 注意、警告
COND	Condition 条件、情况	CTR	Control zone 管制地带
CONS	Continuous 持续的、连续的	CU	Cumulus 积云
CONST	Construction or constructed 建筑、建造	CUF	Cumuliform 积状云
		CUST	Customs 海关
CONT	Continue(s) or continued 继续、	CVR	Cockpit voice recorder 驾驶舱话音

	记录器		DEPO	Deposition 沉积物
CW	Continuous wave 等幅波		DER	Departure end of the runway 跑道离场端
CWY	Clearway 净空道		DES	Descend to or descending to 下降至

D

D	Downward（tendency in RVR during previous 10 minutes）下降、向下（前10分钟跑道视程趋势）		DEST	Destination 目的地
			DETRESFA	Distress phase 遇险阶段
			DEV	Deviation or deviating 偏航、偏离、偏差
D	…Danger area（followed by identification）危险区（后随识别代号）		DF	Direction finding 定向
			DFDR	Digital flight data recorder 数字飞行数据记录器
DA	Decision altitude 决断高度			
D-ATIS	（to be pronounced 'DEE-ATIS'）Data link automatic terminal information service 数据链自动终端情报服务（发音为"DEE-ATIS"）		DFTI	Distance from touchdown indicator 离接地标志的距离
			DH	Decision height 决断高
			DIF	Diffuse 扩散
			DIST	Distance 距离
DCD	Double channel duplex 双波道双工制		DIV	Divert or diverting 转换、转向、改航、备降
DCKG	Docking 停靠			
DCP	Datum crossing point 坐标原点飞越位置		DLA	Delay（message type designator）延误（电报种类代号）
DCPC	Direct controller-pilot communications 管制员—驾驶员直接通信		DLA	Delay or delayed 延误
			DLIC	Data link initiation capability 数据链初始性能
DCS	Double channel simplex 双波道单工制			
			DLY	Daily 每天、日常
DCT	Direct（in relation to flight plan clearances and type of approach）直飞、直接进近（有关飞行计划许可和进近方式）		DME	Distance measuring equipment 测距仪
			DNG	Danger or dangerous 危险，危险的
			DOF*	Date of flight 飞行日
			DOM	Domestic 国内的
DE*	From（used to precede the call sign of the calling station）（to be used in AFS as a procedure signal）从……、发自……（用于呼叫台呼叫信号前）（在航空固定服务中用作程序信号）		DP	Dew point temperature 露点温度
			DPT	Depth 深度
			DR	Dead reckoning 推测领航
			DR	…Low drifting（followed by DU=dust, SA=sand or SN=snow）低吹（后随DU为尘，SA为沙或SN为雪）
DEC	December 十二月			
DEG	Degrees 度		DRG	During 在……期间
DEP	Depart or departure 起飞，离场		DS	Duststorm 尘暴
DEP	Departure（message type designator）离场（电报种类代号）		DSB	Double sideband 双边带
			DTAM	Descend to and maintain 下降至并

	保持		步许可
DTG	Date-time group 日时组	EFIS	(*to be pronounce "EE-FIS"*) Electronic flight instrument system 电子飞行仪表系统
DTHR	Displaced runway threshold 内移的跑道入口		
DTRT	Deteriorate or deteriorating 变坏	EFF*	Effective 有效的
DTW	Dual tandem wheels 四轮车式	EFIS*	Electronic flight instrument system (to be pronounce"EE-FIS") 电子飞行仪表系统（发音为 "EE-FIS"）
DU	Dust 尘		
DUC	Dense upper cloud 高空浓云		
DUPE	This is duplicate messagee（to be used in AFS as procedure signal）重发电报（在航空固定服务中用作程序信号）	EGNOS	European geostationary navigation overlay service (to be pronounced "EGG-NOS") 欧洲地球同步导航覆盖服务（发音为 "EGG-NOS"）
DUR	Duration 持续时间、期间	EHF	Extremely high frequency（30 000 to 300 000 MHZ）极高频（30 000～300 000兆赫）
D-VOLMET	Data link VOLMET 数据链 VOLMET		
DVOR	Doppler VOR 多普勒甚高频全向信标	ELBA	Emergency location beacon —aircraft 航空器紧急定位信标
DW	Dual wheels 双轮	ELEV	Elevation 标高
DZ	Drizzle 毛毛雨	ELR	Extra long range 特远程
		ELT	Emergency locator transmitter 紧急示位信标发射器

E

E	East or eastern longitude 东，东经	EM	Emission 发射
EAT	Expected approach time 预计进近时间	EMBD	Embedded in a layer（to indicate cumulonimbus embedded in layers of other clouds）隐藏在云层中（用以说明隐藏在其他云层中的积雨云）
EB	Eastbound 向东飞行		
ECL*	Exercise caution while landing 着陆时注意		
ECT*	Exercise caution while taking off 起飞时注意	EMG	Emergency 紧急遇险
		END	Stop-end（related to RVR）跑道末端视程仪
EDA	Elevation differential area 高程异常地区	ENE	East-north-east 东北东
		ENG	Engine 发动机
EDTO*	Extended diversion time operations 延长改航时间运行	ENR	En route 航路上
		ENRC	En-route chart（followed by name/title）航路图（后随名称/标题）
EEE	Error（to be used in AFS as a procedure signal）错号（航空固定服务中用作程序信号）		
		EOBT	Estimated off-block time 预计撤轮挡时间
EET	Estimated elapsed time 预计经过时间		
EFC	Expect further clearance 等待进一	EQN*	Equatorial latitudes northern hemisphere 北半球赤道纬度

EQPT	Equipment 设施		transport 国际航空运输简化手续
EQS*	Equatorial latitudes southern hemisphere 南半球赤道纬度	FANS*	Future air navigation system 未来航行系统
ER	Here …or herewith 此处，随同	FAP	Final approach point 最后进近点
ESE	East-south-east 东南东	FAS	Final approach segment 最后进近航段
EST	Estimate or estimated or estimate (message type designator) 预计，预计的，估计的（电报种类代号）	FATO	Final approach and take-off area 最后进近和起飞区
ETA	Estimated time of arrival or estimating arrival 预计到达时间，预计到达	FAX	Facsimile transmission 传真
ETD	Estimated time of departure or estimating departure 预计起飞时间，预计起飞	FBL	Light (used to indicate the intensity of weather phenomena, interference or static reports, e.g. FBL RA=light rain) 轻度（用以表示天气现象，干扰或静电报告的强度，例如：FBL RA 为小雨）
ETE*	Estimated time en-route 预计航路时间		
ETO	Estimated time over significant point 预计飞越重要点的时间	FC	Funnel cloud (tornado or water spout) 漏斗云（陆龙卷或水龙卷）
EUR RODEX*	European regional OPEMET data exchange 欧洲地区 OPMET 数据交换	FCST	Forecast 预报
		FCT	Friction coefficient 摩擦系数
		FDPS	Flight data processing system 飞行数据处理系统
EV	Every 每	FEB	February 二月
EVS*	Enhanced vision system 增强的视景系统	FEW	Few 少数
		FG	Fog 雾
EXC	Except 除……以外	FIC	Flight information center 飞行情报中心
EXER	Exercises or exercising or to exercise 演习	FIR	Flight information region 飞行情报区
EXP	Expect or expected or expecting 期望，预计	FIS	Flight information service 飞行情报服务
EXTD	Extend or extending 延伸，延长	FISA	Automated flight information service 自动飞行情报服务
F		FL	Flight level 飞行高度层
F*	Degrees Fahrenheit 华氏度数	FLD	Field 机场、场地
F	Fixed 固定	FLG	Flashing 闪烁、闪光
FA	Course from a fix to an altitude 从一定位点保持航线角至一高度（航段）	FLR	Flares 照明弹
		FLT	Flight 飞行、航班
FAC	Facilities 设施	FLTCK	Flight check 飞行校验（检查）
FAF	Final approach fix 最后进近定位点	FLUC	Fluctuating or fluctuation or fluctuated
FAL	Facilitation of international air		

	摆动，波动	FTT	Flight technical tolerance 飞行技术容差
FLW	Follow（s）or following 如下，以下	FU	Smoke 烟
FLY	Fly or flying 飞行	FZ	Freezing 冰冻
FM	Course from a fix to manual termination (*used in navigation database coding*) 从一定位点保持航线角至人工终止（用于导航数据库编码）	FZDZ	Freezing drizzle 冻毛毛雨
		FZFG	Freezing fog 冻雾
		FZRA	Freezing rain 冻雨

G

G	Green 绿色
G	Variations from the mean wind speed（gusts）(followed by figures in METAR/SPECI and TAF) 平均风速的变化量（阵风）(后随数字，用于METAR/SPECI and TAF)

FM	From (followed by time weather change is forecast to begin) 从、自（后接预报天气变化开始的时间）		
FMC	Flight management computer 飞行管理计算机		
FMS	Flight management system 飞行管理系统	G/A	Ground-to-air 地对空
		GA*	General aviation 通用航空
FMU	Flow management unit 流量管理单位	GA	Go ahead, resume sending (to be used in AFS as a procedure signal) 请发送，恢复发送（航空固定服务中使用的程序信号）
FNA	Final approach 最后进近		
FOT*	Units of English system 英制单位		
FPAP	Flight path alignment point 航迹对正点		
		G/A/G	Ground-to-air and air-to-ground 地对空和空对地
FPL	Flight plan 飞行计划		
FPM	Feet per minute 英尺/分	GAGAN	GPS and geostationary earth orbit augmented navigation 全球定位系统和同步地球轨道增强导航
FPR	Flight plan route 飞行计划航线		
FR	Fuel remaining 剩余燃油		
FREQ	Frequency 频率	GAIN	Airspeed or head wind gain 空速加大，逆风加大
FRI	Friday 星期五		
FRNG	Firing 射击	GAMET	Area forecast for low-level flights 低空飞行的区域预报
FRONT	Front (relating to weather) 锋面（用于天气）		
FROST	Frost (*used in aerodrome warnings*) 霜（用于机场告警）	GARP	GBAS azimuth reference point 陆基增强系统方位基准点
FRQ	Frequent 经常的、频繁的	GBAS	Ground based augmentation system (to be pronounced "GEE-BAS") 陆基增强系统（发音为"GEE-BAS"）
FSL	Full stop landing 全停着陆		
FSS	Flight service station 飞行服务站		
FST	First 第一		
FT	Feet (dimensional unit) 英尺（长度单位）	GCA	Ground controlled approach system or ground controlled approach 地面控制进近系统，地面控制进近
FTE	Flight technical error 飞行技术误差		
FTP	Fictitious threshold point 假定入口点		

GEN	General 总则、一般		气象资料（用气象代码）
GEO	Geographic or true 地理的，真的	GRVL	Gravel 砂砾
GES	Ground earth station 地面地球站	GS	Ground speed 地速
GLD	Glider 滑翔机	GS	Small hail and/or snow pellets 小雹和/或雪粒
GLONASS	(to be pronounced 'GLO-NAS') Global orbiting navigation satellite system 全球轨道导航卫星系统（发音为"GLO-NAS"）	GUND	Geoid undulation 大地水准面波伏

H

GLS ‡	GBAS landing system 陆基增强着陆系统
GMC	Ground movement chart (followed by name/title) 地面运行图（后随名称/标题）
GND	Ground 地面
GNDCK	Ground check 地面检查、地面校验
GNSS	Global navigation satellite system 全球导航卫星系统
GOV*	Government 政府
GP	Glide path 下滑道
GPA	Glide path angle 下滑道角
GPIP	Glide path intercept point 下滑道切入点、下滑道截获点
GPS	Global positioning system 全球定位系统
GPU*	Ground power unit 地面动力装置，地面电源车
GPWS	Ground proximity warning system 近地告警系统
GR	Hail 雹
GRAS	Ground based regional augmentation system (to be pronounced "GRASS") 陆基区域增强系统（发音为"GRASS"）
GRASS	Grass landing area 草地着陆区
GRIB	Processed meteorological data in the form of grid point values expressed in binary form (aeronautical meteorological code) 二进制压缩处理过的、以网格点数值形式表示的

H...*	Significant wave height (follow by figures in METAR/SPECI) 有效波高（后接数字，用于METAR/SPECI）
H	High pressure area or the centre of high pressure 高压区，或高压中心
H24	Continuous day and night service 昼夜服务
HA	Holding/racetrack to an altitude 等待/沿直角航线至一高度（航段）
HAPI	Helicopter approach path indicator 直升机进近航道指示器
HBN	Hazard beacon 危险灯标
HCH*	Heliport crosssing height 直升机场飞越高度
HDF	High frequency direction-finding station 高频定向台
HDG	Heading 航向
HEL	Helicopter 直升机
HF	High frequency (3 000 to 30 000 KHz) 高频（3 000～30 000千赫）
HF	Holding/racetrack to a fix 等待/沿直角航线至一定位点（航段）
HGT	height or height above 高，高于
HIALS*	High intensity approach lighting system 高强度进近灯系统
HIRL*	High intensity runway edge light 高强度跑道边灯
HJ	Sunrise to sunset 日出至日没
HLDG	Holding 等待
HLP*	Heliport 直升机场

HLS*	Helicopter landing site 直升机着陆场地
HM	Holding/racetrack to a manual termination 等待/沿直角航线至人工终止点（航段）
HN	Sunset to sunrise 日没至日出
HNH*	High latitudes northern hemisphere 北半球高纬度
HO	Service available to meet operational requirements 按飞行需要开放
HOL	Holiday 节假日
HOSP	Hospital aircraft 医救航空器
HPA	Hectopascal 百帕斯卡
HR	Hours 小时
HRP*	Heliport reference point 直升机参照点
HS	Service available during hours of scheduled operations 按班期时间开放
HSH*	High latitudes southern hemisphere 南半球高纬度
HUD	Head-up display 平视显示（器）
HUM*	Humanitarian 人道的、仁慈的
HURCN	Hurricane 飓风
HVDF	High and very high frequency direction-finding stations (at the same location) 高频和甚高频定向台（在同一地点）
HVY	Heavy (used to indicate the intensity of weather phenomena, e.g. HVY RA=heavy rain) 严重的、大的（用以表示天气现象的强度，例如：HVY RA 为大雨）
HX	No specific working hours 无规定开放时间
HYR	Higher 较高、更高
HZ	Haze 霾
HZ	Hertz (cycle per second) 赫（周/秒）

I

IAC...	Instrument approach chart (followed by name/title) 仪表进近图（后接名称/标题）
IAF	Initial approach fix 起始进近定位点
IAO	In and out of clouds 断续云中
IAP	Instrument approach procedure 仪表进近程序
IAR	Intersection of air routes 航路交叉点
IAS	Indicated airspeed 指示空速
IBN	Identification beacon 识别灯标
IC	Ice crystals (very small ice crystals in suspension, also known as diamond dust) 冰晶（悬浮的极小冰晶，也叫钻石尘）
ICAO	International civil aviation organization 国际民用航空组织
ICE	Icing 积冰、结冰
ID	Identifier or identify 识别符、识别
IDENT	Identification 识别标志、识别
IF	Intermediate approach fix 中间进近定位点
IFF	Identification friend/foe 敌我识别器
IFR	Instrument flight rules 仪表飞行规则
IGA	International general aviation 国际通用航空
ILS	Instrument landing system 仪表着陆系统
IM	Inner marker 内指点标
IMC	Instrument meteorological conditions 仪表气象条件
IMG	Immigration 移民、入境
IMI	Interrogation sign (*question mark*) (*to be used in AFS as a procedure signal*) 询问符号（在航空固定通信服务中用作程序信号）
IMPR	Improve or improving 变好、改进
IMT	Immediate or immediately 即刻、立即

INA	Initial approach 起始进近	KIAS	Knots indicated airspeed 指示空速节（海里/小时）
INBD	Inbound 进港、归航、向台	KM	Kilometers 千米
INC	In cloud 云中	KMH	Kilometers per hour 千米/小时
INCERFA	Uncertainty phase 不明阶段	KPA	Kilopascal 千帕斯卡
INCORP*	Incorporated 并入、纳入	KT	Knots 海里/小时、节
INFO	Information 资料、情报	KW	Kilowatts 千瓦
INOP	Inoperative 不工作		
INP	If not possible 如不可能	**L**	
INPR	In progress 进行中	L	Left（preceded by runway designation number to identify a parallel runway）左（前面放置表示某一平行跑道的跑道编号）
INS	Inertial navigation system 惯性导航系统		
INSTL	Install or installed or installation 安装、装置		
INSTR	Instrument 仪表	L	Litre 升
INT	Intersection 交叉点	L	Locator 示位信标L*
INTL	International 国际的		Low altitude 低空
INTRG	Interrogator 询问器	L	Low pressure area or the centre of low pressure 低气压区，低气压中心
INTRP	Interrupt or interruption or interrupted 中断		
INTSF	Intensify or intensifying 加强	LAM	Logical acknowledgement（message type designator）逻辑认可（电报种类代号）
INTST	Intensity 强度		
IR	Ice on runway 跑道结冰		
IRS	Inertial reference system 惯性基准系统	LAN	Inland 内地、内陆
		LAT	Latitude 纬度
ISA	International standard atmosphere 国际标准大气	LCA	Local or locally or location or located 本地的、本场地、位置、位于
ISB	Independent sideband 独立边带	LDA	Landing distance available 可用着陆距离
ISOL	Isolated 单独、孤立的	LDAH	Landing distance available, helicopter 直升机可用着陆距离
J		LDG	Landing 着陆
JAN	January 一月	LDI	Landing direction indicator 着陆方向标
JTST	Jet stream 急流		
JUL	July 七月	LEN	Length 长度
JUN	June 六月	LF	Low frequency（30 to 300 kHz）低频（30～300千赫）
K			
KG	Kilogrammes 千克	LGT	Light or lighting 灯光、照明
KHZ	Kilohertz 千赫	LGTD	Lighted 照亮
		LIH	Light intensity high 高强度灯

LIL	Light intensity low 低强度灯	LS	The last message sent by me was …or Last message was …我发送的最后一份电报是……
LIM	Light intensity medium 中强度灯		
LINE	Line（*used in SIGMET*）线性（在SIGMET中使用）	LT*	Local time 当地时间
LLZ	Localizer 航向信标	LTA*	Lower control area 低空管制区
LM	Locator, middle 中示位信标	LTD	Limited 有限的
LMM*	Locator middle marker 中示位信标和中指点标	LTP	Landing threshold point 着陆入口位置
LMT	Local mean time 当地平时	LTT	Landline teletypewriter 有线电传打字机
LNAV	Lateral navigation（*to be pronounced "EL-NAV"*）水平导航（发音为"EL-NAV"）	LV	Light and variable（relating to wind）微风和风向不定
LNG	Long（used to indicate the type of approach desired or required）大起落航线（用以说明希望或要求的进近方式）	LVE	Leave or leaving 离开
		LVL	level 高度层、水平面、级别
		LVP	Low visibility procedures 低能见度程序
LO	Locator, outer 外示位信标	LYR	layer or layered（云）层,分层
LOC	Localizer 航向信标（台）,航向台定位器	**M**	
LOC APP*	Localizer approach 航向信标进近	M	Mach number（followed by figures）马赫数（后接数字）
LOC*	Local or Locally or location or located 当地、位置、位于	M	Minimum value of runway visual range（follow by figures in METAR/SPECI）跑道视程最小值（后随数字,用于METAR/SPECI）
LOM*	Locator outer marker 外示位信标和外指点标		
LONG	Longitude 经度	M	Meters（preceded by figures）米（前面为数字）
LORAN	（long range air navigation system）罗兰（远程导航系统）	MAA	Maximum authorized altitude 最大允许高度
LOSS	Airspeed or head wind loss 空速减小或逆风减小	MAG	Magnetic 磁的
LPV	Localizer performance with vertical guidance 具有垂直引导的航向台性能	MAHF	Missed approach holding fix 复飞等待定位点
LR	Last message sent by me was... or Last message was... (to be used in AFS as a procedure signal)我发送的最后一份电报是……,或最后一份电报是……（在航空固定服务中用作程序信号）	MAINT	Maintenance 维护
		MALS*	Medium intensity approach lights system 中强度进近灯
		MAP	Aeronautical maps and charts 航空地图,航图
LRG	Long range 远程	MAPT	Missed approach point 复飞点

197

MAR	At sea 海洋上		中频（300～3 000千赫）
MAR	March 三月	MFA*	Minimum flight altitude(s) 最低飞行高度
MAS	Manual A1 simplex 单工人工等幅电报	MHA*	Minimum holding altitude 最低等待高度
MATF	Missed approach turning fix 复飞转弯定位点	MHDF	Medium and high frequency direction-finding stations (at the same location) 中频和高频定向台（在同一位置）
MATZ*	Military aerodrome traffic zone 军用机场交通区		
MAX	Maximum 最大	MHVDF	Medium, high and very high frequency direction-finding stations (at the same location) 中频、高频、甚高频定向台（在同一位置）
MAY	May 五月		
MBST	Microburst 微下击暴流		
MCA	Minimum crossing altitude 最低飞越高度		
MCTR*	Military control zone 军事管制区	MHZ	Megahertz 兆赫
MCW	Modulated continuous wave 调制等幅波	MID	Mid-point (related to RVR) 中间点（用于跑道视程）
MDA	Minimum descent altitude 最低下降高度	MIFG	Shallow fog 浅雾、薄雾
		MIL	Military 军用、军事
MDF	Medium frequency direction-finding station 中频定向台	MIN	Minutes 分
		MIRL*	Medium intensity runway edge light 中强度跑道边灯
MDH	Minimum descent height 最低下降高	MIS	Missing … (transmission identification) (to be used in AFS as a procedure signal) 漏收、遗失……（发送标识）（在航空固定服务中用作程序信号）
MEA	Minimum en-route altitude 最低航路高度		
MEDEVAC*	Medical evacuation flight 医疗后送飞行		
MEHT	Minimum eye height over threshold (for visual approach slope indicator systems) 过入口最低眼高（用于目视进近坡度指示系统）	MKR	Marker radio beacon 无线电指点标
		MLS	Microwave landing system 微波着陆系统
		MM	Middle marker 中指点标
		MNH*	Middle latitudes northern hemisphere 北半球中纬度
MET	Meteorological or meteorology 气象		
METAR	Aerodrome routine meteorological report (in meteorological code) 机场例行天气报告（用气象代码）	MNM	Minimum 最低
		MNPS	Minimum navigation performance specifications 最低导航性能规范
MET REPORT	Local routine meteorological report (in abbreviated plain language) 本场例行天气报告（用简缩明语）	MNT	Monitor or monitoring or monitored 监听、监控
		MNTN	Maintain 保持
MF	Medium frequency (300 to 3 000 KHz)	MOA	Military operating area 军事活动区

MOC	Minimum obstacle clearance（required）（所需）最小超障余度	MSH*	Middle latitudes southern hemisphere 南半球中纬度
MOCA	Minimum obstacle clearance altitude 最低超障高度	MSL	Mean sea level 平均海平面
MOD	Moderate(used to indicate the intensity of weather phenomena, interference or static report, e.g. moderate rain= MODRA）中度（用以表示天气现象、干扰或静电报告的程度，例如：中雨=MODRA）	MSR	Message …（transmission identification）has been misrouted（to be used in AFS as a procedure signal 电报……（发送标识）路由错误（在航空固定服务中用作程序符号）
MON	Above mountains 高于山	MSSR	Monopulse secondary surveillance radar 单脉冲二次监视雷达
MON	Monday 星期一	MT	Mountain 山
MOPS	Minimum operational performance standards 最低运行性能标准	MTOM*	Maximum take-off mass 最大起飞质量
MOTNE	Meteorological Operational Telecommunications Network Europe 欧洲飞行气象电信网	MTOW*	Maximum take-off weight 最大起飞重量
MOV	Move or moving or movement 移动，活动	MTU	Metric units 米制
MPH*	Statute miles per hour 英里/小时	MTW	Mountain waves 山地波
MPS	Meters per second 米/秒	MTWA*	Maximum total weight authorized 最大允许全重
MRA	Minimum reception altitude 最低接收高度	MVDF	Medium and very high frequency direction-finding stations（at the same location）中频和甚高频定向台（同一位置）
MRG	Medium range 中程	MWO	Meteorological watch office 气象监视台
MRP	ATS/MET reporting point 空中交通服务/气象报告点	MX	Mixed type of ice formation（white and clear）混合形式的结冰（白色及明冰）
MS	Minus 负、减		
MSA	Minimum sector altiutude 最低扇区高度		
MSAL*	Minimum safe altitude 最低安全高度	**N**	
MSAS	Multi-functional transport satellite（MTSAT）satellite-based augmentation system（to be pronounced "EM-SAS"）多功能传送卫星（MTSAT）星基增强系统（发音为"EM-SAS"）	N	No distinct tendency（in RVR during previous 10 minutes）无明显趋势（前10分钟的跑道视程）
		N	North or northern latitude 北，北纬
MSAW	Minimum safe altitude warning 最低安全高度警告	NADP	Noise abatement departure procedure 减噪起飞程序
MSG	Message 电报	NAIP*	National aeronautical information publication 国内航空资料汇编

NASC	National AIS system center 国家航行情报服务系统中心		变化（用于趋势型着陆预报）
NAT	North Atlantic 北大西洋	NOTAM	Notice distributed by means of telecommunication containing information concerning the establishment, condition or change in any aeronautical facility, service, procedure or hazard, the timely knowledge of which is essential to personnel concerned with flight operations. 航行通告：通过电信发布的从事飞行工作的人员必须及时了解的有关航空设施、服务、程序或危险的建立、现状或改变的通知。
NAV	Navigation 领航、导航、航行		
NAVAID*	Navigation aids 导航设备		
NB	Northbound 往北飞行		
NBFR	Not before 不早于……		
NC	No change 无变化		
NCD	No cloud detected (used in automated METAR/SPECI) 探测无云（用于自动METAR/SPECI）		
NDB	Non-directional radio beacon 无方向性无线电信标台		
NDV	No directional variations available (used in automated METAR/SPECI) 无可用的方向变量（用于自动METAR/SPECI）	NOTAMC*	Cancelling NOTAM 取消航行通告
		NOTAMN*	New NOTAM 新的航行通告
		NOTAMR*	Replacing NOTAM 取代航行通告
		NOV	November 十一月
NE	North-east 东北	NOZ	Normal operating zone 正常运行区
NEB	North-eastbound 往东北飞行	NPA	Non-precision approach 非精密进近
NEG	No or negative or permission not granted or that is not correct 不，否定，未获批准，不正确	NR	Number 号数、序号
		NRH	No reply heard 未收到回答
		NS	Nimbostratus 雨层云
NGT	Night 夜间	NSC	Nil significant cloud 无大的云团
NIL	None or I have nothing to send to you 没有，无电报给你	NSE	Navigation system error 导航系统误差
NM	Nautical miles 海里	NSW	Nil significant weather 无重要天气
NML	Normal 正常	NTL	National 国家的、国内的
NN*	No name, unnamed 无姓名、无名称	NTZ	No transgression zone 非超越区
NNE	North-north-east 北北东	NW	North-west 西北
NNW	North-north-west 北北西	NWB	North-westbound 往西北飞行
NO	No (negative) (to be used in AFS as a procedure signal) 不（否）（在航空固定通信服务中用作程序信号）	NXT	Next 下次、下一个

O

OAC	Oceanic area control center 海洋区域管制中心
NOF	International NOTAM office 国际航行通告室
NONSTD*	Non-standard 非标准
OAS	Obstacle assessment surface 障碍物评估面
NOSIG	No significant change (used in trend-type landing forecasts) 无重大
OBS	Observe or observed or observation

	观察、遵守
OBSC	Obscure or obscured or obscuring 遮蔽、模糊的
OBST	Obstacle 障碍物
OCA	Obstacle clearance altitude 超障高度
OCA	Oceanic control area 海洋管制区
OCC	Occulting（light）明暗（灯）
OCH	Obstacle clearance height 超障高
OCL*	Obstacle clearance limit 超障限制
OCNL	Occasional or occasionally 偶然
OCS	Obstacle clearance surface 超障面
OCT	October 十月
OFZ	Obstacle free zone 无障碍物区
OGN	Originate（to be used in AFS as a procedure signal）签发人（在航空固定服务中用作程序信号）
OHD	Overhead 从上空飞过、架空
OIS	Obstacle identification surface 障碍物鉴别面
OK*	We agree or It is correct（*to be used in AFS as a procedure signal*）同意、正确（在航空固定通信服务中用作程序信号）
OLDI	On-line data interchange 联机数据交换
OM	Outer marker 外指点标
OPA	Opaque，white type of ice formation 不透明、白色结冰
OPC	Control indicated is operational control 所指的管制是航务管理
OP—CTL	Operational-control 航务管理
OPMET	Operational meteorological（information）飞行气象（情报）
OPN	Open or opening or opened 开放（的），打开（的）
OPR	Operator or operate or operative or operating or operational 经营人、工作、运行
OPS	Operations 作业、航行、经营、操作、运转
O/R	On request 应请求，根据要求
ORD	Order 命令
OSV	Ocean station vessel 海洋站船舶、海洋导航船只
OTLK	Outlook（used in SIGMET messages for volcanic ash and tropical cyclones）展望（用于火山灰云和热带气旋的重要气象电报中）
OTP	On top 云上
OTS	Organized track system 组合航迹系统
OUBD	Outbound 离港、飞离
OVC	Overcast 阴天、满天云

P

P…	Prohibited area（followed by identification）禁区（后接识别代号）
P	Maximum value of wind speed of runway visual range（followed by figures in METAR/SPECI TAF）跑道视程内的风速最大值（后接数字，用于METAR/SPECI 和TAF）
PA	Precision approach 精密进近
PALS	Precision approach lighting system（specify category）精密进近灯光系统（注明种类）
PANS	Procedures for air navigation services 空中航行服务程序
PAPI	Precision approach path indicator 精密进近航道指示器
PAR	Precision approach radar 精密进近雷达
PARL	Parallel 平行（线）、纬线
PATC	Precision approach terrain chart（followed by name/title）精密进近地形图（后随名称/标题）

PAX	Passenger（s）旅客	PRFG	Aerodrome partially covered by fog 机场局部被雾笼罩
PBC*	Performance-based communication 基于性能的通信	PRI	Primary 主要
PBN*	Performance-based navigation 基于性能的导航	PRKG	Parking 停机
PBS*	Performance-based surveillance 基于性能的监视	PROB	Probability 可能性、概率
		PROC	Procedure 程序
PCD	Proceed or proceeding 前进、继续前进、进行	PROP*	Propeller 螺旋桨，推进器
		PROV	Provisional 临时
PCL	Pilot-controlled lighting 驾驶员控制的灯光	PRP	Point-in-space reference point 空间点进近基准点
PCN	Pavement classification number 道面等级序号	PS	Plus 加、正
		PSG	Passing 飞过、通过
PCT*	Percent 百分比，百分率	PSN	Position 位置
PDC	Pre-departure clearance 起飞前放行	PSP	Pierced steel plank 穿孔钢板
PDG	Procedure design gradient 程序设计梯度	PSR	Primary surveillance radar 一次监视雷达
PER	Performance 性能、绩效	PSYS	Pressure system（s）增压系统
PERM	Permanent 永久	PTN	Procedure turn 程序转弯
PIB	Pre-flight information bulletin 飞行前资料公告	PTS	Polar track structure 极地航迹结构
		PWR	Power 功率、电源
PJE	Parachute jumping exercise 跳伞演习	**Q**	
PL	Ice pellets 冰粒	QDL	Do you intend to ask me for a series of bearings? or I intend to ask you for a series of bearings(*to be used in radiotelegraphy as a Q Code*) 你要问我一组方位吗？或我要问你一组方位（在无线电报中用作Q码）
PLA	Practice low approach 实施低空进近		
PLN	Flight plan 飞行计划		
PLVL	Present level 当前高度层		
PN	Prior notice required 需事先通知		
PNR	Point of no return 不能返航点		
PO	Dust/sand whirls（dust devils）尘/沙卷风（尘暴）	QDM	Magnetic heading（zero wind）磁航向（无风）
POB	Persons on board 机上人员	QDR	Magnetic bearing 磁方位
POSS*	Possible 可能的	QFE	Atmospheric pressure at aerodrome elevation（or at runway threshold）机场标高点（或跑道入口处）的大气压
PPI	Plan position indicator 平面位置指示器		
POSS	Possible 可能的、可允许的、合适的		
PPR	Prior permission required 需事先得到许可	QFU	Magnetic orientation of runways 跑道磁向
PPSN	Present position 现在位置	QGE	What is my distance to your station？

	or Your distance to my station is (*distance figures and units*)(*to be used in radiotelegraphy as a Q Code*)我距离你的电台多远？或你到我的电台距离是（距离数值和单位）（在无线电报中用作Q码）		位，所得到的我的电台的位置吗？或者根据我控制的定向台方位得到你的电台位置是：经度……纬度……（或其他位置指示）（在无线电报中用作Q码）
QJH	Shall I run my test tape/a test sentence (*to be used in AFS as a Q Code*)我应运行我的测试带吗？（在航空固定服务中用作Q码）	QUAD	Quadrant 象限
		QUJ	Will you indicate the TRUE track to reach you? *or* The TURE track to ranch me is ...degrees at ...hours (*to be used in radiotelegraphy as a Q Code*) 你能指明到你电台的真航迹吗？在……时间到达我台，真航迹是……度（在无线电报中用作Q码）
QNE*	Indicated height on landing with altimeter sub-scale set to 1013.2HPA 高度表拨正到1013.2百帕斯卡，着陆时指示的高度		
		R	
QNH	Altimeter sub-scale setting to obtain elevation when on the ground 在地面取得标高的高度表气压刻度拨正值	R*	Radial 径向方位
		R*	Received（acknowledgement of receipt）(*to be used in AFS as a procedure signal*) 已收到（确认收到）（在航空固定服务中用作程序信号）
QSP	Will you relay to …..free of charge? *or* I will reply to ....free of charge (*to be used in AFS as a Q Code*)你能免费传信给……吗？或者我能免费回复给……（在航空固定服务中用作Q码）	R	Rate of turn 转弯率
		R	Red 红色
		R …	Restricted area（followed by identification）限制区（后随识别代号）
QTA	Cancel telegram number … 取消……电报	R	Right（preceded by runway designation number to identify a parallel runway）右（前面放置表示某一平行跑道的编号）
QTE	True bearing 真方位		
QTF	Will you give me the position of my station according to the bearings taken by the D/F stations which you control? *or* The position of your station according to the bearings taken by the D/F stations that I control was … .latitude …longitude (*or other indication of position*), class …at …hours (*to be used in radiotelegraphy as a Q Code*) 你能告诉我根据你控制的定向台的方	R	Runway visual range（follow by figures in METAR/SPECI）跑道视程（后随数字，用于METAR/SPECI）
		RA	Rain 雨
		RA	Resolution advisory 处理建议
		RAC	Rules of the air and air traffic services 飞行规则和空中交通服务
		RAD*	Radius 半径
		RAFC*	Regional area forecast center 地区区域预报中心
		RAG	Ragged 不平坦、不规则的（云底）

	破碎		阅……
RAG	Runway arresting gear 跑道拦阻架	REG	Registration 注册、登记
RAI	Runway alignment indicator 跑道对正指示器	RENL	Runway end light（s）跑道末端灯
RAIM	Receiver autonomous integrity monitoring 接收机自主完好性监控	REP	Report or reporting or reporting point 报告、报告点
RASC	Regional AIS system center 地区航行情报服务系统中心	REQ	Request or requested 请求，要求
		RERTE	Reroute 改航、改变航路
RASS	Remote altimeter setting source 远距离高度表拨正值取值	RESA	Runway end safety area 跑道末端安全区
RB	Rescue boat 救生艇	RF	Constant radius arc to a fix 固定半径转弯至一定位点（航段）
RCA	Reach cruising altitude 到达巡航高度	RFFS*	Rescue and fire fighting services 救援和消防服务
RCC	Rescue co-ordination center 援救协调中心	RG	Range（lights）场界灯
RCF	Radio communication failure（message type designator）无线电通信失效（电报种类代号）	RHC	Right-hand circuit 右起落航线
		RIF	Reclearance in flight 飞行中重新许可
		RIME	Rime (*used in aerodrome warnings*) 结霜（用于机场警告）
RCH	Reach or reaching 到达、达到		
RCL	Runway center line 跑道中心线	RITE	Right（direction of turn）右转弯
RCLL	Runway center line light（s）跑道中线灯	RL	Report leaving 脱离时报告
		RLA	Relay to 转给
RCLM*	Runway center line mark 跑道中心线标志	RLCE	Request level change en-route 请求改变航路飞行高度层
RCLR	Recleared 再放行、重新许可	RLLS	Runway lead-in lighting system 跑道引进灯系统
RCP	Required communication performance 所需通信性能	RLNA	Request level not available 申请的飞行高度层不可用
RDH	Reference datum height 基准数据点高	RMAC	Radar minimum altitude chart 雷达最低高度图
RDL	Radial 径向方位		
RDO	Radio 无线电	RMK	Remark 备注
RDOACT	Radioactive 放射性的	RNAV	Area navigation（to be pronounced 'AR-NAV'）区域导航（发音为"AR-NAV"）
RE	Recent（used to qualify weather phenomena such as rain, e.g. RERA=recent rain）最近（用于说明天气现象，例如RERA=最近下雨）		
		RNG	Radio range 无线电航道信标
		RNP	Required navigation performance 必备导航性能
REC	Receive or receiver 收到，接收机	ROBEX	Regional OPMET bulletin exchange（scheme）地区飞行气象通报交换
REDL	Runway edge light（s）跑道边灯		
REF	Reference to …or refer to …参		

	（系统）		RSS	Root sum square 平方和根
ROC	Rate of climb 爬升率		RTD	Delayed（used to indicate delayed meteorological message, message type designator）延误（用以表示延误的气象报，电报种类代号）
ROD	Rate of descent 下降率			
ROFOR	Route forecast（in aeronautical meteorological code）航路天气预报（航空气象代码）			
			RTE	Route 航线、航路
RON	Receiving only 只供收信、只接收		RTF	Radiotelephone 无线电话
RPDS	Reference path data selector 参考路径数据选择器		RTG	Radiotelegraph 无线电报
			RTHL	Runway threshold light（s）跑道入口灯
RPI	Radar position indicator 雷达位置指示器			
			RTN	Return or returned or returning 返回，返航，回程
RPL	Repetitive flight plan 长期飞行计划、重复性飞行计划			
			RTODAH	Rejected take-off distance available, helicopter 直升机可用中断起飞距离
RPLC	Relpace or replaced 代替、替换			
RPS	Radar position symbol 雷达位置符号			
RPT	Repeat or I repeat（to be used in AFS as a procedure signal）重复，我重发（在航空固定服务中用作程序信号）		RTS	Return to service 恢复工作
			RTT	Radioteletypewriter 无线电电传打字机
			RTZL	Runway touchdown zone light（s）跑道接地地带灯
RQ	Request 请求			
RQMNTS	Requirements 要求		RUT	Standard regional route transmitting frequencies 标准区域航路发射频率
RQP	Request flight plan（message type indicator）请求飞行计划（电报种类代号）			
			RV	Rescue vessel 援救船只
			RVA*	Radar vectoring area 雷达引导区
RQS	Request supplementary flight plan（message type indicator）要求补充飞行计划（电报种类代号）		RVR	Runway visual range 跑道视程
			RVSM	Reduced vertical separation minimum（300 m（1000ft））between FL290 and FL410 缩小垂直间隔标准[FL290至FL410之间为300米（1000英尺）]
RR	Report reaching 报告到达			
RRA	（Or RRB, RRC …etc, in sequence）Delayed meteorological message（message type designator）（或RRB，RRC……，按顺序）迟到气象（电报种类代号）			
			RWY	Runway 跑道
			RYT*	Refer your telegram 参阅你的电报
RSC	Rescue sub-center 援救分中心		**S**	
RSCD	Runway surface condition 跑道道面情况		S	South or southern latitude 南，南纬
RSP	Responder beacon 应答信标		S	State of the sea（followed by figures in METAR/SPECI）海的状态（后接数字，用于METAR/SPECI）
RSR	En-route surveillance radar 航路监视雷达			

SA	Sand 沙		SER	Service or servicing or served 服务、业务、维护、维修、保养
SALS	Simple approach lighting system 简易进近灯光系统		SEV	Severe(used e.g. to qualify icing and turbulence reports) 严重（用以说明结冰及颠簸状况的报告）
SAN	Sanitary 卫生的			
SAP	As soon as possible 尽快		SFC	Surface 地面、面
SAR	Search and rescue 搜寻和援救		SFL*	Sequenced flashing lights 顺序闪光灯
SARPS	Standards and Recommended Practices (ICAO) 标准和建议措施（国际民航组织）		SG	Snow grains 雪粒
			SGL	Signal 信号
SAT	Saturday 星期六		SH …	Showers (followed by RA=rain, SN=snow, PE=ice pellets, GR=hail, GS=small hail and/or snow pellets or combinations thereof, e.g. SHRASN=showers of rain and snow) 阵性[后随RA（雨），SN（雪），PE（冰粒），GR（雹），GS（小雹和/或雪粒或二者兼有），例如：SHRASN（阵雨夹雪）]
SATCOM	Satellite communication (used only when referring generally to both voice and data satellite communication or only data satellite communication) 卫星通信（仅在泛指话音和数据卫星通信时或仅指数据卫星通信时使用）			
SB	Southbound 往南飞行			
SBAS	Satellite-based augmentation system (to be pronounced "ESS-BAS") 星基增强系统（发音为"ESS-BAS"）		SHF	Super high frequency (3 000 to 30 000MHZ) 超高频（3 000 至30 000兆赫）
			SI	International system of units 国际计量单位系统
SC	Stratocumulus 层积云			
SCT	Scattered 疏云、分散的		SID	Standard instrument departure 标准仪表离场
SD	Standard deviation 标准偏差			
SDBY	Stand by 等待、备用		SIF	Selective identification feature 选择性识别装置
SDF	Step down fix 梯级下降定位点			
SE	South-east 东南		SIG	Significant 重要的、明显的
SEA	Sea(used in connection with sea-surface temperature and state of the sea) 海、海洋（用于海平面温度和海的状况方面）		SIGMET	Information concerning en-route weather phenomena which may affect the safety of aircraft operations 影响飞行安全的航路天气现象情报
SEB	South-eastbound 往东南飞行			
SEC	Seconds 秒		SIMUL	Simultaneous or simultaneously 同时
SECN	Section 部分、航段、节		SIWL	Single isolated wheel load 独立单轮载荷
SECT	Sector 扇区			
SELCAL	Selective calling system 选择性呼叫系统		SKC	Sky clear 晴空
			SKED	Scheduled or schedule 班期表,定期
SEP	September 九月		SLP	Speed limiting point 速度限定点

SLW	Slow 缓慢		系点
SMC	Surface movement control 地面活动管制	SPOT	Spot wind 定点风
		SQ	Squall 飑
SMR	Surface movement radar 地面活动雷达	SQL	Squall line 飑线
		SR	Sunrise 日出
SN	Snow 雪	SRA	Surveillance radar approach 监视雷达进近
SNOCLO	Aerodrome closed due to snow (used in METER/SPECI) 因雪情机场关闭（用于METAR/SPECI）	SRE	Surveillance radar element of precision approach radar system 精密进近雷达系统的监视雷达部分
SNOWTAM	A special series NOTAM given in a standard format providing a surface condition report notifying the presence or cessation of hazardous conditions due to snow, ice, slush, frost, standing water or water associated with snow, slush, ice or frost on the movement area. 雪情通告（一种专门系列的航行通告，用标准的格式提供跑道表面状况报告，通知由于活动区内有雪、冰、雪浆、霜、积水或与雪、雪浆、冰或霜有关的水而存在的危险情况，或者这种险情的停止）	SRG	Short range 短程
		SRR	Search and rescue region 搜寻和援救区
		SRY	Secondary 二次的、备用的、辅助的
		SS	Sandstorm 沙尘暴
		SS	Sunset 日没
		SSB	Single sideband 单边带
		SSE	South-south-east 南南东
		SSR	Secondary surveillance radar 二次监视雷达
		SST	Supersonic transport 超音速运输机
		SSW	South-south-west 南南西
		ST	Stratus 层云
		STA	Straight-in approach 直接进近
SOC	Start of climb 开始爬升	STAR	Standard instrument arrival 标准仪表进场
SPECI	Aerodrome special meteorological report (in meteorological code) 机场特殊天气报告（用气象电码）	STD	Standard 标准
		STF	Stratiform 层状云
		STN	Station 台、站
SPECIAL	Local special meteorological report (in abbreviated plain language) 本场特选天气报告（用简缩明语）	STNR	Stationary 静止的，稳定的
		STOL	Short take-off and landing 短距离起飞和着陆
SPI	Special position indicator 特殊位置指示器	STS	Status 状态
		STWL	Stopway light (s) 停止道灯
SPL	Supplementary flight plan (message type designator) 补充飞行计划（电报种类代号）	SUBJ	Subject to 遭受、须经、以……为条件
		SUN	Sunday 星期日
SPOC	SAR point of contact 搜寻援救联	SUP	Supplement (AIP Supplement) 补充、

	补充资料（航行资料汇编补充资料）
SUPPS	Regional supplementary procedures 地区补充程序
SVC	Service（message type only）公务（仅用于表示电报种类）
SVCBL	Serviceable 可用
SW	South-west 西南
SWB	South-westbound 往西南飞行
SWX*	Space weather 空间天气
SWXC*	Space weather centre 空间天气中心
SWY	Stopway 停止道

T

T	Temperature 温度
... T	True（preceded by a bearing to indicate reference to True North）真（前面放置一个方位，表明以真北为基准）
TA	Traffic advisory 交通咨询
TA	Transition altitude 过渡高度
TAA	Terminal arrival altitude 终端进场高度
TACAN UHF	Tactical air navigation aid 特高频战术空中助航设备（塔康）
TAF	Aerodrome forecast（in meteorological code）机场预报（用气象电码）
TA/H	Turn at an altitude/height 在指定高度/高转弯
TAIL	Tail wind 顺风
TAR	Terminal area surveillance radar 终端区监视雷达
TAS	True airspeed 真空速
TAX	Taxiing or taxi 滑行
TC	Tropical cyclone 热带气旋
TCAC	Tropical cyclone advisory centre 热带气旋咨询中心
TCAS RA	（to be pronounced "TEE-CAS-AR-AY"）Traffic alert and collision avoidance system resolution advisory 空中交通告警和防撞系统-处理建议（发音为"TEE-CAS-AR-AY"）
TCH	Threshold crossing height 穿越跑道入口高度
TCU	Towering cumulus 浓积云
TDO	Tornado 龙卷风
TDZ	Touchdown zone 接地带
TECR	Technical reason 技术原因
TEL	Telephone 电话
TEMPO	Temporary or temporarily 暂时
TF	Track to fix 保持航迹至定位点（航段）
TFC	Traffic 交通、通信、运输
TGL	Touch-and-go landing 连续起落
TGS	Taxiing guidance system 滑行引导系统
TH*	Transition height 过渡高
THR	Threshold 入口
THRU	Through 通过
THU	Thursday 星期四
TIBA	Traffic information broadcast by aircraft 航空器通报的交通信息
TIL	Until 直至
TIP	Until past（followed by place）直至飞越……（地点）
TKOF	Take-off 起飞
TL	Till（followed by time by which weather change is forecast to end）直到……为止（后接天气变化预报的截止时间）
TL*	Transition level 过渡高度层
TLOF	Touchdown and lift-off area 接地和离地区
TMA	Terminal control area 终端管制区
TN	Minimum temperature（follow by figures in TAF）最低温度（后接数字，用于TAF）
TNA	Turn altitude 转弯高度

TNH	Turn height 转弯高		TT	Teletypewriter 电传打字机
TO	To...(followed by place) 至……（地点）		TUE	Tuesday 星期二
			TURB	Turbulence 颠簸
TOC	Top of climb 爬升到指定高度		TURB*	Turbine 涡轮
TODA	Take-off distance available 可用起飞距离		T-VASIS	(to be pronounced 'TEE-VASIS') T visual approach slope indicator system T字形目视进近坡度指示系统（发音为"TEE-VASIS"）
TODAH	Take-off distance available, helicopter 直升机可用起飞距离			
TOP	Cloud top 云顶		TVOR	Terminal VOR 航站全向信标
TORA	Take-off run available 可用起飞滑跑距离		TWR	Aerodrome control tower or aerodrome control 机场管制塔台或机场管制
TOX	Toxic 有毒的		TWY	Taxiway 滑行道
TP	Turning point 转弯点		TWYL	Taxiway-link 联络道
TR	Track 航迹、轨迹		TX	Indicator for maximum temperature (used in the TAF code form) 最高温度指示码（用于TAF）
TRA	Temporary reserved airspace 临时保留空域			
TRANS	Transmits or transmitter 发射、发射机		TX	Maximum temperature (followed by figures in TAF) 最高温度（后随数字，用于TAF）
TREND	Trend forecast 趋势预报			
TRG	Training 培训、训练			
TRL	Transition level 过渡高度层		TXL*	Taxilane 滑行道、滑行（路）线
TROP	Tropopause 对流层顶		TXT	Text 文字、电文
TS	Thunderstorm (in aerodrome reports and forecasts, TS used alone means thunder heard but no precipitation at the aerodrome) 雷暴（在机场报告和预报中，TS 意思是在机场区域只听到打雷，而没有降水）		TYP	Type of aircraft 机型
			TYPH	Typhoon 台风
			U	
			U	Upward (tendency in RVR during previous 10 minutes) 上升（10分钟内跑道视程的趋势）
TS	Thunderstorm (followed by RA=rain, SN=snow, PE=ice pellets, GR=hail, GS=small hail and/or snow pellets or combinations thereof, e.g. TSRASN=Thunderstorm with rain and snow) 雷暴（后随RA（雨），SN（雪），PL（冰粒），GR（雹），GS（小雹和/或雪粒或二者兼有），例如：TSRASN（伴有雨夹雪的雷暴）			
			UA*	Unmanned aircraft 无人驾驶航空器
			UAB	Until advised by ... 至……通知为止
			UAC	Upper area control center 高空区域管制中心
			UAR	Upper air route 高空航路
			UAS*	Unmanned aircraft system 无人驾驶航空器系统
			UDF	Ultra high frequency direction-finding station 特高频定向台
TSUNAMI	Tsunami (*used in aerodrome warnings*) 海啸（用于机场警告）			
			UFN	Until further notice 至进一步通知

UHDT	Unable higher due traffic 由于交通不能再高	VAN	Runway control van 跑道指挥车
UHF	Ultra high frequency（300 to 3 000MHZ）特高频（300~3 000兆赫）	VAR	Visual-aural radio range 视听无线电航道信标
		VAR	Magnetic variation 磁差
UIC	Upper information center 高空飞行情报中心	VASIS	Visual approach slope indicator systems 目视进近坡度指示系统
UIR	Upper flight information region 高空飞行情报区	VC	Vicinity of the aerodrome（followed by FG=fog, FC=funnel cloud, SH=showers, PO=dust/sand whirls, BLDU= blowing dust, BLSA=blowing sand or BLSN=blowing snow, e.g. VC FG=vicinity fog）机场附近（后随FG（雾），FC（漏斗云），SH（阵雨），PO（涡旋状尘/沙），BLDU（吹尘），BLSA（吹沙）或BLSN（吹雪）），例如：VCFG（机场附近有雾）
ULM*	Ultra light motorized aircraft 超轻电动航空器		
ULR	Ultra long range 超远程		
UNA	Unable 不可、不能		
UNAP	Unable to approve 不能准许		
UNL	Unlimited 无限		
UNREL	Unreliable 不可靠		
UP	Unidentified precipitation（used in automated METAR/SPECI）不能识别的降水（用于自动METAR/SPECI）		
		VCY	Vicinity 附近、邻近
U/S	Unserviceable 不工作、不能使用	VDF	Very high frequency direction-finding station 甚高频定向台
UTA	Upper control area 高空管制区	VER	Vertical 垂直
UTC	Coordinated Universal Time 协调世界时	VFR	Visual flight rules 目视飞行规则
		VHF	Very high frequency（30 to 300MHZ）甚高频（30~300兆赫）
V			
V	Variations from the mean wind direction（preceded and followed by in METAR/SPECI, e.g. 350V070）平均风向的变化（前后有数字，用于METAR/SPECI，例如：350V070）	VI	Heading to an intercept 保持航向至下一航路切入点
		VIP	Very important person 要客，要员
		VIS	Visibility 能见度
		VLF	Very low frequency（3 to 30KHZ）甚低频（3~30千赫）
VA	Heading to an altitude 保持航向至一高度（航段）	VLR	Very long range 甚远程
VA	Volcanic ash 火山灰	VM	Heading to a manual termination 至人工终止点（雷达引导）的航向
VAAC	Volcanic ash advisory centre 火山灰咨询中心	VMC	Visual meteorological conditions 目视气象条件
VAC	Visual approach chart（followed by name/title）目视进近图（后接名称/标题）	VNAV	（to be pronounced "VEE-NAV"）Vertical navigation 垂直导航（发音为"VEE-NAV"）
VAL	In valleys 山谷中		

VOLMET	Meteorological information for aircraft in flight 供飞行中航空器用的气象情报	WB	Westbound 往西飞行
VOR	VHF omnidirectional radio range 甚高频全向信标	WBAR	Wing bar lights 翼排灯
		WDI	Wind direction indicator 风向指示器
VORTAC	VOR and TACAN combination 甚高频全向信标和塔康联合装置	WDSPR	Widespread 广泛、普遍
		WED	Wednesday 星期三
VOT	VOR airborne equipment test facility 甚高频全向信标机载设备试验设施	WEF	With effect from or effective from 自……起生效
		WGS-84	World Geodetic System — 1984 世界大地系统— 1984
VPA	Vertical path angle 垂直航径角	WI	Within 在……内
VPT*	Visual manoeuvre with prescribed track 按规定航迹目视机动	WID	Width 宽度，宽
		WIE	With immediate effect or effective immediately 立即生效
VRB	Variable 变化的	WILCO	Will comply 遵照执行、照办
VSA	By visual reference to the ground 目视参考地面	WIND	Wind 风
VSP	Vertical speed 垂直速度	WINTEM	Forecast upper wind and temperature for aviation 航空高空风和温度预报
VTF	Vector to final 引导到最后（航迹）		
VTOL	Vertical take-off and landing 垂直起落	WIP	Work in progress 工程在进行中、施工
VV	Vertical visibility（followed by figures in METAR/SPECI and TAF）垂直能见度（后接数字，用于METAR/SPECI 和TAF）	WKN	Weaken or weakening 减弱
		WNW	West-north-west 西北西
		WO	Without 没有
		WPT	Way-point 航路点
		WRNG	Warning 警告、告警
W		WS	Wind shear 风切变
W	West or western longitude 西，西经	WSPD	Wind speed 风速
W	White 白色	WSW	West-south-west 西南西
W	Sea-surface temperature（follow by figures in METAR/SPECI）海平面温度（后接数字，用于METAR/SPECI）	WT	Weight 重量
		WTSPT	Waterspout 水龙卷
		WWW	Worldwide web 全球网络
WAAS	Wide area augmentation system 广域增强系统	WX	Weather 天气
		WXR*	Weather radar 气象雷达
WAC	World Aeronautical Chart —ICAO 1∶1 000 000（followed by name/title）世界航空图—国际民用航空组织1∶1 000 000（后接名称/标题）	**X**	
		X	Cross 穿过、穿越
		XBAR	Crossbar（of approach lighting system）进近灯光系统的横排灯
WAFC	World area forecast center 世界区域预报中心	XNG	Crossing 穿越

XS	Atmospherics 天电		通信服务中用作程序信号）
		YR	Your 你的、你们的

Y

Y	Yellow 黄色	**Z**	
YCZ	Yellow caution zone (runway lighting) 黄色注意区（跑道灯光）	Z	Coordinated Universal Time (in meteorological messages) 协调世界时（用于气象电报）
YES*	Yes (*affirmative*)(*to be used in AFS as a procedure signal*) 是（在航空固定		

附录四 地名代码

地名	四字代码	三字代码	地名	四字代码	三字代码
北京飞行情报区	**ZBPE**	—	锡林浩特	ZBXH	XIL
北京/首都	ZBAA	PEK	太原/武宿	ZBYN	TYN
北京/大兴	ZBAD	PKX	巴彦淖尔/天吉泰	ZBYZ	RLK
阿拉善左旗/巴彦浩特	ZBAL	AXF	张家口/宁远	ZBZJ	ZQZ
阿拉善右旗/巴丹吉林	ZBAR	RHT	**广州飞行情报区**	**ZGZU**	—
北京市	ZBBB	BJS	北海/福成	ZGBH	BHY
赤峰/玉龙	ZBCF	CIF	百色/巴马	ZGBS	AEB
长治/王村	ZBCZ	CIH	常德/桃花源	ZGCD	CGD
鄂尔多斯/伊金霍洛	ZBDS	DSN	张家界/荷花	ZGDY	DYG
大同/云冈	ZBDT	DAT	广州/白云	ZGGG	CAN
额济纳旗/桃来	ZBEN	EJN	长沙/黄花	ZGHA	HHA
二连浩特/赛乌素	ZBER	ERL	河池/金城江	ZGHC	HCJ
阿尔山/伊尔施	ZBES	YIE	衡阳/南岳	ZGHY	HNY
邯郸	ZBHD	HDG	惠州/平潭	ZGHZ	HUZ
呼和浩特/白塔	ZBHH	HET	桂林/两江	ZGKL	KWL
呼伦贝尔/海拉尔	ZBLA	HLD	永州/零陵	ZGLG	LLF
吕梁/大武	ZBLL	LLV	梅县/长岗岌	ZGMX	MXZ
满洲里/西郊	ZBMZ	NZH	南宁/吴圩	ZGNN	NNG
包头	ZBOW	BAV	深圳/南头	ZGNT	—
秦皇岛/山海关	ZBSH	SHP	揭阳/潮汕	ZGOW	SWA
石家庄/正定	ZBSJ	SJW	珠海/金湾	ZGSD	ZUH
唐山/三女河	ZBSN	TVS	深圳/宝安	ZGSZ	SZX
天津/滨海	ZBTJ	TSN	珠海/九洲	ZGUH	ZUH
通辽	ZBTL	TGO	梧州	ZGWZ	WUZ
乌海	ZBUH	WUA	阳江/合山	ZGYJ	—
乌兰浩特/依勒力特	ZBUL	HLH	柳州/白莲	ZGZH	LZH

地 名	四字代码	三字代码	地 名	四字代码	三字代码
湛江	ZGZJ	ZHA	庆阳/西峰	ZLQY	IQN
武汉飞行情报区	**ZHWH**	—	西安市	ZLSN	SIA
安阳	ZHAY	AYN	天水/麦积山	ZLTS	—
郑州/新郑	ZHCC	CGO	甘南/夏河	ZLXH	GXH
武汉/天河	ZHHH	WUH	西宁/曹家堡	ZLXN	XNN
洛阳	ZHLY	LYA	西安/咸阳	ZLXY	XIY
南阳/姜营	ZHNY	NNY	延安	ZLYA	ENY
神农架/红坪	ZHSN	HPG	榆林/榆阳	ZLYL	UYN
沙市	ZHSS	SHS	玉树/巴塘	ZLYS	YUS
武汉/王家墩	ZHWT	—	中卫/沙坡头	ZLZW	ZHY
襄阳/刘集	ZHXF	XFN	张掖/甘州	ZLZY	YZY
宜昌/三峡	ZHYC	YIH	**昆明飞行情报区**	**ZPKM**	—
三亚飞行情报区	**ZJSA**	—	保山	ZPBS	BSD
海口/美兰	ZJHK	HAK	大理/荒草坝	ZPDL	DLU
三亚/凤凰	ZJSY	SYX	迪庆/香格里拉	ZPDQ	DIG
琼海/博鳌	ZJQH	BAR	西双版纳/嘎洒	ZPJH	JHG
兰州飞行情报区	**ZLHW**	—	临沧/博尚	ZPLC	LNJ
安康	ZLAK	AKA	丽江/三义	ZPLJ	LJG
兰州市	ZLAN	LHW	德宏/芒市	ZPMS	LUM
敦煌/莫高	ZLDH	DNH	宁蒗/泸沽湖	ZPNL	NLH
海西/德令哈	ZLDL	HXD	昆明/长水	ZPPP	KMG
格尔木	ZLGM	GOQ	普洱/思茅	ZPSM	SYM
固原/六盘山	ZLGY	GYU	腾冲/驼峰	ZPTC	TCZ
海西/花土沟	ZLHX	HTT	文山/普者黑	ZPWS	WNH
汉中/城固	ZLHZ	HZG	昭通	ZPZT	ZAT
银川/河东	ZLIC	INC	阿里/昆莎	ZUAL	NGQ
金昌/金川	ZLJC	JIC	安顺/黄果树	ZUAS	AVA
嘉峪关	ZLJQ	JGN	昌都/邦达	ZUBD	BPX
兰州/中川	ZLLL	ZGC	毕节/飞雄	ZUBJ	BFJ

附 录

地 名	四字代码	三字代码	地 名	四字代码	三字代码
昌都	ZUCD	—	兴义/万峰林	ZUYI	ACX
重庆/江北	ZUCK	CKG	攀枝花/保安营	ZUZH	PZI
稻城/亚丁	ZUDC	DCY	遵义/新舟	ZUZY	ZYI
成都市	ZUDS	CTU	**上海飞行情报区**	**ZSHA**	—
广汉	ZUGH	GHN	厦门/高崎	ZSAM	XMN
广元/盘龙	ZUGU	GYS	安庆	ZSAQ	AQG
贵阳/龙洞堡	ZUGY	KWE	常州/奔牛	ZSCG	CZX
阿坝/红原	ZUHY	AHJ	南昌/昌北	ZSCN	KHN
九寨/黄龙	ZUJZ	JZH	东营	ZSDY	DOY
康定	ZUKD	KGT	阜阳	ZSFY	FUG
凯里/黄平	ZUKJ	KJH	福州/长乐	ZSFZ	FOC
荔波	ZULB	LLB	井冈山	ZSGS	JGS
万县/梁平	ZULP	LIA	赣州/黄金	ZSGZ	KOW
拉萨/贡嘎	ZULS	LXA	杭州/萧山	ZSHC	HGH
泸州/蓝田	ZULZ	LZO	景德镇/罗家	ZSJD	JDZ
绵阳/南郊	ZUMY	MIG	池州/九华山	ZSJH	JUH
南充/高坪	ZUNC	NAO	九江/庐山	ZSJJ	JIU
黎平	ZUNP	HZH	济南/遥墙	ZSJN	TNA
林芝/米林	ZUNZ	LZY	衢州	ZSJU	JUZ
六盘水/月照	ZUPS	LPF	连云港/花果山	ZSLG	LYG
黔江/武陵山	ZUQJ	JIQ	连城/冠豸山	ZSLO	LCX
日喀则/和平	ZURK	RKZ	台州/路桥	ZSLQ	HYN
遂宁	ZUSN	—	临沂/沭埠岭	ZSLY	LYI
铜仁/凤凰	ZUTR	TEN	宁波/栎社	ZSNB	NGB
成都/双流	ZUUU	CTU	南京/禄口	ZSNJ	NKG
成都/天府	ZUTF	TFU	南通/兴东	ZSNT	NTG
万州/五桥	ZUWX	WXN	合肥/新桥	ZSOF	HFE
西昌/青山	ZUXC	XIC	上海/浦东	ZSPD	PVG
新津	ZUXJ	—	**上海飞行情报区**	**ZSHA**	—
宜宾/菜坝	ZUYB	YBP	蓬莱/沙河口	ZSPL	PNJ

215

地　名	四字代码	三字代码	地　名	四字代码	三字代码
青岛/胶东	ZSQD	TAO	喀什	ZWSH	KHG
泉州/晋江	ZSQZ	JJN	鄯善	ZWSS	SXJ
上海市	ZSSA	SHA	塔城	ZWTC	TCG
淮安/涟水	ZSSH	HIA	吐鲁番/交河	ZWTL	TLQ
三明/沙县	ZSSM	SQJ	和田	ZWTN	HTN
上海/虹桥	ZSSS	SHA	乌鲁木齐/地窝堡	ZWWW	URC
济南市	ZSTN	TNA	伊宁	ZWYN	YIN
黄山/屯溪	ZSTX	TXN	**沈阳飞行情报区**	**ZYSH**	—
潍坊	ZSWF	WEF	鞍山/腾鳌	ZYAS	AOG
威海/大水泊	ZSWH	WEH	白山/长白山	ZYBS	NBS
无锡/硕放	ZSWX	WUX	北陵	ZYBL	—
武夷山	ZSWY	WUS	长春/龙嘉	ZYCC	CGQ
温州/龙湾	ZSWZ	WNZ	长海	ZYCH	CNI
徐州/观音	ZSXZ	XUZ	朝阳	ZYCY	CHG
扬州/泰州	ZSYA	YTY	丹东/浪头	ZYDD	DDG
宜春/明月山	ZSYC	YIC	大庆/萨尔图	ZYDQ	DQA
盐城/南洋	ZSYN	YNZ	抚远/东极	ZYFY	FYJ
烟台/蓬莱	ZSYT	YNT	哈尔滨/太平	ZYHB	HRB
义乌	ZSYW	YIW	黑河	ZYHE	HEK
舟山/普陀山	ZSZS	HSN	加格达奇/嘎仙	ZYJD	JGD
乌鲁木齐飞行情报区	**ZWUQ**	—	吉林/二台子	ZYJL	JIL
阿克苏/温宿	ZWAK	AKU	佳木斯/东郊	ZYJM	JMU
阿勒泰	ZWAT	AAT	鸡西/兴凯湖	ZYJX	JXA
博乐/阿拉山口	ZWBL	BPL	锦州	ZYJZ	JNZ
且末	ZWCM	IQM	伊春/林都	ZYLD	LDS
富蕴/可可托海	ZWFY	FYN	牡丹江/海浪	ZYMD	MDG
石河子	ZWHZ	—	漠河/古莲	ZYMH	OHE
库车/龟兹	ZWKC	KCA	齐齐哈尔/三家子	ZYQQ	NDG
库尔勒	ZWKL	KRL	绥芬河/阜宁	ZYSF	FUD
布尔津/喀纳斯	ZWKN	KJI	沈阳市	ZYSY	—
新源/那拉提	ZWNL	NLT	大连/周水子	ZYTL	DLC

附 录

地 名	四字代码	三字代码	地 名	四字代码	三字代码
通化/三源浦	ZYTN	TNH			
沈阳/桃仙	ZYTX	SHE			
延吉/朝阳川	ZYYJ	YNJ			

附录五　航　图

机场障碍物图——ICAO A 型（运航限制）

机场障碍物图——ICAO B 型

航路图

区域图

精密进近地形图——ICAO

参考文献

[1] 国际民航组织. 国际标准和建议措施·航行情报服务·国际民用航空公约 附件 15. 2018.

[2] 国际民航组织.DOC8126 航空情报手册.2022.

[3] 中国民用航空局．中国民用航空局令第 198 号《民用航空情报工作规则》（CCAR-175TM）．2023.

[4] 中国民用航空局. 民用机场飞行区技术标准（MH5001-2021）.2021.

[5] 国际民航组织. 国际标准和建议措施·机场·国际民用航空公约附件 14. 2014.

[6] 中国民用航空局. 民用机场净空障碍物遮蔽原则应用指南（MH/T 5062-2022）.2022.

[7] 中国民用航空局. 民用航空航行通告编发规范（MH/T 4030）. 2011.

[8] 中国民用航空局. 民用航空航行通告代码选择规范（MH/T 4031）. 2011.

[9] 中国民用航空局. 雪情通告编发规范（AC-175-TM-2021-01）.2021.

[10] 中国民用航空局.《中华人民共和国航空资料汇编》编写规范(MH/T 4047-2017). 2017.

[11] 中国民用航空局.《中国民航国内航空资料汇编》编写规范（MH/T 4044-2015）. 2015.

[12] 中国民用航空局. 民航空管系统航空情报运行管理规程（MD-TM-2012-004）. 2012.

[13] 中国民用航空局. 民用航空机场原始资料提供及上报规程（AP-175-TM-2009-01）. 2009.

[14] 国际民航组织. 国际标准和建议措施·航图·国际民用航空公约 附件 4. 2009.

[15] 国际民航组织.DOC8697 航图手册. 2016

[16] 中国民用航空局. 民用机场障碍物图—A 型(运行限制)编绘规范（WM-TM-2019-02）. 2019.

[17] 中国民用航空局. 民用机场精密进近地形图编绘规范（WM-TM-2019-01）2019.

[18] 中国民用航空局. 民用航空运输机场机场图编绘规范（WM-TM-2023-001）. 2023.

[19] 中国民用航空局.民用航空仪表航路图及区域图编绘规范（WM-TM-2021-002）. 2021.

[20] 中国民用航空局. 民用航空目视航空图（1:500 000）及目视终端区图（1:250 000）编绘规范（MHT-4048-2017）. 2017.

[21] 中国民用航空局. 民用航空图编绘规范（MH/T 4019-2012）.2012.